KB196799

PTSD를 위한 행동활성화 치료 워크북

Matthew Jakupcak · Amy W. Wagner · Christopher R. Martell 공저

구훈정 · 최신형 공역

THE PTSD BEHAVIORAL ACTIVATION WORKBOOK:

ACTIVITIES TO HELP YOU REBUILD YOUR LIFE FROM POST-TRAUMATIC STRESS DISORDER

학지사

The PTSD Behavioral Activation Workbook: Activities to Help You Rebuild Your Life from Post-Traumatic Stress Disorder
by Matthew Jakupcak, Amy W. Wagner, and Christopher R. Martell

역자 서문

인지행동치료는 내담자의 자동적 사고와 역기능적인 신념을 변화시키는 것을 목표로 다양한 인지행동적 기법을 적용하는 치료법이다. 견고한 이론적 기반을 가지고 있으며 과학적으로 검증된 치료법인 인지행동치료는 일부 내담자들에게는 매우 효과적이었음에도 불구하고 일부 다른 내담자들에게는 효과적이지 않았다. 이는 어떤 내담자들은 일상생활 속에서 자동화되어 매우 빠르게 스치고 지나가는 자동적 사고를 붙잡기 어려워했기 때문이다. 또한 운 좋게 자동적 사고를 찾아낸다 하더라도 그동안 불운했던 개인의 과거력에 비추어 볼 때 자신의 과거 경험에 근거하여 형성된 역기능적 신념과 그 신념이 촉발하는 자동적 사고가 왜 타당하지 않은지를 납득하는 데 꽤 많은 회기가 필요했다. 오랜 시간 역기능적 환경 혹은 외상적 환경 속에서 고군분투하며 살아온, 혹은 현재도 외상 후 스트레스 장애(Post Traumatic Stress Disorder: PTSD)의 잔재 속에서 현재진행형으로 살아가고 있는 일부 내담자들에게 '세상은 위험하다.' '나는 취약하다.'와 같은 역기능적 신념은 타당하지 않은 신념이 아니라 그들의 생생한 경험에 비추어 보면 충분히 납득 가능한 타당한 신념일 수 있다. 그럼에도 내담자의 신념 형성 과정의 오류와 신념의 비타당성을 근거로 이러한 내담자의 신념을 수정하려는 시도는 자칫하면 '당신(의 신념)은 잘못되었다.'와 같이 수치심과 죄책감을 유발하는 또 다른 부정 경험의 역사를 만들어 낼 수 있는 것이다.

행동활성화 치료에서는 과거 경험을 통해 형성되어 온 신념을 굳이 수정하려고 하지 않으며, 변화시켜야 할 대상이나 치료의 대상으로 보지 않는다. 이는 사고가 행동에 영향을 미친다는 오랜 인지행동치료의 가정을 부정한다는 것을 의미하는 것이 절대 아니다. 다만, 행동활성화 치료에서 우선적으로 변화시켜야 할 것은 바로 현재의 행동이라고 말한다. 과거의 외상 기억과 관련된 생각과 감정을 가지고 씨름할 필요가 없으며, 단 하루라도 빨리 내담자를 현재에서 온전히 살아갈 수 있도록 돕기에도 시간이 부족하다고 말하듯이 말이다. 과거 외상의 잔재로 인해 회피하며 살았던 현재를 온전히 살아내는 경험을 하루하루 차곡차곡 쌓아 가는 것이 곧 외상으로 인해 조각난 삶을 극복하고 재건해 낸

값진 성공의 경험이자 긍정의 경험으로 개인의 역사에 기록되고, 그러한 기록이 하나씩 쌓여 가야 개인의 역기능적 신념이 비로소 수정되고 기능적인 신념이 새로이 형성될 수 있으며, 외상에 대한 더 큰 감내력과 자발성을 획득하게 할 것이라 믿기 때문이다. 그리고 그것이 궁극적으로 과거와 다른 완전히 새로운 버전의 삶, 즉 가치롭고 의미 있는 삶을 향해 나아갈 수 있도록 도울 수 있다는 믿음이 바로 행동활성화 치료이기 때문이다. 이러한 점에서 우울증의 근거기반치료로서 확립되어 널리 알려져 왔던 행동활성화 치료가 우울증을 넘어 외상 후 스트레스 장애에도 매우 효과적인 치료로 작동할 수 있다는 확신을 가지고 이 책을 번역하게 되었다.

『PTSD를 위한 행동활성화 치료 워크북』에서는 고통스러운 과거 외상기억을 떠올리거나 직면하기를 요구하는 대신 외상 이후 경험하는 다양한 '안'에서 일어나는 반응을 수용하도록 한다. 그리고 이러한 단기적 수용을 발판으로 삼아 'PTSD를 넘어서서' 현재 겪고 있는 증상, 문제 그리고 현재의 삶의 문제에 집중하도록 한다. 이를 위해 책에서는 PTSD가 일상생활 속에서 어떻게 부적응적인 회피반응 혹은 회피행동을 촉발하는지, 그러한 회피 패턴으로 인해 자신이 외상 이전에 추구했던 삶으로부터 얼마나 멀어지고 있는지 인식하도록 하는 데 도움이 되는 다양한 활동과 워크시트를 제공한다. 그리고 과거가 아닌 '현재'와 '미래'로 주의를 전환하고 삶에 긍정적 변화를 이끌어 낼 수 있는 동력으로 작용하는 가치를 재발견하도록 하여 이러한 회피행동을 '가치에 기반한 행동'으로 대체할 수 있도록 단계적으로 돕는다. 무엇보다 PTSD를 위한 행동활성화는 삶에서 이뤄 낸 내담자의 성공 경험을 온전히 누릴 수 있도록 현재의 경험에 집중하도록 마음챙김 기법을 적극 활용하는 유연성을 발휘하며, 외상으로부터의 회복을 위한 필수 요소 중 하나임에도 그동안 외상 치료에서 충분히 관심을 두지 않았던 사회적 지지원의 활용과 재연결을 위한 노력도 빠트리지 않는다.

이 책이 부디 내담자들이 외상을 극복하고 자신의 삶을 재건해 가는 여정에 친절한 지침서가 되기를 바란다.

끝으로, 초월 번역이라는 까다로운 작업을 기꺼이 함께해 준 든든한 제자 최신형 선생님께 감사드린다. 이 책의 출판을 허락해 주시고 지원해 주신 김진환 사장님께 감사드리며, 출판 계약을 담당해 주신 이수정 선생님과 책 교정 전반적 작업에 도움을 주신 이희주 선생님께도 감사의 마음을 전한다.

2025년 1월

역자 대표 구훈정

추천사

저는 수년 동안 행동활성화 치료를 통해 우울증 환자를 치료하면서 상황에 따라 PTSD와 그와 관련된 증상도 함께 다루어야만 했습니다. 이러한 경험을 통해 저는 이 책의 필요성을 분명하게 말씀드릴 수 있습니다. Jakupcak, Wagner와 Martell은 유용하고 실용적인 가이드를 만들어 내고자 PTSD 환자의 삶, 필요, 어려움에 대한 진정한 공감적 이해를 행동활성화 기법의 전문 지식과 결합했습니다. PTSD를 포함한 많은 임상 문제의 핵심은 회피이며, 이 책은 제가 경험한 것 중에서 회피에 대한 가장 실용적이고 공감적인 분석을 제공합니다. 이 책이 내담자와 치료사 모두에게 도움이 되기를 기대합니다.

—Jonathan Kanter, PhD, 워싱턴 대학교 사회 연결 과학 센터 소장

PTSD를 비롯한 정신건강 문제를 겪는 사람들은 개별화되어 있고, 쉽게 접근할 수 있으며, 자신의 속도에 맞춰 진행할 수 있는 치료를 원합니다. 무엇보다 가장 중요한 것은, 그들은 효과가 있는 치료를 원한다는 점입니다. Jakupcak, Wagner와 Martell은 이 책으로 이 모든 것을 실현했습니다. 이들은 과학적으로 입증된 치료법이자 자신의 속도에 맞게 사용할 수 있을 뿐 아니라 따라 하기 쉬운 지침과 계획들을 담고 있는 PTSD 행동활성화 치료를 소개하고 있습니다. 이 책은 PTSD 환자와 그 친구, 가족 그리고 치료사 모두에게 따뜻하게 환영받을 것입니다. 진심으로 이 책을 추천합니다.

—David A. Richards, PhD, 영국 엑서터 대학교 정신건강 서비스 연구 교수
란셋의 '행동활성화의 비용과 효과'(COBRA) 임상시험의 수석 연구자 겸 저자

이 책은 PTSD 행동활성화 치료의 근거, 원리, 핵심 기술을 명확하고도 실용적으로 설명하는 훌륭한 책입니다. 매우 수준 높은 이 책 전체에 기록되어 있듯이, 저자들은 이 책에 설명된 원리와 기법을 자신의 심리치료 실무에 적용하기 위해 노력해 온, 뛰어난 임상가이자 연구자들입니다. 이 책은 행동활성화 치료가 어떻게 PTSD로부터의 회복을 위한 여정의 훌륭한 첫걸음이 될 수 있는지 보여 주고 있습니다. 이 책은 또한 무선할당 연구를 통하여 PTSD의 주 치료법으로서의 행동활성화의 근거 기반을 확립해 온 선구적인

임상가들이자 연구자인 저자들이 제시한 행동활성화에 대한 독보적이고 명확한 행동활성화의 개관을 제공하고 있습니다.

—Doug Zatzick, MD, 워싱턴 대학교 의과대학 정신과 및 행동과학과 교수

이 분야에서 가장 전문적이고 숙련된 세 명의 임상가가 PTSD 환자에게 절실히 필요하면서도 그들이 이해하기 쉬운 자료를 만들어 냈습니다. 단계적으로 진행되고, 근거에 기반을 두고 있으며, 임상적으로 타당한 이 책은 독자들에게 자신의 삶을 재건하는 데 도움이 되는 실천 방법을 안내합니다. 저는 훌륭하고, 가치 있고, 신뢰할 수 있는 이 PTSD 행동활성화에 대한 가이드북을 적극적으로 추천합니다.

—Lizabeth Roemer, PhD, 『걱정 덜고 더 많이 살기』의 공동 저자

Matthew Jakupcak과 동료들은 트라우마 생존자들의 정서적 안녕감을 위해 진정으로 의미 있으며 실질적인 기여를 해 왔습니다. 행동활성화는 외상 후 스트레스를 유지시키는 PTSD 회피 증상을 표적으로 삼는 동시에 기분장애를 효과적으로 해결합니다. 이 치료법은 철저하게 연구된 근거에 기반합니다. 중요한 것은 정신건강 지원을 받기 어려운 트라우마 생존자들에게 쉽게 접근 가능하면서도 효과적인 치료를 제공하고 있다는 점입니다. 이 책은 스스로 활용하는 셀프 가이드북으로 활용하거나 치료사와 함께 사용하면서 기존의 방식으로는 할 수 없었던 방식으로 내담자에게 큰 도움이 될 것입니다. 저도 제 임상현장에서 이 워크북을 주기적으로 사용할 것입니다.

—Matt J. Gray, PhD, 와이오밍 대학교 심리학 교수

저자들은 행동활성화가 어떻게 PTSD로 고통받는 수백만 명의 사람을 돕는 데 사용될 수 있는지에 대한 아주 실용적이고 읽기 쉬운 워크북을 제공합니다. 생생한 사례와 사용하기 쉬운 워크시트를 사용하여 독자가 이 증거 기반의 접근법을 적용하는 방법을 빠르게 배우도록 돕습니다. PTSD에 대한 다른 효과적인 치료법도 있으나, 행동활성화는 다양한 환자 집단 사이에서 매우 높은 수용도를 보이는 것으로 나타났습니다. 일반적으로 PTSD와 공존하는 우울증 치료의 효과성을 함께 고려할 때, 행동활성화 치료는 PTSD 치료의 핵심 요소로 고려되어야 할 것입니다. 임상가와 수련생 모두 이 책이 실무에 놀랍도록 유용한 도구라는 것을 깨닫게 될 것입니다.

—Jesse Fann, MD, MPH, 워싱턴 대학교 정신의학 및 행동과학 교수, 재활 의학 및 역학 겸임교수
시애틀 암 치료 연합 정신의학 및 심리학 의료 책임자

『PTSD를 위한 행동활성화 치료 워크북』은 PTSD로부터 삶을 재건하는 데 없어서는 안 될 필수적인 도구를 제공하고 과학적으로 입증된 사용자 중심의 가이드북입니다. 오랫동안 기다려 온 PTSD의 외상 중심 치료에 대한 대안 치료인 행동활성화 치료는 PTSD로부터 회복을 촉진함과 동시에 여러분이 보다 만족스럽고 가치 중심적인 삶을 살 수 있게 도와주는 '현재-중심' 전략들을 제공합니다. 저는 임상과 연구를 통해 행동활성화가 PTSD 환자들에게 잘 받아들여지고 효과적이라는 것을 발견했습니다.

-Jessica Cook, PhD, 위스콘신 대학교 의과대학 및 공중보건대학 부교수

들어가며

외상 후 스트레스 장애(PTSD)란 삶의 많은 부분에 부정적인 영향을 미치는 심각한 장애입니다. 다행히 우리는 심리적 개입을 통해 PTSD 증상들을 효과적으로 치료할 수 있습니다. PTSD가 역사를 거치면서 서로 다른 이름으로 불려 왔지만[예: 쉘쇼크(폭탄 충격)나 전투 피로감 등], 우리가 현재 알고 있는 PTSD라는 개념은 1980년도에 처음 공식적 진단명을 얻은 비교적 새로운 장애라고 할 수 있습니다. 연구를 통해 밝혀진 바에 따르면, PTSD의 '표준적' 심리치료는 지속적 노출치료와 인지처리치료로 알려져 왔습니다. 이 치료법들이 PTSD로 고통받는 많은 사람에게 도움을 주어 왔다는 사실은 의심의 여지가 없습니다. 하지만 이 치료법들은 사람들이 그 치료를 견뎌 낼 수 있는 경우에만 효과적입니다. 이에 PTSD를 겪는 사람들을 위한 또 다른 효과적인 치료적 옵션을 발굴하는 것이 주요한 과제가 되고 있다고 할 수 있습니다. PTSD를 위한 행동활성화는 바로 그러한 하나의 옵션으로 대두되고 있습니다.

행동활성화는 새로운 치료법은 아니지만, 이 책은 새로운 것을 제공하고 있습니다. 이 책에 제시된 정보들과 기법들은 획기적이며, 정신건강의 치료에 대한 최적의 훈련법과 사례들을 담고 있습니다. 최근에 이 분야에서는 초진단적 치료법, 즉 서로 다른 정신건강 상태를 가진 사람들에게 폭넓게 적용될 수 있는 심리치료(Craske, 2012)에 대한 요구가 제기되어 왔습니다. 행동활성화는 바로 이 요구에 적합한 치료법입니다. 행동활성화의 개념은 원래 우울 증상을 치료하기 위하여 만들어진 것이었습니다. 하지만 최근 연구(일부는 이 책의 저자들에 의해서 수행된) 결과에 따르면, 행동활성화는 PTSD를 겪고 있는 사람들(Jakupcak, Wagner, Paulson, Varra, & Mcfall, 2010; Wagner, Zatzick, Ghesquiere, & Jurkovich, 2007)과 그 외 다른 정신건강 문제(Dimidgian, Barrera, Martell, Muñoz, & Lewinsohn, 2011)에도 도움이 될 수 있는 것으로 보고되고 있습니다. 행동활성화의 목표가 PTSD 및 이와 함께 나타나는 정신건강 문제의 핵심인 회피행동을 줄이는 것이기 때문에 이러한 결과는 놀라운 일이 아닙니다. 이 책에 제시된 기법들은 여러분이 가치에 기반한 보상적인 활동을 발견하고 그 활동 빈도를 늘려 갈 수 있도록 도움으로써, 회피 행동을 직접적으로 다룹니다. 이를 통해 여러분은 일종의 숙달감을 발달시켜 나갈 수 있으며, PTSD 증상이 여러분이 원하는 삶을 살아가고, 그러한 삶을 구축해 가는 여정에서 절대 방해물이 될 수 없다는 것도 깨달을 수 있습니다.

이 책은 마음챙김 기법을 행동활성화에 접목시켰다는 점에서도 획기적입니다. 마음챙김은 촉망받는 근거 기반 심리 개입(Goldberg et al., 2018)으로, 여러 연구를 통해 마음챙김이 PTSD를 겪는 사람들에게 특히 효과적이라는 것이 밝혀진 바 있습니다(Boyd, Lnius, & McKinnon, 2018). PTSD 증상들(특히, 침습적 사고)은 현재의 순간으로부터 빠져나오게 하기 때문에, 가치에 기반한 활동에 참여함으로써 얻을 수 있는 보상적 결과를 경험하지 못하게 방해할 수 있습니다. 저자들은 이러한 연구 결과를 마음챙김 기법에 훌륭하게 적용하였습니다. 특히 저자들은 마음챙김이 어떻게 행동활성화 과정을 용이하게 하고, 행동활성화가 주는 혜택을 증가시키며, PTSD가 여러분의 삶에 미치는 영향력을 어떻게 감소시켜 나가는지 보여 주고 있습니다.

PTSD 증상을 관리할 수 있는 방법을 찾는 사람들에게 이 근거 기반 워크북은 유용한 자료가 될 것이며, 활용 가능한 또 다른 반가운 선택지가 될 것입니다. PTSD 증상을 다루는 것은 분명 쉽지 않은 일입니다. 하지만 이 책은 PTSD로부터 회복해 가는 여러분의 여정에 효과적이면서도 자비로운 가이드의 역할을 해 줄 것입니다. 이 책으로 작업을 해 나가면서 여러분은 아마도 여기 적힌 기술들이 명료하고 복잡하지 않은 타당한 방법으로 제시되어 있다는 것을 알게 될 것입니다. 여러분이 PTSD로부터의 회복 과정 중 어디에 있든지, 이 책은 PTSD 증상에 대처하기 위한 개별적이고 종합적인 계획을 세우는 데 도움을 줄 것입니다. 저자들이 환자의 욕구에 민감하고 노련한 임상가이자 연구자라는 점은 분명합니다. 이 책은 PTSD와 그 외 정신건강 문제에 대한 최적의 치료적 접근법의 다년간 연구 성과를 담고 있습니다. 그렇기에 이 책이 PTSD로 방해받지 않고 의미 있는 삶을 살기 위해 노력하는 사람들에게 도움이 될 것이라는 점은 의심의 여지가 없습니다.

털리도 대학교, 오하이오주
심리학과 교수
Matthew T. Tull, Ph.D

차례

제10장 PTSD를 위한 행동활성화 적용 시 특별하게 고려해야 할 점 • 231

제11장 요약 및 재발 방지 • 259

서론

『PTSD를 위한 행동활성화 치료 워크북』에 오신 것을 환영한다! 트라우마를 극복하기 위해 싸워 온 여러분의 노력에 박수를 보내며, 이 책이 여러분의 회복에 도움이 되기를 바란다. 우리는 PTSD 증상이 있는 사람들이 스스로 회복하기 위한 자기 안내서로 사용하거나, 정신건강 종사자(심리학자, 상담자, 사회복지사, 간호사, 또는 다른 유형의 의료 제공자)가 치료 상황에서 사용할 수 있도록 만들었다. 여러분이 어떤 이유로 이 책을 선택했든 간에 당신이 이해할 수 있는 속도로 진행하기를 바란다. 특정 장들은 다시 읽으며 각각의 행동활성화 기법이 익숙해질 때까지 반복적으로 연습하는 것이 도움이 될 것이다. 또한 우리는 배우자나 가까운 친구와 같이 삶에서 중요한 사람들과 책을 공유하여 이들이 겪는 PTSD와 회복 목표에 대해 더 많이 알 수 있도록 하는 것이 좋다.

시작하기에 앞서, 우리가 어떻게 이 행동활성화를 개발하고 외상 사건을 경험한 사람들에게 적용하게 되었는지 이야기하고자 한다. 우리는 폭넓은 치료와 연구 경험을 가진 임상심리학자들이다(전체적으로 보면, 75년 이상의 경험을 가지고 있다). 우리는 대학, 보훈의료 센터 그리고 사설진료소에서 일하며, 모든 연령대의 성인들, 다양한 인종, 문화집단, 군인들, 성소수자들을 만나 왔다. Christopher는 우울증 치료의 전문가이며(우울증의 가장 효과적인 치료법 중 하나인) 행동활성화 치료의 최초 개발자들 중 한 명이기도 하다. Matthew와 Amy는 우리의 작업을 PTSD 치료에 접목하는 데 이바지해 왔고 다양한 외상적 경험이 있는 사람들과 함께 작업해 왔다. 수년에 걸친 광범위한 경험을 통해, 우리는 개인마다 PTSD 증상 유형은 비슷할지라도 그 증상을 각기 다른 방식으로 경험하며 일상생활에 다양한 영향을 미친다는 것을 알게 되었다. 뿐만 아니라 우리는 PTSD로부터 회복에 이르는 수많은 다른 경로가 있다는 것도 알게 되었다. 외상-처리 치료(trauma-processing therapies)와 같은 접근처럼 외상과 관련된 과거 경험을 이야기함으로써 도움을 받는 사람들도 있지만, 어떤 사람들은 보다 현재에 초점을 맞춘 행동 지향적인 접근을 선호하기도 한다.

우리는 행동활성화 치료에서 개인의 독특한 가치와 목표에 초점을 맞춘다. 임상가로서 우리는 인간의 행동에 대한 몇 가지 핵심 원칙과 PTSD, 우울증, 불안 및 기타 문제에 대한 심리학적 이해를 따르는 동시에 개개인의 독특한 경험을 함께 고려하고자 한다. 사람들은 진단명 이상의 의미를 가지고, 당신 또한 진단 또는 현재의 문제 이상의 존재이기 때문에 우리에게 이 과정은 흥미롭다. 행동활성화는 트라우마 경험 이후 당신의 삶에서 멀어져 버린 중요한 사람들, 장소 그리고 활동들과 당신을 다시 연결하는 것을 돕기 위해 구성되어 있다. 우리는 여러분을 돕기 위한 도구로 쓰이길 바라며 이 책을 썼다.

당신은 (혹은 당신과 가까운 누군가가) PTSD 증상을 경험하고 있어서 이 책을 읽고 있을 것이다. 이것이 당신의 PTSD 증상을 다루기 위한 첫 번째 시도일 수도 있고, 아니면 이미 PTSD에 대한 다양한 치료를 시도했음에도 불구하고 여전히 외상 후 스트레스 증상으로 삶에서 어려움을 겪고 있기 때문일 수도 있다. 혹은 당신이 겪고 있는 PTSD 증상이 당신이 살고 싶은 삶을 사는 데 방해가 되고 있기 때문일 수도 있다.

우리가 다음 장들의 개요에서 설명하듯이, PTSD는 아마도 당신으로 하여금 개인적인 목표에 방해가 되는 특정한 활동들 혹은 여러분의 삶을 풍요롭게 해 줄 의미 있는 관계들을 회피하게 할 것이다. 또한 PTSD로 인해 일상생활에서 무감각해지거나 삶으로부터 분리되어 있다고 느낄 수 있으므로, '반복되는 삶을 살아가면서' 만족과 행복을 경험하는 데 도움이 되는 활동들을 즐기지 못하고 있는 자신을 발견할 수도 있다.

PTSD에 대한 행동활성화의 주된 목적은 회피(avoidance), 마비(numbing), 분리(detachment) 등이 여러분의 삶의 질을 방해하는 방식을 식별하고, 당신이 가치 있게 여기는 경험에 다시 참여할 수 있고 PTSD로부터 회복하는 데 도움이 되는 대안적인 방법을 개발하도록 돕는다. 우리는 이 책에서 제시하는 정보와 전략이 여러분에게 도움이 되고, 삶을 정상 궤도로 되돌리는 데 도움이 되기를 바란다.

우리는 PTSD로부터 회복을 촉진하기 위한 자기 계발용 자료로 책을 기획했지만, 신뢰할 수 있는 사랑하는 사람 혹은 정신건강 제공자의 외부 지원과 격려를 받는 것이 삶을 변화시키기 위한 행동활성화 전략을 사용하는 데 도움이 될 수 있다고 믿는다. 이 책을 사용하면서 고려해야 할 점은, 어떤 사람에게 도움을 요청할 수 있는지, 그리고 책에서 배운 정보를 그 사람들과 공유하고 그들이 여러분의 구체적 회복 목표를 파악하도록 해서, 여러분이 회복을 위해 기울이는 노력을 지지해 줄 수 있도록 해야 한다는 점이다.

행동활성화에 대해 더 설명하기 전에 먼저 PTSD에 대해 잘 이해하고 있는지 확인하고자 한다. 비록 여러분이 오랫동안 PTSD 증상들을 겪어 왔을 수도 있지만, 의료 및 정신건강 전문가들이 PTSD를 진단할 때 참고하는 정보에 대하여 알아 두는 것이 도움이 될 수 있다.

1. PTSD는 무엇인가

PTSD는 외상적 사건에 노출된 이후 사람들이 경험하는 어려움을 의미하는 일종의 정신건강 진단이다. PTSD는 외적 사건을 장애의 원인으로 꼽는 몇 안 되는 정신건강 상태 중 하나이다. 그래서 PTSD의 증상을 설명하기에 앞서 먼저 외상적 사건을 구성하는 것이 무엇인지에 대해 개략적으로 설명하고자 한다.

다양한 유형의 경험이 상당한 스트레스를 유발할 수 있는 것은 사실이나, 모든 스트레스 사건이 외상적 사건으로 간주되지는 않는다. 예를 들어, 힘겨운 이혼이나 재정적 파탄을 경험한 경우 오랜 기간 동안 높은 수준의 스트레스를 경험했을 가능성이 높다. 그러나 이것들은 전형적으로 심리적 외상을 나타내는 유형의 사건들은 아니다. 그보다는 외상적 사건이란, 한 사람의 생명 또는 신체적 안녕을 직접적으로 위협하는 것들이라 할 수 있다. 외상적 사건들은 직접 경험될 수도 있고(예: 심각한 자동차 사고를 직접 겪은 경우), 목격될 수도 있다(다른 사람들이 심각한 자동차 사고로 부상당하는 것을 본 경우). 경험되거나 목격되는 외상 사건의 또 다른 유형으로는 자연재해, 대인 폭행(예: 성적 또는 신체적 학대 또는 폭행) 및 전쟁이 있을 수 있다.

외상적 사건은 사람들의 삶에 큰 혼란을 야기하기도 하고, 대개는 자신 또는 세계를 보는 방식을 크게 바꾼다. 일반적으로, 외상적 사건의 유형이 더 '개인적'일수록 PTSD로 이어질 가능성이 더 크다. 예를 들어, 만약 당신이 타인으로부터 고의적 상해를 입었다면, (덜 개인적으로 느껴질 수도 있는) 지진에 노출되었을 때보다 PTSD로 이어질 가능성이 더 높을 수 있다. 이것은 아마도 자연재해가 분명히 무작위적으로 발생하는 사건인 반면, 다른 사람에 의해 고의적 상해를 입는 것은 다른 사람에 대해 당신이 평소에 가지고 있던 신뢰에 부정적인 영향을 미칠 뿐 아니라 '안전한' 관계를 식별하는 당신 자신의 능력을 의심하게 만들 수 있기 때문일 것이다.

게다가 평생에 걸쳐 여러 번의 외상 사건을 겪게 되면, 한 번의 외상 사건을 겪은 경우보다 PTSD에 걸릴 확률이 더 높다. 그렇긴 하지만 우리는 대부분의 내담자가 자신들의 외상 경험을 대수롭지 않게 여기는 경향이 있다는 것을 발견했다. 마치 '다른 사람들이 경험해 온 것'과 비교할 때 자신들의 외상 경험을 덜 중요한 것처럼 축소할 필요가 있다고 느끼듯이 말이다. 만약 여러분이 외상에 노출되어 PTSD 증상이 생겼다면, 당신은 증상으로부터 회복되어 의미 있는 삶을 재건하기 위한 도움을 받을 자격이 있다.

한편, 많은 사람이 잠재적으로 외상이 되는 사건에 노출되기는 했으나, PTSD 전체 증상 스펙트럼이 모두 나타나지는 않을 수 있다는 것도 명심해 두어야 한다. 예를 들어, 만약 당신이 '가벼운' 자동차 사고를 경험했다면, 정차할 때마다 백미러를 확인하고 다른 자동차에 대해 과도하게 경계한 채로 운전할 수밖에 없다고 느낄 수 있다. 몇 주 동안 사고에 대해 자주 생각하게 되거나 심지어 자동차 사고에 대한 꿈을 꿀 수도 있다. 하지만 또 한편으로는 사고에 대한 과경계와 침습적 사고는 일시적으로 나타났다가, 몇 주가 지나면 가라앉는다는 것도 알게 될 것이다. 심지어 외상 후 스트레스 증상을 모두 경험한다 하더라도, 몇 주 후에는 대부분 정상적인 자신의 모습으로 돌아오는 것을 알게 될 수도 있다. 증상이 한 달 미만 지속될 때, 우리는 이것을 급성 스트레스 반응(acute stress reaction)이라고 부른다. 하지만 외상 후 스트레스 증상이 몇 주 이상 지속되고 업무 및 개인 생활 영역에서 기능하는 능력에 부정적인 영향을 미치기 시작하면, 우리는 외상 후 스트레스 장애, 즉 PTSD라는 용어를 사용한다.

다음은 PTSD 증상 각각에 대한 세부사항과 공식적인 PTSD 진단을 구성하는 증상의 조합을 제공하여 일부 또는 모든 기준을 충족할 수 있는지 판단하는 데 도움이 되는 정보들을 제시하였다.

활동 1 자가 평가 연습

다음은 의학 및 정신건강 전문가들이 사용하는 『정신 질환 진단 및 통계 매뉴얼 제5판(DSM-5)』(American Psychiological Association: APA, 2013)에 의해 정의된 PTSD 증상 목록이다. 지난 한 달 동안 경험한 증상 옆에 체크 표시를 한다.

• **진단기준** A. 실제적이거나 위협적인 죽음, 심각한 부상 또는 성폭력에 대해 다음과 같은 방식들을 경험한 적이 있다.

□ 직접 경험한 적이 있거나(사건의 당사자인 경우), 그 사건이 다른 사람들에게 일어난 것을 생생하게 목격함, 외상 사건이 가족, 가까운 친척 또는 친한 친구에게 일어난 것을 알게 됨

□ 외상 사건의 혐오스러운 세부사항에 대한 반복적이거나 지나친 노출의 경험(예: 변사체 처리의 최초 대처자, 아동 학대의 세부사항에 반복적으로 노출된 경찰관)

• **진단기준** B. 외상 사건이 일어난 후에 시작된, 외상 사건들과 관련이 있는 침습 증상이 다음과 같은 형태로 따라온다.

□ 외상 사건에 대한 침습적인 생각 또는 기억

□ 외상 사건에 대한 악몽/꿈

□ 시각, 청각, 후각, 감각적인 경험이 생생하게 나타나는 플래시백

□ 외상 사건을 떠올리는 것에 대한 정서적 고통

□ 외상 사건을 상기시키는 것에 대한 신체적 반응(예: 심장 박동, 땀 흘림, 떨림)

• **진단기준** C. 다음 중 적어도 한 가지 방식의 회피 패턴을 보인다.

□ 외상 사건과 관련된 생각이나 감정의 회피

□ 외상 사건을 떠올리게 하는 장소, 사람, 사진의 회피

• **진단기준** D. 외상 사건에 따른 사고나 감정의 변화가 다음과 같은 형태로 최소 두 가지 나타난다.

□ 외상 사건의 주요 요소를 기억하는 데 어려움이 있음

□ 자신이나 세상에 대한 지나치게 부정적인 견해

□ 외상과 관련된 자신 또는 타인에 대한 비난에서 나타나는 왜곡

□ 부정적 감정(예: 수치심, 죄책감, 불안, 분노)

□ 주요 활동에 대한 관심이나 즐거움 감소

☐ 다른 사람과의 사이가 멀어지거나 소원해지는 느낌
☐ 긍정적인 감정(예: 사랑이나 행복)을 경험하는 데 어려움

- **진단기준 E.** 외상과 관련된 신체적 각성 또는 정서적 반응의 유형은 다음과 같은 형태로 두 가지 이상이 나타난다.

☐ 지속적인 짜증 또는 공격성
☐ 위험하거나 자기 파괴적 행동
☐ 주변이나 안전에 대한 극도의 경계
☐ 강한 놀란 반응(예: 소음이나 움직임에 반응하여 점프)
☐ 집중 곤란
☐ 수면 곤란

당신은 이미 의학 또는 정신건강 전문가로부터 PTSD 진단을 받은 상태에서, 당신을 괴롭히는 증상들에 대처하고 극복하는 데 도움을 주는 추가적인 도구로 활용하고자 이 책에 관심을 가졌을 수도 있다. 혹은 PTSD가 있는 것이 아닌지 의심이 들지만 아직 공식적인 진단을 받지 못한 상태일 수도 있다. 적어도 하나의 재경험 증상(진단기준 B), 하나의 회피 증상(진단기준 C), 두 개의 사고 또는 감정의 변화(진단기준 D), 두 개의 각성 또는 감정 반응 증상(진단기준 E)을 확인했다면, 그리고 이러한 증상이 삶의 한 가지 이상의 중요한 영역에 혼란을 초래한다면 PTSD의 기준을 충족할 가능성이 있다. PTSD 증상은 경미한 증상부터 심각한 증상까지 다양할 수 있다는 것을 명심하길 바란다. 증상이 경미하거나 PTSD의 기준을 모두 충족하지 않았더라도 여전히 이 책이 유용할 수 있다.

앞의 자가 평가 연습은 PTSD가 있을 수 있는지 탐색하는 데 도움을 줄 수 있다. 그러나 어떤 자가 평가도 면허를 가진 정신건강이나 의료 전문가와 진단 및 치료를 위해 상담하는 것보다 좋은 대체물이 될 수 없다. 이것은 가이드로만 사용하길 바란다. 앞서 외상 사건 이후에 일부 증상을 일시적으로 경험하는 것은 흔한 일이라고 말했듯이, 사람들이 이 증상 목록을 읽고 사실은 증상이 없음에도 증상이 있다고 잘못된 결론을 내리는 경우도 흔하다는 것을 말해 두고 싶다. PTSD를 겪고 있다는 생각이 드는데 정신건강이나 의료 전문가와 상담해 본 적이 없다면 상담을 받아 보길 바란다.

2. 왜 어떤 사람들은 외상 사건 이후에 PTSD가 생기고 어떤 사람들은 그렇지 않은가

앞서 많은 사람이 외상적인 사건들을 경험한 이후에도 PTSD가 생기지 않은 반면, 어떤 사람들은 PTSD가 생겨 수년 동안 이러한 증상들로 고통받을 수 있다고 언급한 바 있다. 만약 자가 평가 결과 PTSD일 수도 있다는 결과가 나왔다면, 자신의 어떤 취약함이 PTSD로 이어지게 했는지 궁금할 수 있다.

PTSD의 발병에 기여하는 요인으로는 생물학적 요인(즉, 우울증, 불안 또는 다른 정신 질환의 가족력에 반영될 수 있는 생물학적 성향), 상황적 요인(예: 외상 노출에 따른 정서적 지지나 신체적 안전에 대한 접근성이 낮은 경우), 외상 노출의 유형과 정도(성폭행이나 전투 노출과 같은 일부 외상은 자동차 사고나 자연재해와 같은 다른 외상보다 PTSD를 유발할 가능성이 높고, 여러 건의 외상 사건의 이력은 단일 사건보다 PTSD를 유발할 가능성이 더 높다.) 등이 있다.

모든 사람이 PTSD로 진행할 수 있는 취약함을 가지고 있음에도 불구하고, 외상적 사건을 경험하는 일부 사람들만이 만성 PTSD로 진행되지 않고 자신의 삶에 다시 반응하고 삶을 재조정하여 삶을 다시 시작할 수 있다. 왜 어떤 사람들은 PTSD로 진행되지 않고 다른 사람들보다 더 빨리 회복되는 것일까? 트라우마로부터 회복 탄력성을 보이고 PTSD로부터 회복하는 핵심 열쇠는 바로, (1) 규칙적인 일상을 재개할 수 있는 정도, (2) 가족 및 친구들과의 유대를 유지하는 정도, 그리고 (3) 개인적인 목표와 의미 있는 활동을 계속 추구할 수 있는 정도에 달려 있다.

이런 자연스러운 회복 탄력성과 회복 과정이 바로 PTSD에 대한 행동활성화 치료에서 우리가 시도하고 촉진하고자 하는 것이다. 만약 여러분이 외상 사건을 겪은 이후 다시 일상 활동을 계속(또는 재개)하려고 한다면, 촉발 요인에 노출되어 외상 사건에 대한 기억이 떠오를 수 있다. 하지만 만약 여러분이 이런 촉발된 반응을 끝까지 이겨 내고 중요한 일상 활동을 유지하는 방법을 찾게 된다면, 시간이 지나면서 점차 촉발 요인들에 적응하는 방법을 배우게 되고, 나아가 당신이 만나는 사람과 장소들과 외상 사건 간의 연합이 줄어들게 될 것이다.

또한 만일 당신이 가까운 개인적인 관계를 유지하거나 재정립할 수 있다면, 이러한 관계들을 통해 격려와 정서적인 지지를 받으면서 도움을 얻을 수 있을 것이다. 당신은 심지어 당신과 가장 가까운 사람들과 트라우마 사건 중 일부 세부사항들을 공유하면서 당신이 겪은 일을 처리하는 데 도움을 받을 수 있다. 그리고 만일 당신이 인생의 개인적인 목표를 향해 계속 노력해 간다면 당신은 우울함이나 절망감을 더 잘 극복하고, 긍정적인 자존감을 형성하며, 세상의 도전들을 헤쳐 나갈 수 있는 자신의 능력에 대한 자신감도 다시 얻을 수 있을 것이다.

자연적 회복 과정은 PTSD 증상을 억제하거나 숨기면서 일상생활을 '겨우겨우 살아가는 것'과는 다르다. PTSD를 '숨기기' 위해 사용되는 회피나 억제 노력과 달리, 회복 과정은 외상의 영향을 인식하고, 의미 있는 삶의 참여를 통해 시간이 지남에 따라 PTSD 증상이 약화될 때까지 증상을 탐색할 수 있는 건설적인 방법을 찾는 것이다. 그것은 자동차를 중립 기어로 두는 것과 기어를 드라이브에 놓는 것의 차이와 매우 유사하다. 외부 관찰자 입장에서는 두 가지가 동일해 보일 수 있지만, 삶의 회복을 향해 나아가도록 기어를 넣는 것은, PTSD로부터 여러분의 삶을 되찾는 여정을 운전해 가는 데 더 잘 통제할 수 있고 더 나은 능력을 발휘할 수 있다. 당신이 PTSD 증상에 '갇혔다'면, 낙담하지 않길 바란다. 우리는 수십 년간 PTSD를 겪은 후에 다시금 회복의 여정을 시작하는 사람들을 많이 봐 왔다. 사실 우리는 당신의 삶을 PTSD로부터 회복의 길로 '방향 설정을 다시'하도록 돕기 위해 PTSD에 대한 행동활성화 전략을 개발한 것이다.

책의 후반부에서 논의하겠지만, 여기서 개요를 설명하는 전략들은 PTSD와 우울증을 극복하도록 돕기 위해 행동활성화를 사용한 축적된 임상 경험과 연구에 기반한 것이다. 책 전반에 걸쳐 두 '사례'를 통해 내담자들이 PTSD로부터 회복하기 위해 어떻게 행동활성화를 사용했는지 확인할 수 있게 할 것이다. 이 사례들은 우리가 함께 작업했던 실제 의뢰인들을 합성하거나 혼합하여 묘사했으며, 개인의 사생활을 보호할 수 있을 정도로 충분히 혼합하고 위장했다. 구체적인 내용들에는 PTSD로부터 회복을 돕기 위해 행동활성화를 사용하여 해결한 실제 경험들이 포함되어 있다.

우리는 PTSD를 겪는 사람들이 외상에 대한 책을 읽는 동안 (심지어 PTSD 증상에 대해 설명하는 것을 들을 때에도) '촉발'될 수 있다는 것을 알고 있다. 그렇기 때문에 우리는 외상적 사건 자체에 대한 자세한 내용은 의도적으로 줄이고 개략적으로만 설명하되, 대신 PTSD의 증상과 이로 인해 그들의 삶에 어떤 영향을 미쳤는지에 보다 초점을 맞추고자 했다. 그럼에도 불구하고, 이 책을 읽을 때 트라우마가 유발될 수 있다는 점을 염두에 두어야 한다. 이 책의 각 장마다 주의를 기울이면서, 필요한 경우 휴식을 취하고, 촉발(트리거)되었을 때는 스스로를 진정시키는 데 도움이 되는 유쾌하거나 편안한 활동을 계획할 수 있도록 여러분 자신의 속도대로 이 책을 읽어 내려가기 바란다.

3. 사례

두 사례에서 우리는 각 개인의 외상의 역사, 특성 및 목표를 자세히 묘사할 것이다. 이 사례들을 소개하는 이유는 여러분과 행동활성화가 어떻게 관련될 수 있는지에 대한 이해를 돕기 위해서이다. 하지만 우리는 모든 사람의 경험이 독특하기에, 여러분이 이러한 예들과 연관이 될 수도, 그렇지 않을 수도 있다는 것을 알고 있다. 또한 다른 사람들이 겪은 트라우마의 세부사항을 읽는 것이 힘들 수도 있다. 원한다면, 다음에 설명된 사례는 읽지 말고 건너뛰어도 된다. 그렇게 한다 하더라도 책에서 여러분이 얻어 낼 수 있는 것은 크게 달라지지 않을 것이다(이 사례들은 책 전체에 걸쳐 언급되지만, 여기에 제시된 구체적인 외상적 경험은 이후에는 더 이상 언급되지 않을 것이다).

칼(Karl)

칼은 이라크 전쟁에 두 번의 파병 이후 겪게 된 문제로 치료를 받으러 왔다. 칼은 해병대 보병으로 복무했으며 2003년 미국의 첫 번째 이라크 침공에 참여했다. 그는 침공에 참여하는 것이 스트레스가 된다는 것을 알았고, 파병 기간 동안 많은 사람이 다치고 죽는 것을 목격했다. 하지만 복무하는 것에 대해서는 긍정적으로 느꼈고 1년 후 이라크에 다시 파병되기를 기대하고 있었다. 칼이 팔루자 지역에서 벌어진 격렬한 전투에 참가한 것은 바로 이 두 번째 배치 기간 동안이었다. 이 전투 기간 동안 칼은 다수의 그리고 확장된 총격전을 경험했다. 칼의 가장 가까운 친구 중 한 명이 적의 포격에 의해 사망한 것도 이 전투 기간 동안이었는데, 칼은 이 사건을 직접 목격하게 되었다. 그 이후로, 칼은 극심한 분노와 죄책감을 경험하기 시작했다(그는 친구에게는 아내와 가족이 있지만, 자신은 그 당시 미혼에 아이들이 없었기 때문에 친구 대신 자신이 죽었어야 했다고 느꼈다). 이라크에 남아 있는 동안, 칼은 자신이 속한 부대의 다른 해병들과 정서적으로 거리를 두기 시작했다. 칼과 살해된 그의 친구는 둘 다 아프리카계 미국인이었는데, 다른 해병들이 이라크인들을 향해 한 인종차별적인 발언에 자신이 좀 더 민감하게 반응한다는 것을 알았다. 두 번째 파병에서 돌아와 현역에서 은퇴하기 전, 칼은 전투 중에 겪었던 총격전에 대한 악몽을 꾸기 시작했다. 또한 특히 저녁 늦게 잠잘 준비를 하고 있을 때, 더 쉽게 놀라고 긴장감이 상승한다는 것을 알아차렸다. 그는 술을 마시면 악몽이 떠오르지 않는다는 것을 알았기 때문에 '정신을 잃기 위해' 자기 전 많은 양의 술을 마시기 시작했다. 칼이 다른 부대원에게 수면 곤란을 호소하자 그는 기지에 있는 정신건강 제공자를 소개시켜 주었고, 그곳에서 그는 PTSD를 진단받았다. 칼은 이로 인해 수치심을 느꼈다. 이전에 칼은 자신을 '정신적으로 강인하다.'라고 자부했음에도 PTSD 진단을 받았다는 사실에 대해서 다른 해병들이 어떻게 생각할지 걱정되었기 때문이다. 그는 또한 군대가 그의 궁극적인 행복에 대해서는 고려하지 않은 채 자신을 이용했다고 느끼기 시작했는데("그들은 나를 이용했고 나를 버렸다."), 이는 칼이 처음 입대했을 때의 자신의 복무에 대해서 느꼈던 자부심과는 극명한 대조를 이루는 것이었다.

칼은 다른 사람들에게 자신의 증상을 숨기기 위해 노력했지만, PTSD 증상으로 인한 고통은 계속되었다. 군의관들은 칼에게 수면제를 처방했지만, 칼은 '약에 의존하는' 것이 두려웠기 때문에 약을 거의 복용하지 않았다. 그는 또한 PTSD를 해결하기 위해 심리치료를 받았지만 그다지 도움이 되지 않는다는 것도 알게 되었다. 대신에 그가 팔루자의 총격전과 친구의 죽음에 대해 말하게 하는 치료사의 시도가 그를 더 화나게 하고 더 절망적으로 느끼게 한다는 것을 알게 되었다("시작하기 전보다 회기가 끝난 후 기분이 더 안 좋았다."). 결국 칼은 외상 후 스트레스 장애 진단을 받고, 해병대에서 의병 제대했다. 예전에는 생의 대부분을 군대에서 보내기를 희망했음에도, 어쩔 수 없이 제대하게 되자 칼은 해병대가 자신을 '망가뜨렸다'고 느꼈고, 군 복무에 대해 큰 원망감을 느끼고 후회를 하게 되었다.

제대 후 몇 년간의 힘든 시간을 보낸 후 심리치료를 다시 받아 보기로 했다. 마침내 한 여성을 만나 결혼에 골인했기 때문이기도 했다. 그는 여러 직장에서 일했는데, 종종 집중력 저하, 짜증, 또는 잦은 결석 등의 문제들로 인해 직장을 그만두거나 해고되곤 했다. 칼은 자신의 삶을 정상 궤도로 되돌려 놓을 수 있을지 확신은 하지 못했지만, 이 기회를 잡지 않으면 PTSD 증상은 '없어지지 않을 것'이라고 확신했다. 그렇지만 칼은 심리치료에 대해 매우 회의적이었고 군 복무에 대한 기억을 다시 꺼내는 것을 두려워했다.

애니(Annie)

애니는 30대 초반의 이혼 여성이다. 그녀는 직장, 연애 그리고 학령기에 접어든 두 딸을 양육하는 데 있어 점점 어려움을 겪게 되어 치료를 받으러 왔다. 그녀는 집을 나설 때마다 높은 수준의 불안감을 경험했고, 사람들이 물리적으로 가까워질 수 있는 상황(직장에서 뒤에 서 있거나, 엘리베이터 안에 있거나, 식료품점에서 줄을 서 있거나, 체육관에 있는 상황 등)에서 특히 어려움을 겪는다고 말했다. 그녀는 이러한 상황에서 '안전하지 않다'고 느꼈고 공격을 받을까 봐 두렵다고 했다(딸들이 그녀와 함께 있었다면 딸의 안전에 대해서도 두려움을 느꼈을 것이다). 높은 수준의 불안감을 경험할 때면 그녀는 종종 그녀가 경험했던 두 번의 성폭행에 대한 괴로운 기억이 떠올랐다(한 번은 대학에 다닐 때 파티에서 낯선 사람에게, 다른 한 번은 작년에 첫 데이트를 했을 때). 그녀는 잠들거나 수면을 유지하는 데 어려움을 겪고 있었을 뿐만 아니라 일주일에도 수차례 악몽으로 고통받았다. 그 결과, 애니는 점점 더 사람들과 거리를 두며 고립되었다. 그녀는 병가를 내거나 조퇴하는 일이 잦았고 업무 수행에도 어려움을 겪었다. 의료 센터에서 사회복지사로 근무하면서 과거에는 봉사상이나 공로상을 받은 적도 있었지만, 치료를 받기 시작할 당시 그녀는 해고나 사직에 대해 걱정하고 있었다. 그녀는 딸들을 과보호하면서 딸들이 친구들과의 밤샘 파티 같은 활동이나 모임에 가는 것을 불안해했다. 애니는 더 이상 체육관에도 가지 않았고 친구들과도 어울리지 않았다. 그녀의 말을 그대로 빌려 오자면 그녀는 '자신의 삶이 무너지도록' 내버려 두고 있는 것에 대해 우울감과 축 처지는 기분을 느끼고 있었다.

애니의 주요 목표는 두 딸에게 '좋은 엄마'가 되는 것이었다. 애니는 두 딸이 혼자 활동하도록 내버려 둬도 더 이상 마음이 불안하지 않기를 바랐고, 두 딸이 세상에서 안전감과 자신감을 갖고 지내기를 바랐다("두 딸만큼은 이것을 겪게 하고 싶지 않아요."). 그녀는 또한 '내 삶을 되찾고 싶다.'라고 바랐으나, 불안과 우울증으로 아무것도 할 수 없다고 느꼈다.

칼과 애니의 사례를 통해 여러분이 외상 후 스트레스 장애가 외상 사건에 노출된 사람들의 삶에 어떤 영향을 미칠 수 있는지 이해할 수 있기 바란다. 다만 세상에 그 어떤 사람도 똑같은 방식으로 외상을 경험하지는 않으므로 이 사례를 읽을 때 공통점을 발견함과 동시에 차이점도 발견할 수 있기 바란다.

4. 행동활성화는 다른 PTSD 치료와 어떻게 다른가

당신은 이미 PTSD에 대한 심리치료법을 찾거나 다른 치료법을 찾아봤을 수도 있다. 행동활성화는 트라우마를 치료하는 다른 접근법과 많은 특징을 공유하지만, PTSD를 다루는 다른 심리치료법과 다른 면들도 있으므로 그러한 치료법과의 차이점을 이해하고 넘어갈 필요가 있다. 우선 PTSD를 다루기 위한 행동활성화 치료 이외에 어떤 다른 증거기반 치료법(즉, 연구를 통해 유용하다고 입증된 치료법)이 있는지 간단히 설명하고자 한다.

PTSD에 대한 가장 잘 정립된 심리치료법은 '트라우마 초점(Trauma-Focused)' 치료이다. 트라우마 초점 심리치료법은 인지 및 정서적 처리를 강조하거나, 트라우마가 있는 사건들과 그 사건들과 관련된 생각과 감정들을 '이야기'하는 것을 강조한다. 이러한 치료 접근법들은 당신의 삶을 되찾기 위해서는 먼저 외상 기억(또는 적어도 그 트라우마가 당신 자신 또는 세계를 바라보는 법을 바꾼 방식)에 직면해야 한다는 것을 전제로 한다.

일반적이고 효과적인 트라우마 초점 치료법으로는 지속적 노출치료(Prolonged Exposure: PE), 인지처리치료(Cognitive Processing Therapy: CPT) 그리고 안구운동 민감소실 및 재처리 요법(Eye-Movement Desensitization and Reprocessing: EMDR)이 있다. 이러한 치료법들은 많은 연구에서 검증되어 PTSD가 있는 많은 사람에게 도움이 된다는 것이 밝혀진 바 있다. 이러한 접근법들은 일반적으로 광범위한 훈련을 받은 치료사들에 의해 시행된다. 이러한 접근법들이 효과가 없다는 이야기를 하고 싶은 것은 결코 아니다. 오히려 정반대이다. 우리는 이 치료법들이 외상 후 스트레스 장애로 고통받는 많은 사람에게 도움이 된다는 것을 알고 있으며, 여러분이 아직 이러한 접근법을 시도해 보지 않았다면 이러한 방법을 고려해 보기를 바란다.

그러나 우리의 경험에 따르면, 대부분의 사람은 그들이 거주하는 지역에서 이러한 치료법을 이용할 수 있는 기회가 부족하기 때문에 이러한 치료법들을 접하는 데에 어려움을 겪는다. 만약 당신이 시골 지역에 산다면, PE, CPT 또는 EMDR 훈련을 받은 치료사가 없을 수도 있다. 시간적 제약 역시 PTSD가 있는 많은 사람에게 장벽이 될 수도 있다. 예를 들어, PE 치료는 적어도 9회 또는 10회를 포함하며, 각각은 보통 90분 이상 지속된다. 비용의 문제도 있다. 이런 치료를 받기 위해서는 종종 1회 방문당 75달러(한화 10만 원)에서 200달러(한화 24만 원)의 비용을 지불해야 한다.

하지만 이러한 외상에 초점을 맞춘 치료법에 접근하는 사람들에게 더욱 흔한 장애물은, 환자들이 치료 초기(대개 초기 2~3회기)에 자신들의 치료사에게 외상에 대한 세부사항들을 이야기해야 한다고 예상하게 되는 것이다. 특히 PTSD를 자주 다루는 치료사들은, 가상의 낯선 사람에게 인생 최악의 순간들 중 일부 세부사항들을 마음을 터놓고 공유하는 것이 얼마나 어려운 일인지 제대로 이해하지 못할 수 있다. 실제로 몇몇 연구 결과에 따르면, 외상에 초점을 맞춘 치료를 시작하는 사람들 중 20~50%의 사람들이 치료를 마치기 전에 중도 탈락하는 것으로 나타났다(Imel, Laska, Jakupcak, & Simpson, 2013; Schottenbauer, Glass, Arnkoff, Tendick, & Gray, 2008). 이는 여러 가지 면에서 놀라운 일이 아니다. 회피는 PTSD의 핵심적인 특징이며, 시간이 지나도 PTSD가 지속되는 이유 중 하나라는 것을 기억하라. 이는 PTSD의 회피 증상이 말 그대로 사람들이 회복에 도움이 될 수 있는 치료법에 접근하는 데 장애물로 작용한다는 것을 의미한다. 바로 이것이 PTSD를 겪는 사람들이 빠르게 회복하도록 돕기 위해 행동활성화를 개발한 이유이다. 행동활성화는 회피 때문에 트라우마에 초점을 맞춘 심리치료를 선택하지 않은 사람들에게 더 매력적이고 접근하기 쉬운 대체 치료법이다. 이것이 우리가 외상 사건을 처리하는 것의 가치를 이해하지 못함을 의미하는 것은 아니다. 좀 더 쉽게 말하자면, 외상적 기억의 세부사항에 대해 말하는 것은 처음 PTSD로 도움을 구하러 온 사람들에게 아마도 너무 높은 기준일 수 있다는 것이다. 또한 최근에 잘 설계된 몇몇 대규모 실험 연구에서 외상 중심 치료와 현재 중심의 문제 해결형 치료를 비교한 결과, 치료를 시작한 후 6~12개월 동안의 임상 결과가 일반적으로 동일하다는 사실에 우리는 충격을 받지 않을 수 없었다(예: Hoge & Chard, 2018). 옛말에 '로마로 통하는 길은 많다'라는 명언에서 알 수 있듯이, 우리는 행동활성화 치료가 외상적 기억을 처리하는 것이 현재로서는 너무 어렵거나 원하는 것이 아닌 경우, 또는 트라우마에 초점을 맞춘 치료가 실질적으로 받을 수 없는 사람들에게 대안이 될 수 있다고 믿는다.

5. PTSD에 대한 행동활성화가 나에게 올바른 접근인지 어떻게 알 수 있을까

전반적으로 행동활성화 전략은 대부분의 삶에서 맞닥뜨리게 되는 개인적 도전에 적용될 때 도움이 된다. 행동활성화의 핵심 구성 요소는 개인화된 목표 설정, 개인적 목표를 향한 계획적이고 점진적인 단계, 도전이나 장벽을 극복하기 위한 능동적 문제 해결 전략 등을 포함하고 있다. 이 모든 기술은 사람들의 삶의 변화를 돕기 위한 교육, 비즈니스, 개인 성장 분야에서 공통적으로 사용되고 있다. 우리가 앞에서 말한 것처럼 행동활성화는 우울증에 가장 효과적인 치료법 중 하나이다. 더 나아가 Matthew, Amy와 그 외의 연구자들은 PTSD에 대한 행동활성화에 관한 수많은 연구를 수행했으며, 행동활성화 치료가 PTSD 증상을 상당히 감소시킬 수 있음을 증명했다. 이러한 이유로 인해 우리는 행동활성화 기술이 외상 반응을 경험하고 있는 사람이라면 누구에게나 유용하다고 믿는다.

앞서 언급했듯이, 외상에 초점을 맞춘 치료는 PTSD를 줄이고 한 사람의 삶의 질을 향상시키는 데도 매우 효과적이다. 따라서 PTSD를 치료한 경험이 있는 치료사와 외상 경험에 대해 이야기할 준비가 되었다고 느낀다면, 이러한 다른 유형의 치료 또한 고려해 볼 수 있을 것이다. 외상에 초점을 맞춘 치료가 도움이 될 거라고 생각된다면, 외상에 초점을 맞춘 치료를 마치기 전, 도중 혹은 마친 후에도 여전히 행동활성화 전략을 사용하여 회복을 촉진할 수 있다. 행동활성화는 PTSD 치료를 위한 이러한 다른 접근법들과 전혀 상충되지 않는다.

그러나 정신건강 서비스를 찾는 것이 처음이거나 치료의 일환으로 외상 기억을 다시 소환하는 것이 망설여진다면, PTSD에 대한 행동활성화가 회복의 좋은 첫 단계가 될 수 있을 것이다. 행동활성화는 내부적, 회고적, 또는 감정 처리 방식보다는 행동 기반 해결책을 선호하는 경향이 있는 경우에도 좋은 선택이 될 수 있다. 마지막으로, 행동활성화는 PTSD로부터의 회복을 촉진하기 위한 직관적이고 비교적 간단한 접근이며, 특별한 훈련이나 심리 이론에 대한 깊은 지식을 필요로 하지 않으므로 셀프 가이드에 기반하여 회복하고자 노력하는 과정에 더 적합할 수 있다.

6. 행동활성화 준비는 어떻게 할까

오래 지속되어 온 문제를 해결하기 위해 새로운 접근법을 시작할 때마다 이전에 어떤 것들을 시도했었는지 돌아보고, 새로운 것을 시도할 준비가 되어 있는지 평가하는 것이 준비에 도움될 수 있다. 다음의 간단한 준비 연습을 완성해 보자. PTSD로부터 회복하기 위한 행동을 취할 준비를 하는 데 도움이 될 것이다.

활동 2 행동활성화 준비하기

1. 외상/PTSD 문제를 해결하기 위해 이미 치료를 받아 본 적이 있다면, 그 치료법은 무엇인가?

2. PTSD를 해결하기 위해 다른 치료적 접근법을 시도해 본 적이 있다면, 어떤 것이 효과적이고 어떤 것이 효과적이지 않았는가?

- 효과적이었던 것들

- 효과적이지 않았던 것들

3. PTSD 증상과 관련된 회피 패턴을 발견했는가? 당신이 발견한 회피 패턴과 회피와 관련된 '비용'을 기술하라.

- 회피 패턴

- 회피 비용

4. 나는 일상생활에 변화를 줄 준비가 얼마나 되어 있는가?

준비되지 않았다. 어느 정도 준비되어 있다. 매우 준비되어 있다.

1 – – – – 2 – – – – 3 – – – – 4 – – – – 5 – – – – 6 – – – – 7 – – – – 8 – – – – 9 – – – 10

* 명심할 점은 당신이 일상생활에 변화를 줄 준비가 되어 있지 않다고 느낄지라도, 이 워크북을 읽고 있다는 것은 적어도 당신이 PTSD로부터 회복할 수 있는 방법에 대해 생각하고 있다는 것을 의미한다!

5. 나의 삶에 변화를 주도록 동기를 부여하는 데 도움이 될 만한 것들에는 어떤 것들이 있는가(예: 건강에 도움이 되는 것에 대해 초점을 맞추거나 변화에 따라 나타날 수 있는 관계에 초점을 맞추는 것 등)?

____

____

____

축하한다. 이제 이 책을 시작함으로써 당신은 행동활성화를 위한 중요한 단계를 시작했다! 행동활성화는 여러분의 삶을 되찾기 위해 감당할 수 있는 수준의 단계를 밟아 나감으로써 앞으로 나아갈 동력을 쌓아 가는 과정이다. 계속해 나가길 바란다. 제1장에서는 행동활성화에 대한 보다 자세한 오리엔테이션을 제시하며, PTSD로부터 회복을 향해 나아가는 여정에서 이러한 전략을 어떻게 사용할 수 있는지 개요를 제시한다.

제 1 장

PTSD를 위한 행동활성화 치료에 대한 개관

회복을 향한 여정을 시작하면서, 행동활성화의 기반이 되는 학습 원리와 개념, 그리고 행동활성화가 무엇이고 어떻게 작동하는지에 대해 우선 설명할 것이다. 또한 칼과 애니의 사례를 통해, 행동활성화가 초기에 어디에 초점을 두는지 그리고 목표를 어떻게 찾는지 제시할 것이다. 마지막으로는 회피 패턴을 살펴보면서 이 접근법이 당신에게 어떻게 적용될 수 있는지 생각하는 시간을 갖고자 한다.

1. 행동활성화의 근거는 무엇인가

행동활성화를 이끄는 행동(학습) 원리를 살펴보자.

1) 학습된 반응으로의 PTSD

트라우마의 심리학적 모델에 따르면 트라우마는 학습된 조건화를 통해 발생한다. 학습된 조건화란, 외상 사건과 사건이 발생한 환경 속에 있던 것들이 기억 속에서 연합되거나 짝지어지는 과정을 의미한다. 외상 사건에 노출되는 동안 있었던 시각, 청각, 후각 자극은 이러한 조건화 과정으로 인해, 이후 PTSD 반응을 일으키는 '촉발 요인(트리거)'이 된다. 예를 들어, 베트남 전쟁 참전 용사들에게 습하고 무성한 나뭇잎은 정글에서의 전투 경험을 상기시켜 주는 PTSD의 촉발 요인으로 작용할 수 있다. 반면, 이라크 전쟁 참전 용사들의 경우에는 건조하고, 모래가 많고, 더운 기후가 트라우마 반응을 떠올리게 하는 자극 신호로 작동한다. 즉, 트라우마가 발생했던 환경은 그 자체가 종종 외상적인 기억과 반응을 유발하는 촉발 요인으로 작용할 수 있다. 시간이 지나면서 이렇게 학습된 조건화는 유사한 상황으로 일반화된다.

따라서 외상 사건들에 노출되었을 때 당신의 뇌는 외상을 입은 상황과 환경 속의 세부적 상황을 외상 사건 그 자체뿐 아니라, 사건 당시에 경험한 감정 반응(예: 불안 또는 두려움)과 연합시킨다. 그러고 나면 외상 사건의 세부적 상황이나 환경 단서는 최초 사건을 떠올리는 조건화된 자극이 된다. 나중에 새로운 상황에서 이런 조건화된 자극을 우연히 마주치게 되면, 여러분은 아마도 원래의 외상 사건을 떠올리게 되어 불안 또는 두려움을 경험하게 될 것이고, 이로 인해 새로운 상황은 결국 외상 기억과 그로 인해 힘들었던 감정으로 '오염'될 수 있다. 이런 식으로 PTSD 기억으로 인해 촉발된 반응은 원래의 외상 사건의 상황뿐만 아니라 새로운 환경이나 상황으로까지 전이되어 나타나게 된다.

예를 들어, 만약 대인관계에서 트라우마를 경험했다면, 다른 사람들과 정서적으로 가까워지는 것이 위험하다는 것을 학습했을 수 있다. 그로 인해 외상 경험 이후에는 누군가와 친해지기 시작하면 뇌가 외상을 기억하고 불안과 공포 신호를 보내게 되며, 그로 인해 새로운 관계를 시작하는 것이 어려울 수 있다. 당신을 해치려는 의도가 없는 새로운 사람을 만나더라도, 특정 관계에서의 외상 기억은 모든 관계로 일반화된다. 그로 인해 당신과 친해지고 싶어 하는 사람들과 접촉할 수 있는 상황을 피하게 될 수 있다. 처음에는 이것이 도움이 된다고 여겨질 수 있지만, 시간이 지남에 따라 회피 패턴에 대한 더 비싼 대가를 치를 수 있다. 따라서 PTSD와 관련된 회피가 왜 시간이 지남에도 지속되는지(심지어 증가하는지) 그 이유를 이해하는 것이 중요하다.

2) 강화

우리 삶에서 어떤 것이 '효과'가 있었다면, 그것은 강화의 원리 때문에 그러한 것이다. 강화란 특정한 행동에 뒤따라 일어난 무언가가 그 행동을 다시 발생시킬 가능성을 증가시키는 원리이다. 어떤 행동 뒤에 나타나서(예: 칭찬, 돈, 기분 좋은 느낌 또는 감정) 그 행동이 더 자주 일어나게 될 때, 뒤이어 나타난 그것을 긍정적 강화라고 한다. 유치원 교사들은 (스티커나 칭찬의 형태로) 긍정적 강화를 사용하여 아이들이 수업 중에 집중하는 법을 가르치고 독서의 기초를 숙달하는 방법을 배우게 한다. 특정한 행동으로 인해 불쾌한 무언가가 제거되면, 불쾌함을 제거한 그 특정한 행동은 이후에 또다시 일어날 가능성이 증가하게 된다. 예를 들어, 두통을 완화하기 위해 아스피린을 복용하고 나면, 다음에 통증을 없애기 위해서는 이 약을 사용해야 한다는 것을 배우게 되고, 이후에 두통이 생기면 통증을 완화하기 위해 아스피린을 복용할 가능성은 높아지게 된다. 이것을 부적 강화라고 한다.

외상 사건이 발생하면, 일상적인 여러 상황(사람, 장소, 활동)이 외상 기억을 유발하여 불안, 스트레스 또는 두려움을 불러일으킬 수 있기 때문에 철수 혹은 회피 행동을 보이는 것은 자연스러운 일이다. 즉, 회피는 외상 기억과 관련된 불편한 감정들을 제거(또는 적어도 감소)해 준다는 점에서 부적으로 강화된다. 그러나 장기적으로 보면, 이러한 회피 행동은 정적 강화의 기회를 앗아 간다. 회피 행동을 하게 되면, 자신에게 의미나 즐거움을 줄 수 있는 일을 할 가능성까지도 감소시킬 수 있는 것이다. 의미나 즐거움이 없으면 인생의 목표를 설정하거나 더 나은 삶으로 나아가기 위한 동기를 부여받기 어렵다. 또한 트라우마를 상기시키는 상황과 경험으로부터(그 자체는 위험하지 않음에도) 회피하게 되면, 그 상황이나 경험이 실제로는 위험하지 않다는 것을 재학습하여 트라우마를 극복할 수 있는 기회도 놓치게 된다. 이것이 바로 행동활성화가 목표로 삼아서 역전시키려는 학습 패턴이다.

행동활성화는 사회적 고립(다른 사람들과의 상호 작용 회피), 정서적 분리(감정을 경험하거나 공유하는 것을 회피), 외상 기억을 떠올리는 자극 회피(외상적 기억을 유발하는 상황이나 생각의 회피) 등의 일반적인 PTSD 관련 회피를 목표로 삼는다. 또한 행동활성화는 회피 행동으로 작용할 수 있는 활동들을 (신중하게 고려하여 선택한) 가치 기반 활동으로 대체하기 위해, 과도한 업무나 지나친 운동과 같은 '과잉 활동'들도 다루게 될 수 있다. PTSD 관련 회피의 형태가 무엇이든, 그것은 일상을 방해하고, 시간이 지날수록 대인관계나 직장에서의 기능 곤란으로 이어지게 한다.

2. 그렇다면 행동활성화란 무엇인가

'행동활성화'의 개념적 의미를 한번 살펴보자. 사실 이 명칭 자체가 이 치료의 접근 방식을 잘 설명하고 있다고 할 수 있다. 우리는 여러분이 자신의 가치에 따르는 삶을 살고 개인의 삶의 목표를 달성하는 데 한 발 더 다가가게 하는 행동을 활성화하고자 한다. 행동활성화는 단순히 '무언가를 하는 것' 또는 '활동적인 상태'가 되는 것이 아니라, '당신에게 중요한' 무언가를 하는 것이다. 또한 앞서 설명한 대로 회피 기능을 하는 행동들을 줄여 나가야 할 때도 있다.

더 공식적인 용어로 설명하자면, 행동활성화는 PTSD를 치료하기 위해 외상 기억에 대해 이야기하거나 다시 회상할 필요가 없는 현재 중심적인 접근인 동시에 문제 해결적인 접근이다. 회복을 위한 행동활성화 접근은 또한 당신의 구체적인 회피 패턴을 파악하고 이를 건강한 선택적 대안으로 바꾸는 접근법이기도 하다. 더욱이 행동활성화는 주로 (외상 반응에 대한 사고방식을 먼저 바꾸는 것이 아니라) 행동방식을 바꾸면 자연스럽게 자신과 세상을 이해하는 사고방식이 변화할 것으로 기대하면서 행동을 우선적으로 바꾸는 데 초점을 맞춘다. 이러한 이유로 우리는 간혹 행동활성화를 '외부에서 안으로 접근'이라고 부르는데, 이는 외적 행동을 바꾸는 것이 경험이나 외상과 관련된 내적 생각과 감정을 바꾸는 데 도움이 될 것이라는 믿음에 따른 것이다. 우선적으로 우리는 트라우마와 관련된 생각이나 감정을 바꾸는 것보다는 행동 변화에 초점을 두는 것이, 기능 수준을 향상하여 삶의 질을 더 빠르게 개선할 수 있다고 믿는다. 회피 증상은 PTSD를 지속시키면서 여러분의 생활에 가장 큰 손상을 야기할 가능성이 있으므로, 우선 행동활성화는 회피 행동을 찾아내는 것부터 시작해야 한다.

요약하자면 PTSD의 행동활성화는 회피를 강화하는 패턴, 즉 PTSD와 관련된 회피를 (보상적이고 즐거우며 개인적으로 의미 있는 활동과 생활방식을 되찾는 데 도움이 될) 대안적 대처 전략으로 바꾸고자 한다. PTSD와 관련된 회피 패턴을 또 다른 대안적 대처 전략으로 바꾸는 법을 배우면 자신감이 더 커지고 삶의 질을 향상시킬 수 있다. 트라우마 이후의 삶을 되찾고 PTSD로부터의 회복을 향해 힘차게 도약하는 데 도움이 되는 것, 그것이 바로 행동활성화의 주요한 목표이다.

3. PTSD를 위한 행동활성화가 다른 정신적 또는 신체적 상태를 다루는 데에도 도움이 되는가

행동활성화는 PTSD를 해결하기 위한 도구일 뿐 아니라 그 외 다른 여러 문제에 대해서도 도움이 될 수 있다. PTSD 환자에게 우울증은 매우 흔하며, 행동활성화는 이미 주요 우울장애 치료를 위해 잘 확립되어 있는 치료법이다. 사실 이 접근은 우울증 치료에 사용되는 행동활성화 치료의 한 형태에 기초를 두고 있다. (PTSD와 유사한) 우울증을 줄이고 기분과 세상을 보는 관점을 개선함으로써 PTSD를 다룰 수 있는 더 많은 에너지와 동기를 찾게 될 것이다.

만약 당신이 신체 건강을 중요시하면서도 외상 이후 체중 증가나 체력 저하 문제를 경험해 왔다면, 운동량을 늘리고 식습관을 개선하는 것을 행동활성화 목표로 설정할 수 있다. 이러한 방식으로 행동활성화 전략은 신체 건강을 증진시킬 수도 있는데, 이는 신체 건강이 좋아지는 것이 곧 PTSD 개선에도 도움이 될 거라는 기대를 가지고 있기 때문이다.

또한 자동차 사고의 경우 신체 외상이 심리적 외상과 관련되듯이, PTSD를 경험하는 사람들 역시 여러 가지 이유로 만성 통증을 경험한다(Asumndson, Coons, Taylor, & Katz, 2002). 행동활성화 치료는 신체 재활 기법과도 많은 면에서 공통점, 즉 목표 설정하기, 점진적으로 활동 증가시키기, 중요한 일상 재개에 대한 어려움이나 장벽 해결하기를 공유한다.

4. PTSD와 관련된 회피 행동은 어떻게 찾아낼 수 있는가

행동활성화의 원리와 기술은 비교적 이해하기 쉽지만, PTSD에 행동활성화를 적용하는 것은 어려울 수 있다. 이러한 어려움 중 일부는 PTSD 관련 회피가 자신도 모르게 나타나거나 한 가지 형태가 아닌 다양한 형태의 행동으로 나타날 수 있다는 점에서 비롯된다. 행동활성화를 사용하여 PTSD 관련 회피 패턴을 식별하는 방법을 제시하기 위해 칼(Karl)의 예를 살펴보고자 한다. 사례를 읽으면서 칼이 보이는 구체적인 회피 행동 혹은 회피 패턴에 주목하기 바란다.

칼은 해병대에서 나온 이후, 몇 년 동안 소외, 과음, 격렬한 분노(예: 난폭 운전)와 3~4시간밖에 잠을 자지 못할 정도로 지속되는 긴장감으로 힘겨워했다. 그는 전문적인 도움이 필요하다는 것을 알았지만 자신의 전투 경험에 대한 기억을 불러일으키고 싶지 않아 도움받기를 계속 미뤄 왔다

그러다 '다시 한번 기회를 주고자' 치료를 받기로 결정했을 때, 그는 이전에 만난 한 여성과의 관계를 소중하게 여기고 있다는 이야기를 넌지시 꺼냈다. 그 때문에 칼은 몇 년간 지내 온 방식으로 지내기보다는 '전환점을 만들어 보고자 하는' 동기가 더 강한 상태였다. 하지만 한편으로는 제대 후 몸무게가 20파운드(역자 주: 약 10kg)나 증가한 데다가 직업을 꾸준히 유지하기 위해 허우적대며 버둥대고 있었고, 미래에 대해 '길을 잃었다'고 느끼고 있는 상태에서 과연 다른 누군가에게 무언가 줄 것이 있을지 걱정이 된다고도 했다.

해병대 입대 전에 칼은 영화를 보러 가는 것(액션 · 모험 영화를 가장 좋아했다), 역도, 무술훈련, 친구들과 클럽에서 춤을 추는 것을 즐기곤 했다. 마지막으로 군대에서 돌아온 다음, 그는 영화관에서 뒤에 앉은 사람들로 인해 '경계태세'가 되어 불편감을 느낀 이후로 집에서만 영화를 보게 되었다고 말했다. 그는 또한 SF, 액션 영화를 볼 때면 무언가에 의해 촉발되어 깜짝 놀라게 된다고 말했다. 칼은 "바보 같죠...... 그게 진짜가 아니라는 것을 알았지만, 등장인물들이 외계인과 전투를 하기 시작할 때면 계속 팔루자[1]가 생각나서 공황발작이 시작됐어요. 영화를 끄고 난 뒤에도 며칠 동안 불안한 상태로 지냈어요." 이러한 이유로, 칼은 폭력적

인 액션 장면으로 깜짝 놀라지 않을 수 있는, 이전에 본 적이 있는 영화만 본다고 했다.

칼은 데이트 상대 여성이 그가 악몽을 꾸는 것이나 안전을 반복적으로 체크하는 행동을 보게 되면 겁을 먹고 '그를 차 버릴 것'이라고 굳게 믿고 있었기 때문에, PTSD 증상이 바로 자신의 데이트를 방해하고 있었다고 했다. 그래서 칼은 데이트를 오래 지속하지 못하고 보통은 몇 달 안에 관계를 끊곤 했었다. 하지만 약혼녀를 만났을 때는 달랐다. 그는 그녀와 만나고 난 뒤로는 이런 모든 경계심을 풀게 되었다고 했다("저는 취했어요."). 칼이 군 복무에 대해 이야기할 때면 그녀는 '조심스럽게 반응하는 법'을 알고 있는 것 같아 놀랐다고 했다. 나중에 그녀는 칼에게 자신의 아버지도 베트남에서 복무했고 칼이 겪고 있는 것과 유사한 문제로 힘들어했었다는 이야기를 털어놓았다. 칼은 '몇 년 동안' 그랬던 것과는 달리, 이 여자친구와의 대화를 편안하게 느꼈기 때문에, 이 여자친구와는 오랜 연애를 하고자 노력해 보고 싶은 동기가 생겼다.

1) 역자 주: 이라크의 한 도시

활동 1-1 칼의 회피 행동과 그에 따른 대가

1. 군 복무 후 칼의 PTSD와 관련한 경험을 쭉 읽으면서, 칼이 외상과 관련하여 어떤 회피 패턴을 보이는지 발견했는가? 칼의 회피 행동을 다음 목록에 작성해 보자.

- 회피 행동

(1) ______________________________

(2) ______________________________

(3) ______________________________

(4) ______________________________

(5) ______________________________

2. 회피를 쉽게 찾았는가? 사회적 고립, 관계에서의 감정적 단절 패턴, 알코올 남용, 치료 회피, 심지어 (사람들의 접근을 막기 위한) 분노는 외상 경험은 달라도 그들 모두에게 공통적으로 나타나는 증상이다. 그렇다면, 이번에는 칼의 회피 패턴으로 인한 대가도 파악했는가?

- 대가

(1) ______________________________

(2) ______________________________

(3) ______________________________

(4) ______________________________

(5) ______________________________

취업의 불안정성, 수면 부족, 새로운 영화를 보러 가는 것과 같은 즐거운 활동의 중단, 관계 유지의 어려움, 방향감각 상실, 건강 악화 등도 PTSD를 겪는 사람들에게 흔한 일이다.

5. 하지만 외상과 관련되어 있고 안전해 보이지 않는 것을 피하는 것은 당연하지 않은가

이것에 대한 우리의 대답은 '예'이다. 외상 사건이 발생했을 때, 회피하고자 하는 충동은 매우 적응적으로 나타났을 수 있다. 충격적인 경험이 일어나는 동안에는 그에게서 벗어나려고 하거나, '뒤로 물러나는' 것이 도움이 된다. 외상 사건에 노출되는 동안 자연스럽게 나타나는 회피 반응은 안전을 유지하기 위해 도망치거나 탈출을 시도하거나, 혹은 '충격'에 빠져서 감정적으로 분리 혹은 무감각해지거나, 심지어 외상 사건이 지나갈 때까지 '유체이탈'의 경험(종종 '해리'로 불림)을 하는 것 등이 포함될 수도 있다. 이러한 반응은 외상의 영향을 최소화하는 데 도움이 되기도 한다. 그리고 트라우마를 상기시키거나 트라우마에 조건화된(conditioned) 무언가를 피하는 것 또한 매우 흔하며 이해할 만한 반응이다. 우리의 뇌와 몸이 하나의 위험을 유사한 위협 상황으로 일반화시키는 것은 '영리'한 일이다. 사실 그랬기 때문에 인류는 멸종으로부터 살아남을 수 있었던 것이다. 하지만 때때로 우리의 뇌와 몸은 삶을 지나치게 그리고 광범위하게 제한하는 식으로 회피 패턴을 발전시키기도 한다.

애니(Annie)의 사례를 통해서 회피가 어떻게 강화되고 고착되는지를 살펴보자.

애니는 자신이 PTSD를 촉발했던 상황을 피하려 하는 경향이 있음을 잘 알고 있었다. 사실 PTSD 촉발 요인들을 너무나 능숙하게 회피해 왔기 때문에 애니의 삶은 매우 판에 박히고 구조화되어 있으며 통제되어 있었다. 애니는 밖에 서 있는 것이 외상 기억을 촉발한다는 것을 알았기 때문에, 주유소에서 주유비를 계산하고 주유하는 동안 차에 앉아 있곤 했다. 대개 그녀는 다른 사람들과의 사회적 상호 작용을 최소화하기 위해 늦은 밤에 필요한 모든 것을 빠르게 찾고자 매번 같은 상점에서 쇼핑했다. 애니는 새로운 사람들을 소개받을 수 있는 장소에 가는 경우도 거의 없었는데, 새로운 관계는 과도한 경계심(애니는 그것을 '신뢰 경보'라고 부른다)을 촉발했기 때문이다. 실제로 애니의 대부분의 행동과 일상은 불안과 두려움을 최소화할 수 있도록 짜여 있었다. 또한 회피하는 것이 너무나도 효과가 있었기 때문에, 이러한 일상 패턴에서 조금이라도 벗어나는 것만으로도 스트레스를 경험했다. 다시 말하자면 그녀의 회피는 지속적으로 강화되어 왔던 것이다. 규범에서 벗어나는 활동이나 행동들은 불안과 두려움만을 유발한 반면, 일상에서 최대한 벗어나지 않으려는 노력은 반대로 스트레스를 감소시켰다.

제2장에서 여러분의 구체적인 회피 패턴을 더 자세히 검토하겠지만, 다음에 제시되는 연습을 통해 여러분의 구체적인 회피 패턴을 살펴보는 데 도움이 될 것이다.

활동 1-2 회피/강화 연습

PTSD와 관련된 회피의 몇 가지 측면과 회피 행동이 강화되는 방식을 찾아보자.

- 나는 ______________________________을/를 피한다. (상황)
- 나의 회피 행동은 그로 인해 ____________________을/를 덜 경험하게 되기 때문에 강화되었다. (감정/반응)

- 나는 ______________________________을/를 피한다. (상황)
- 나의 회피 행동은 그로 인해 ____________________을/를 덜 경험하게 되기 때문에 강화되었다. (감정/반응)

- 나는 ______________________________을/를 피한다. (상황)
- 나의 회피 행동은 그로 인해 ____________________을/를 덜 경험하게 되기 때문에 강화되었다. (감정/반응)

우리는 PTSD와 관련된 회피를 행동활성화 치료의 주요 타깃으로 삼긴 했으나, 회피가 어떤 면에서는 효과가 있다는 점을 인정하는 것도 중요하다. PTSD와 관련해서 트라우마에 대한 생각을 피하고, 트라우마를 떠올리게 하는 장소를 피하며, 외상의 기억과 연관된 활동을 피하는 것은 모두 단기적으로는 고통을 줄여 주는 효과가 있다. 하지만 시간이 지남에 따라 당신의 삶은 결과적으로 점점 더 제한되고 불만족스러워질 수 있다. 회피는 천천히 공기가 새는 타이어를 고치는 대신 차를 자꾸 멈춰 그 타이어에 공기를 넣는 것과 같다. 그 순간에는 계속 가는 것 같지만, 장기적으로는 실질적인 문제는 해결하지 못한 채 도로에 멈춰 설 위험성만 높아지게 된다.

게다가 시간이 지남에 따라 회피는 역설적으로 더 많은 두려움과 스트레스를 야기하게 된다. 회피는 촉발 요인을 피할 때마다, 사실 촉발 요인은 외상 사건을 단지 떠올리게만 하는 것임에도 불구하고, 촉발 요인은 위험하다는 믿음에 확신을 갖게 한다. 점점 더 많은 환경자극에 조건화되고 반복되는 스트레스를 피하기만 하는 것은, 구멍 난 타이어로 주행하며 자동차에 더 많은 손상을 초래하는 것과 같으며, 이는 실제로 근본적인 문제에 대한 대처 없이 발이 묶일 위기 발생 가능성만 높이는 것과 같다.

이렇듯 생활 전반에 만연해 있는 PTSD 관련 회피 패턴은 고착될 수 있으며, 부수적으로 관계 문제(친구의 전화나 문자를 회신하지 않으면 시간이 지나면서 더 이상 연락을 하지 않게 될 수 있음), 업무 또는 학업 문제(직장이나 수업을 빼 먹을 때 낮은 직업 성취나 학업 성취로 이어질 수 있으며, 궁극적으로 실업 또는 불완전 고용의 가능성을 높일 수 있음), 우울증(즐거움이나 의미에 대한 기회가 제한되어 기분이 안 좋아지거나 우울하게 됨) 혹은 더 심각하고 만성적인 PTSD를 유발할 수 있다. 따라서 생활 전반에 만연해 있는 회피 패턴은 심각하고 부정적인 더 큰 대가를 치르게 해서, 개인의 삶과 PTSD의 회복을 방해할 수 있다. 회피 행동으로 당신이 치러야 하는 더 큰 '대가'는 무엇인가?

활동 1-3 PTSD 회피에 따른 대가

다음은 PTSD 회피 패턴으로 인해 치러야 하는 대가의 일반적인 예시를 제시했다. 생각, 감정, 상황 또는 사람을 회피하는 경향으로 인해 부정적 영향을 받게 된 삶의 영역에 동그라미(○) 표시하고, 마음에 떠오르는 다른 영역들도 나열해 보자.

건강	마음의 평화	우정	자존감
로맨스	여행의 자유	직업 안정성	기쁨
성관계	취미	자신감	수면
희망	재정 안정성	새로운 경험	이완

• 다른 대가

____

____

____

____

____

____

6. 활성화를 통해 회피를 어떻게 극복하는가

앞의 연습에서 나열한 삶의 긍정적인 측면을 되찾기 위해서는 회피 습관을 극복해야 한다. 우선 어떤 회피 패턴을 목표로 삼을지 확인하고 나면, 행동활성화는 목표 설정, 계획, 주의력 및 문제 해결 전략을 사용하여 회피를 극복하고, 실질적인 장애물을 이겨 내는 데 도움을 주어 삶의 목표를 달성시키도록 이끈다. 행동활성화는 여러분이 의미 있고 즐거운 활동을 체계적으로 늘려 가되, 회피의 유혹을 인식하고 극복하도록 돕는 것을 목표로 한다.

PTSD의 행동활성화는 당신의 가치관과 현재 원하는 삶을 신중하게 고려하여 목표를 설정하는 것에서부터 시작한다. 이제부터는 자신의 활동을 추적하고 계획하고, 행동과 기분 사이의 연관성을 파악하는 방법에 대해 소개하고자 한다. 이러한 과정을 통해 여러분의 회피 패턴을 더 잘 인식하는 데 도움을 받을 수 있을 것이다.

회피는 정서적으로 마비되거나 또는 환경으로부터 분리되는 형태로 나타나기 때문에, 때로는 다른 사람에게뿐 아니라 여러분 자신에게도 분명하게 지각되지 않을 수 있다. 만약 여러분이 바쁘게 살긴 하나 그저 '삶이 흘러가는 대로만' 살아가고 있다면, 기분을 나아지게 해 주거나 더 나은 삶으로 나아가게 해 줄 수 있는 순간들이나 경험들을 놓치고 있을 수 있다. 이러한 '무심'하거나 '무감각'한 상태 때문에, 만족감이나 행복을 줄 수 있는 것들의 진가를 제대로 파악하지 못할 수 있다. 이에 대해 행동활성화에서는 '경험에 대한 주의'라는 용어를 사용하는데, 이는 마음챙김과 유사한 용어로, 현재 순간에 주의를 기울여 긍정적이거나 의미 있는 경험을 충분히 체험하는 것을 의미한다. 경험에 대한 주의와 마음챙김에 대해서는 제8장에서 좀 더 자세히 설명하도록 하겠다.

또한 행동활성화는 당신이 가치를 두는 활동을 실행하는 데 방해가 될 수 있는 장애물을 이겨 내기 위해, 적극적인 문제 해결 방법을 사용한다. 때로는 이것이 'PTSD를 해결하는' 새로운 방법을 찾는 것이 될 수도 있다. 예를 들어, 만약 당신과 배우자가 공공장소에 있음으로 인해 PTSD 반응이 쉽게 촉발되어서 대부분 밤에는 집에만 머무는 경향이 있다면, 당신의 회피 패턴은 대인관계를 손상시킬 수 있다(배우자는 다른 사람들의 초대를 거절하는 데 지칠 수도 있다). 당신이 아무리 관계를 소중하게 여기더라도, PTSD가 상황에 대한 주도권을 쥐고 있을 수도 있는 것이다. 공공장소에 나가는 것을 회피함으로써 관계에서 치러야 할 '대가'를 극복하기 위해서는 창의력을 발휘해야 할 수도 있다.

이 예시의 경우라면, '집에서 하는' 특별한 데이트를 계획해 본다거나, 좋아하는 식사를 준비하거나, 활동을 계획하거나(예: 보드 게임) 또는 평소에 나누던 '일상적인' 것 이외의 주제에 대해 이야기하는 것도 고려해 볼 만하다. 관계라는 가치와 관련된 목표를 이루는 데 효과적일 수 있는 또 다른 대안은, 당신이 관계에 얼마나 가치를 두고 있는지 되돌아보고, 배우자에게도 당신이 그 가치를(식당에서 경험할 수 있는 불안과 과경계를 피하는 와중에도) 중요하게 여기고 있음을 전달하는 것이다. 영화 관람을 계획하고 믿을 만한 친구 한두 명을 밤에 집으로 초대할 수도 있다. 아니면 레스토랑이 덜 붐비는 늦은 오후에, 비교적 조용하고 개인적인 공간에서 데이트를 시도해 볼 수도 있다. 피크 시간이 아닌 시간에 점심을 예약하면 살짝 불편할 수는 있지만 가장 바쁜 저녁 시간에 대화에 집중하느라 애쓰는 것보다는 보다 성공적인 경험을 할 수 있다.

제5장과 제7장에서 대안이 될 수 있는 대처 전략과 문제 해결 기술에 대해 더 자세히 다루긴 하겠지만, 회피를 극복하고, 지금 당장 삶에서 놓치고 있는 소중한 것에 더 가까이 다가갈 수 있는 방법들에 대한 고민을 지금부터 시작하기 바란다.

PTSD 해결 연습문제

'회피/강화 연습'에 열거한 강화된 회피의 예 중 하나를 선택하고 회피로 인해 놓치는 근본적인 가치나 경험('대가')이 무엇인지 생각해 보자. 그런 후에 삶의 가치 있는 부분을 회복하기 위해 PTSD를 해결할 수 있는 다른 방법들을 목록으로 작성한다.

- ______________________________을/를 회피했을 때, (상황)
- ______________________________ 덜 경험했기 때문에 나의 회피 행동은 강화되었다.

  (감정/반응)
- 회피의 '대가'는 ______________________________이다.

PTSD를 극복하고 가치 있는 경험을 되찾기 위해 다음과 같은 대안적 방법으로 노력할 수 있다.

- 대안 (1) ______________________________
- 대안 (2) ______________________________
- 대안 (3) ______________________________

PTSD로 인해 부정적인 영향을 받은 삶의 소중한 부분으로 다시 돌아가게 할 수 있는 몇 가지 대안을 시도해 보자. 중요한 것은 당신이 가치를 두는 것(예: 관계)을 위해 행동을 하면서 PTSD가 당신의 삶을 좌지우지하지 않도록 해야 한다는 점이다. 의미 있고 즐거운 활동에 참여할수록 PTSD로 정의되는 삶의 영역은 '당신'이 결정하는 삶의 영역에 비해 점점 더 작아질 것이다. PTSD 증상에서 벗어나 더 풍부하고 폭넓은 삶을 재건해 나갈 때, PTSD 증상의 빈도와 강도는 감소하면서 증상에 더 잘 대처할 수 있게 될 것이다.

7. 요약

PTSD와 관련된 회피는 더 협소한 삶 혹은 덜 보상적인 삶을 살게 하는 것과 동시에 삶으로부터 탈 개입하게 하여 즉각적으로는 스트레스 수준을 낮춰주기 때문에 외상 사건과 관련된 회피 반응이 종종 강화된다는 점에서 외상 사건에 대한 '학습된' 반응으로 이해할 수 있다. 행동활성화는 만성 통증이나 우울증과 같은 그 외의 문제들을 해결하는 데 도움이 될 잠재력이 있는 PTSD에 대한 효과적인 치료법이다.

우리는 회피를 식별하는 연습을 시작함으로써 PTSD와 연관된 회피 증상뿐만 아니라 그와 관련된 장기적인 대가를 파악하고, 일반적으로 회피해 오던 상황에 접근할 수 있는 또 다른 방법들에 대한 아이디어를 개발하기 시작했다. 다음 장에서는 당신의 회피 패턴을 보다 자세히 탐색해 보도록 하겠다.

제 2 장

♦

회피 패턴 이해하기

♦

이제 PTSD 증상이 지속되는 데 회피가 어떤 역할을 하는지 어느 정도 이해하였으므로, 회피가 생활 속에서 작동하는 구체적인 방식을 살펴보도록 하자. 다만 그 전에 트라우마 이후에 나타나는 회피는 자연스럽고 이해할 수 있는 행동이며, 당신이 자각하지 못할 수도 있으며, 무엇보다도 당신의 잘못이 아니라는 점을 강조하고 싶다! 하지만 회피 패턴을 이해함으로써, 당신은 PTSD로부터 회복하는 첫 번째 중요한 단계를 밟아 나가게 된다.

애니의 회피 행동에 대해 좀 더 살펴보도록 하자.

> 작년에 애니는 첫 데이트 이후에 주차장에서 성폭행을 당한 후, 길가가 아닌 곳에는 주차하기를 꺼렸다. 그녀는 다행히 자주 가는 상점 근처에서 무료 주차장을 찾을 수 있었기 때문에 이런 시도는 어느 정도 실현 가능했다. 그녀는 중심가의 동네 상점에서 쇼핑하는 것이 지역사회를 위해 더 좋다고 생각했고, 쇼핑몰에 가야 할 때는 항상 자녀 중 한두 명이 동행하였으며, 가능한 한 쇼핑몰 입구 가까운 곳에 주차하곤 했다. 그런데 한 번은 아이들과 함께 간 대형 영화관에서 지하 주차장에 주차할 수밖에 없는 상황이 벌어졌다. 극장 입구까지 걸어가는 동안 애니는 심장이 두근대기 시작함을 느꼈고, 누군가 자신을 기다리는 것만 같은 느낌이 들었다. 애니는 딸들의 손을 잡고 발걸음을 재촉했고, 딸들도 애니의 걸음 속도를 따라잡느라 발걸음이 빨라졌다. 그 후 두려움은 나아지기는커녕 더 심해졌다.

1. 회피 패턴 파악하기

사회적 고립이나 군중 혹은 시끄러운 환경과 같은 촉발 요인을 피하려는 경향이 그러하듯이, 회피 패턴은 '바깥으로' 그리고 '명시적으로' 드러난다. 때때로 회피 패턴은 (공공장소에 있을 때 나타나는 불안을 회피하고자) 술을 마시거나, 미래의 상처나 슬픔을 피하는 수단으로 화를 내며 누군가와 우정을 끝내는 것과 같이 '미묘하게' 나타나기도 한다.

회피는 어떤 형태로든 나타날 수 있는데, 처음에는 긍정적이거나 건강한 것처럼 보이지만 실제로는 회피 전략으로 작용하는 행동을 하는 경우도 있다. 예를 들어, PTSD를 겪는 일부 사람들은 트라우마와 관련된 내면의 생각이나 감정을 피하기 위해 무리한 운동이나 고강도 업무 일정을 참여하기도 한다. 운동과 고된 노동은 일반적으로 긍정적인 활동으로 여겨지지만, 극단적인 경우는 신체적 부상 혹은 대인관계 손상의 위험을 증가시킬 수 있다.

다음은 일반적인 회피 패턴의 예이다.

- 외상 사건을 상기시키지 않기 위해 또는 스트레스를 받거나 안전하지 않다고 느껴서 어떤 장소에 안 가거나 일을 하지 않는 경우
- 외상 사건에 대한 침습적 기억을 피하기 위해 과도하게 오랜 시간 동안 일하는 경우
- 배신감이나 상처를 최소화하기 위해 관계에서 감정적으로 거리 둔 상태를 유지하는 경우
- 외상 사건에 대한 생각을 피하기 위해 비디오 게임을 하거나 TV를 시청하는 경우
- 트라우마 기억에서 주의를 돌리기 위해 의도적으로 신체적 고통(벽에 주먹질하기, 자기 신체에 칼로 베기 혹은 화상 입히기)을 유발하는 경우
- PTSD 관련 악몽을 줄이고자 알코올이나 마리화나를 사용하는 경우
- 무력감이나 두려움을 줄이거나 피하기 위해 분노를 키우는 경우

기억하라. 사람들은 일반적으로 단기적이고 즉각적인 안도감이라는 단순하고 그럴듯한 이유 때문에 회피 패턴을 사용한다. 그리고 그 즉시 대부분은 기분이 조금은 나아지므로 회피 패턴이 (부적으로) 강화된다. 따라서 다음에 같은 상황에 처했을 때 같은 방식으로 대응할 가능성이 증가하게 된다.

안타깝게도 회피 패턴으로 인해 불안이나 스트레스를 유발하는 상황을 피하는 것이 결국 그 문제를 해결하게 하지는 못하기 때문에 나중에 더 큰 문제를 야기하는 경우가 많다(예: 사람들이 많은 곳에서 불편함을 계속 느끼고, 다른 사람들과 갈등을 겪게 되는 등).

다음의 비유를 생각해 보자. 자동차 여행(인생 계획)을 떠났다가 낙석으로 인한 자동차 충돌 사고(트라우마)를 경험했다고 가정해 보겠다. 차가 계속 달리긴 하겠지만, 사고로 인해 운전 방식이 바뀌게 돼서 계획했던 목적지에 도착하기가 훨씬 더 어려워질 수 있다. 바위가 보이는 언덕 근처의 도로에서 운전하기를 피하게 될 수 있으며, 조심해서 운전하려고 제한 속도보다 훨씬 낮은 속도로 운전할 수 있는데, 이 모든 것으로 인해 도착 시간이 늦어질 수 있을 뿐만 아니라 고속도로에서 위험에 처하게 될 수 있다. 생활 속 다양한 유형의 회피 역시 이러한 운전 방식의 변화와 유사하다. 따라서 다음 연습에서는 PTSD로부터의 회복하는 데 방해가 되는 다양한 유형의 회피에 대해 살펴보고자 한다. 이 상황을 운전의 비유로 계속 설명해 보겠다.

활동 2-1 길에 놓인 돌부리 피하기

지난 장에서 칼이 했던 것처럼, 자신이 회피하고 있는 상황, 경험, 활동을 글로 적어 보는 것부터 시작하겠다. (트라우마가 있기 전에는) 즐겼지만 이제는 더 이상하지 않는 일이나, 하고 싶지만 너무 스트레스를 받고, 안전하지 않으며, 하고 싶지만 트라우마를 떠올리게 해서 하지 않는 일을 생각해 보자. 이 시점에서는 자신의 반응을 검열하지 않도록 노력해야 한다(예를 들어, 정말 위험하다고 생각하거나 더 이상 활동에 흥미를 느끼지 못하기 때문에 그러한 것은 나중에 살펴보겠다). 당신이 적은 것들을 이행해야 할 의무는 없다. 이 연습은 패턴을 이해하는 데 도움을 주기 위함이지, 행동을 바꾸기 위한 것이 아니다. 질문 각각에 대해 가능한 한 많은 것을 떠올려 보되, 한두 가지만 떠올려도 괜찮으니 우선은 브레인스토밍을 해 보자.

1. 트라우마를 겪은 후로 '이전에는 했으나' 지금은 하지 않는 일은 무엇인가?

____

____

____

____

2. 한때는 즐겁게 했지만, 지금은 "아, 그건 못하겠어."라고 혼잣말을 하며 피하는 것은 무엇인가?

____

____

____

____

3. 어떤 상황, 장소 또는 활동이 트라우마를 떠올리게 하거나 실제로 트라우마로 되돌아간 듯한 느낌을 주는가(일부 독자에게는 이러한 것들을 생각하기가 어려울 수 있다. 우리는 당신이 시도해 보길 권하지만 이 작업이 너무 스트레스가 된다면 이 질문은 건너뛸 수 있다)?

____

____

____

____

활동 2-2 힘든 상황 대처하기

이제 여러분이 어떤 상황에 처해 있거나 혹은 어떤 활동을 하고는 있으나, (실제로 피하지는 않지만) 엄청난 스트레스를 받고 견디면서 어떻게 해서든 그 상황을 가능한 한 빨리 극복하려고 노력하는 상황을 생각해 보자. 이를 '주먹 꽉 쥐기(화이트 너클링[1])'라고 부른다. 예를 들어, 장보기를 하지만 서둘러서 하거나 늦은 밤에만 하고, 운전은 하되 교통 체증은 피하고, 친목 모임은 하지만 가능한 한 빨리 모임에서 나오거나 최대한 적은 사람과 대화하는 등의 행동을 할 수 있다.

마지막으로, '주먹 꽉 쥐기(화이트 너클링)'를 해야 했던 경험을 여섯 가지 적어 보자.

____

____

____

____

____

____

1) 역자 주: 무서운 경험을 하거나 엄청나게 긴장을 하게 되어 자신도 모르게 주먹을 꽉 쥐게 되는 상황.

활동 2-3 안개 속에 머물기

어떤 활동을 할 때, 감정을 마비시키거나 기쁨이나 즐거움을 느끼지 않는 방식을 통해서 약간 변형된 방식의 '주먹 꽉 쥐기(화이트 너클링)'를 하는 방법도 있다. 어떤 일을 하고 있음에도 별다른 감정이 느껴지지 않거나 흥미도 느끼지 못하는, 마치 '일상적 활동이나 업무를 형식적으로 무감각하게 처리하는 것'처럼 느껴지는 경우를 생각해 보자(예를 들어, 가족과 시간을 보내지만 참여하는 느낌이나 행복감을 느끼지 못하거나, 직장에 출근하지만 '의욕'을 느끼지 못하거나, 성적으로 교감하지만 '무감각한' 등의 상황이 있을 수 있다).

1. 어떤 상황에서 나는 로봇처럼 기계적으로 행동하는가?

2. 어떤 장소에 도착한 과정 혹은 그곳에서 일어난 일에 대하여 전혀 기억하지 못한 채로, 어떤 장소에 도착했거나 혹은 어떤 상황(예: 회의, 전화 통화)에서 벗어난 적이 있는가?

활동 2-4 쳇바퀴 돌리기

회피 패턴에는 반추(과거 사건을 반복적으로 떠올리는 것) 또는 걱정(미래에 대해 반복적으로 생각하는 것)과 같은 사고방식이 포함된다. 이것은 내면 상태로부터 주의를 분산시키거나 촉발 요인과 촉발 반응을 피하려는 노력의 일환으로 일어나는 것이다. 이러한 유형의 회피 패턴은 스스로에게 왜 자신이 과거(반추)나 미래(걱정)에 대해 생각하는지 스스로에게 물어볼 때까지는 여러분에게 분명하게 인식되지 않을 수 있으며, 이러한 질문을 통해 알게 되는 것은 그저 자신이 과거의 외상 경험을 떠올리고 있었다는 사실(그날 밤 외출만 하지 않았다면 교통사고를 당하지 않았을 거야.)과, 미래에 닥칠지 모를 외상 경험을 예상하며 피하려고 시도했다는 사실뿐이다(내가 경계를 늦추지만 않으면, 다시 무력한 상황에 빠지지 않을 것이다).

1. 내 삶에서 일어날까 봐 걱정되는 일에는 어떤 것이 있는가?

2. 내가 과거에 대해 반추하고 있는 것은 무엇인가?

활동 2-5 약물 영향하에 운전하기

자기 탐색을 조금 더 계속해 보자. 외상 후 스트레스 장애가 있는 많은 사람은 (복용하지 않더라도) 항불안제, 무기, 혹은 특정 사람이나 사람들 같이 안전하다는 느낌을 줄 수 있는 무언가가 있을 때에만 활동할 수 있다고 생각한다. 어떤 사람들은 술을 마시거나 마리화나를 피우거나 다른 물질 혹은 약물을 복용하면서 활동하기도 한다. 안전하다고 느끼거나 스트레스나 두려움을 줄이는 데 도움이 되는 섭취하거나 소지할 수 있는 것들을 생각해 보자(모든 상황에 해당되는 것은 아닐 수 있음).

1. 내가 안전하다는 느낌을 주기 때문에 가지고 다니는 물건(또는 사람)은 어떤 것이 있는가?

____

____

____

____

____

____

____

2. 안전함이나 평온함을 느끼기 위해 섭취하는 물질은 어떤 것이 있는가?

____

____

____

____

____

____

____

활동 2-6 과속하기

지금쯤이면 회피가 교묘하며 다양한 방식으로 나타날 수 있다는 사실을 알게 되었을 것이다. 앞서 말했듯이 회피가 나타날 수 있는 또 다른 방식이 있는데, 처음에는 회피와 반대되는 것처럼 보일 수 있는, '특정 활동을 과도하게 하기'가 그것이다. PTSD가 있는 사람들은 특정 활동에 과도하게 몰입하는 경우가 많은데, 특정 활동에 과몰입하는 것이 스트레스가 되는 또 다른 활동을 하는 것을 막아 주거나, 불쾌한 감정이나 생각으로부터 주의를 돌리는 데 도움이 되기 때문이다. 예를 들면, 깨어 있는 대부분의 시간을 직장에서 보내기, 하루에 몇 시간씩 헬스장에서 보내거나 비디오 게임하기, 도박, 폭식(또는 음식 제한) 등 비정상적으로 많은 시간을 소비하면서(본인이나 소중한 사람에게) 부정적인 결과를 초래하는 모든 활동이 여기에 해당한다.

• 내가 과도하게 하고 있는 것은 무엇인가?

____

____

____

____

____

____

____

____

활동 2-7 타이어에 펑크 나다

마지막으로, (트라우마와 관련이 있을 수도 있고 없을 수도 있는) 부상, 신체 통증 및 신체적 제한 혹은 상황의 변화로 인해 더 이상 할 수 없는 활동을 생각해 보자. 이런 활동을 회피하려는 동기가 있는 것은 아니지만, 신체나 상황이 변했기 때문에 더 이상 할 수 없게 된 경우를 말한다. 예를 들어, 예전에는 하이킹과 스키를 좋아했지만 만성적인 허리 통증으로 인해 더 이상 스키를 탈 수 없게 되었을 수도 있다. 또는 예전에는 살사 춤을 좋아했지만 살사 춤을 추는 클럽이 없는 지역에 살고 있을 수도 있다. 군대에 있어서 구조화, 목적의식, 동지애를 느낄 수 있었는데 제대 후에는 방황하는 기분을 느끼고 있을 수 있다. 이러한 활동을 의도적으로 피하는 것은 아님에도, 이런 일을 하지 않아서 얻게 되는 결과는 결국 고립감, 불안감, 스트레스, 우울감과 동일할 수 있다. 이러한 활동에는 어떤 것이 있는지 파악하면, 동일한 의미, 즐거움 또는 구조화를 제공해 줄 수 있는 대체 활동을 고려하는 데 도움이 될 수 있다.

1. 통증이나 부상은 내가 하는 활동을 어떻게 변화시켰는가?

2. 하고 싶지만 통증이나 신체적 제약 때문에 할 수 없는 일에는 어떤 것이 있는가?

2. 회피의 기능과 영향에 대해 이해하기

회피는 당신의 잘못이 아니며 트라우마 후에 흔히 나타나는 것이란 점은 아무리 강조해도 지나치지 않는다. 제1장에서 언급했듯이, 우리의 뇌는 고통스러운 감정과 감각을 불러일으키는 것들로부터 멀어지도록 연결되어 있다. 그렇지 않았다면 인류는 오래전에 멸종했을 것이다! 회피는 우리를 안전하게 지켜 주며 피해를 입지 않게 한다. 자신의 한계를 알고 스스로 속도를 조절하는 것도 중요하다. 회피가 자신을 돌볼 수 있게 하고, 다른 일을 하는 데 필요한 자원을 보존할 수 있게 하며, 인생에 더 큰 문제를 일으키지 않게 하는 데 도움이 된다면, 회피는 때로는 유용하고 건강한 방법이 된다. 회피 패턴을 해결하기 위해 고민하기 시작할 때, 회피의 단기적 · 장기적 영향이 무엇인지 생각해 보는 것이 도움이 된다. 이를 통해 어떤 패턴을 고치는 것이 가장 중요한지 판단하는 데 도움을 받을 수 있을 것이다.

활동 2-8 나의 회피 패턴과 영향

이 장에서 확인한 회피 패턴을 살펴보자. 다음 빈칸에 가장 빈번하거나 생활에 가장 큰 영향을 미친다고 생각되는 회피 패턴을 적어 보자. 그런 다음 단기 효과(즉, 회피가 나에게 어떻게 작동하며, 도움이 되는지)와 장기 효과를 고려해 보자. 대부분의 경우 단기 효과에는 기분이 나아지거나 기분이 나빠지지 않는 것이 포함된다. 갈등 예방이나 활력 회복과 같은 다른 단기적인 효과도 있을 수 있다. 장기적인 효과에 대해서는 본인뿐 아니라 가까운 사람들(예: 가족, 친구, 직장 동료)의 삶의 질에도 이러한 회피 패턴이 미치는 영향을 고려해 보자. 몇몇 유형의 회피가 장기적으로 심각한 영향을 미치지 않을 수 있으므로, 그런 회피 패턴은 문제로 간주하지 않을 것이다. 하지만 이러한 결론을 내리기 전에, 회피로 인해 심각하게 영향을 받은 것이 있는지 확인하려면 과거에 무엇을 했는지, 앞으로 어떤 삶을 살고 싶은지 등을 포함해서 자신의 삶에 대해 진지하게 성찰해 보기 바란다. 당신의 회피가 당신도 인식하지 못하는 방식으로 다른 사람의 삶에 영향을 미치는지 알아보기 위해 가까운 지인을 대상으로 설문조사를 할 수도 있다.

1. 다음은 칼의 예이다.
- 회피 패턴: 나는 밤에 긴장을 풀고 잠들기 위해 맥주를 몇 잔 마신다.
  - 단기적인 효과: 마음이 편안해지고 잠자리에 들기 전에 이라크에서의 경험에 대해 많이 생각하지 않으며 쉽게 잠들 수 있다.
  - 장기적인 효과: 수면의 질이 좋지 않고 피곤한 상태로 깨어난다. 약혼녀는 저녁에 더 많은 시간을 함께 보내길 원하는데, 내가 술을 마실 때 정신을 잃는 모습이 마음에 들지 않는다고 말한다.

2. 다음은 애니의 예이다.
- 회피 패턴: 아이들이 다른 아이들의 집에 놀러 가는 것을 허락하지 않는다.
  - 단기적인 효과: 아이들이 나와 함께 집에 있을 때 걱정과 불안이 줄어든다. 아이들이 안전하다는 것을 알게 된다.
  - 장기적인 효과: 아이들이 다른 아이의 집에 가고 싶어 한다. 아이들은 자신들이 좋은 기회를 놓친다고 느끼고 불만과 좌절감을 느낀다. 나는 아이들이 좀 더 독립적이기를 바라고, 아이들을 영원히 집에 가둘 수는 없다는 것을 잘 알고 있다.

이제 여러분의 이야기를 작성해 보자.

- 회피 패턴: ________________
  - 단기적인 효과: ________________
  ____
  - 장기적인 효과: ________________
  ____

- 회피 패턴: ________________
  - 단기적인 효과: ________________
  ____
  - 장기적인 효과: ________________
  ____

- 회피 패턴: ________________
  - 단기적인 효과: ________________
  ____
  - 장기적인 효과: ________________
  ____

- 회피 패턴: ________________
  - 단기적인 효과: ________________
  ____
  - 장기적인 효과: ________________
  ____

- 회피 패턴: ________________
  - 단기적인 효과: ________________
  ____
  - 장기적인 효과: ________________
  ____

이 연습을 통해 어떤 점을 발견했는가? 해결하고 싶은 회피 유형에 대한 아이디어를 얻었는가? 또한 회피가 가져다주는 (적어도 단기적인) 이점과 모든 회피가 문제가 되지 않다는 사실에 대해서도 이해할 수 있기를 바란다. 하지만 이 접근 방법의 전제는, 지나친 회피가 PTSD(및 우울증)의 발병과 유지에 기여하며, 그렇기 때문에 이것을 해결하지 않으면 시간이 지남에 따라 실제로 더 큰 문제와 어려움을 초래할 수 있다는 점이다.

3. 외상 후 스트레스 장애의 하향 나선형

다음 그림은 PTSD의 진행과정이 바로 하향 나선형(downward spiral)의 형태로 진행됨을 보여 주고 있다.

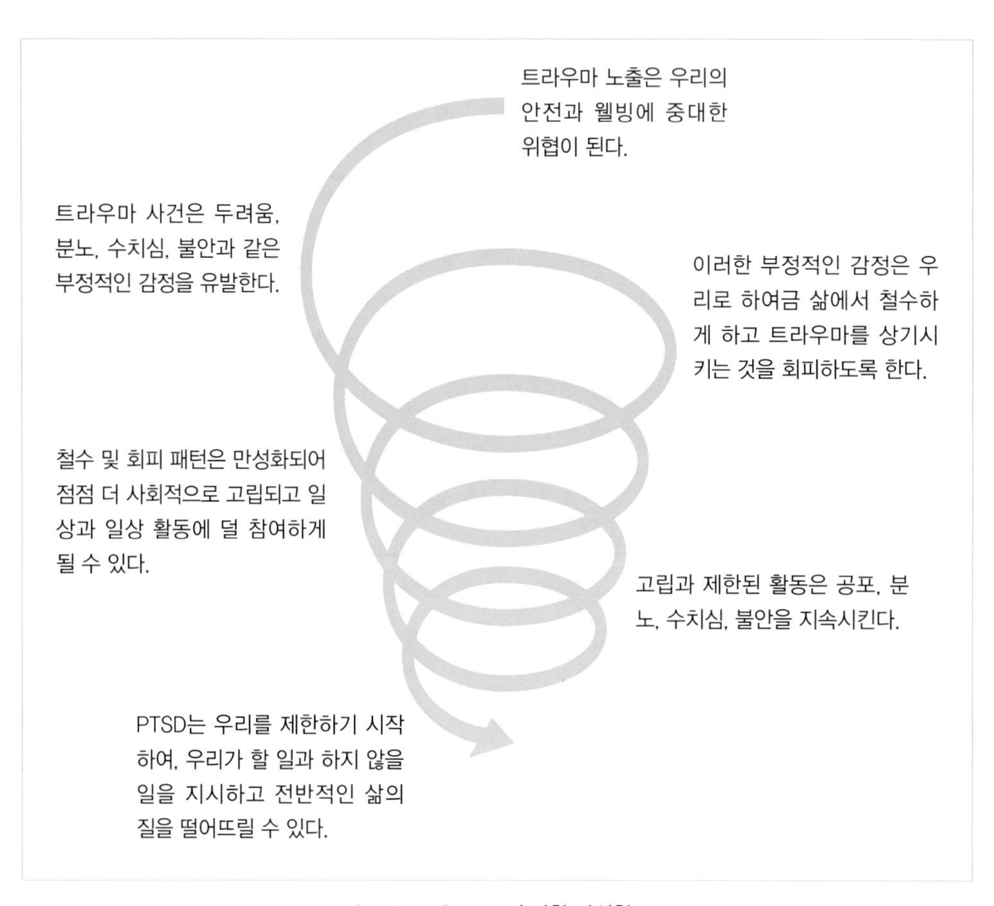

[그림 2-1] PTSD의 하향 나선형

활동 2-9 나는 하향 나선형을 그리고 있는가

1. [그림 2-1]을 본 후, 다음의 사항을 생각해 봅시다. 이 내용이 당신의 삶에도 적용되는가? 0~100% 척도에서, 이것이 당신의 경험과 얼마나 일치하는가?

---

2. 시간이 지남에 따라 회피 패턴이 얼마나 증가했으며, 그로 인해 초래된 추가적인 문제와 더 심각한 PTSD 증상이 있나요?

전혀 없다 □ 조금 있다 □ 많이 있다 □ 매우 많다 □

성폭행을 처음 겪은 이후부터 시작된 애니의 하향 나선형에 대한 글을 잠시 읽어 보자.

애니는 대학교 2학년 때 처음으로 성적 트라우마를 경험했다. 룸메이트와 함께 교외 홈커밍 파티에 갔지만 파티에 아는 사람이 많지 않았다. 처음에는 룸메이트와만 어울리며 이야기를 나눈 후, 파티가 시작된 지 한 시간쯤 지나 풋볼팀 멤버인 한 남자와 대화를 나누게 되었고, 그 남자는 그날 밤 애니를 성폭행하고 말았다. 이 외상 사건 이후 애니는 룸메이트에게 그 일을 알리지 않기로 결심하고 '그냥 지나치려고' 많은 노력을 했지만, 분명 그 사건은 당시 애니에게 큰 충격을 주었다. 애니는 더 이상 술이 있는 곳에서 다른 사람들과 함께 있는 것을 즐기지 않았고, 혼잡한 방이나 시끄러운 음악이 있는 곳에서는 불안(때로는 공황발작)을 경험했다. 애니는 수업이 없을 때는 주로 도서관이나 기숙사 방에서 시간을 보냈다. 심지어 축구나 다른 스포츠를 더 이상 즐길 수 없게 되었고, TV로 보는 것조차도 힘들어했다. 그녀는 부피가 큰 옷을 입거나 거울을 볼 때면 '갑자기 울음'을 터뜨렸다. 자신을 전체적으로 보지 않았고, 얼굴의 특정 부위(눈만 보거나 머리만)만 보고 화장을 하는 습관이 생겼으며, 더 이상 사진 속 자신의 모습조차도 보지 않으려고 했다.

애니는 몇 년을 기다리고 나서야 다른 남자와 데이트를 시작했다. 그녀는 데이트 상대가 성관계를 하고 싶다는 언급을 할 때마다 흥분하고 화를 냈으며, 그 상황을 자신이 위험할 수 있다는 위험 신호처럼 느꼈다. 그녀는 대학원 마지막 해에 만난 한 남성과 마침내 오랫동안 사귈 수 있게 되었다. 그가 팀 조직으로 하는 스포츠에는 관심이 없었기 때문에 그녀는 트라우마가 촉발되지 않았고, 함께 시간을 보내는 것이 어렵지 않았다. 두 사람은 정서적으로 가까워졌지만, 육체적 친밀감은 애니에게 여전히 어려운 문제로 남아 있어서, 그 결과 성관계를 자주 갖지 못했다.

애니는 이 남성과 결혼했다. 하지만 이 남자와 결혼한 후 그들은 감정적으로나 육체적으로 더 멀어지게 되었다. 부부는 상담을 통해 관계를 개선하려고 노력했고 결국 두 딸을 낳았다. 그러나 애니의 불안과 친밀감 회피는 자녀가 태어난 후에도 지속되었고 다시 결혼 생활에서 애니의 불안과 회피가 논쟁의 대상이 되었다. 애니는 부부 사이가 너무 많이 멀어져서 더 이상 변화할 수 없다고 느꼈고, 결혼 5년 만에 이혼을 진행했다.

4. 하향 나선형 패턴 깨기

행동활성화는 PTSD 발생 이전의 의미 있거나 즐겨 오던 활동을 재개하거나 새로운 활동을 개발하도록 도와줌으로써 다시 활동적으로 생활에 참여할 수 있도록 돕는 접근 방식이다. 이는 위축되고 회피하는 것과는 정반대이다. 앞서 말했듯이, 이것은 상대적으로 단순한 개념이지만 달성하기는 어려울 수 있다. 이 워크북의 상당 부분은 활성화를 어렵게 만들 수 있는 다양한 장벽을 극복하는 데 중점을 두고 있다.

여기서는 행동활성화를 통해 회복을 진행하는 데 고려해야 할 중요한 핵심 전략을 강조하고자 한다.

작은 단계부터 시작하라. 이 워크북에서 설명하는 접근 방식에는, ① 목표를 작고 실행 가능한 단계로 나누고, ② 이를 수행한 이후의 기분을 모니터링하며, ③ 전반적인 삶의 질을 향상하는 단계와 활동을 구축해 가는 것이 포함된다. 느린 속도가 때때로 어렵게 느껴질 수 있다. 특히, 이전에 높은 수준에서 기능을 했고 매우 열심히 살았던 사람이라면, 지금의 상황에 조급함과 좌절감을 느낄 수도 있을 것이다. 작은 단계가 너무 느리게 느껴지거나 원하는 삶의 방향과 무관하게 느껴질 수도 있다. 하지만 그것이 바로 잘 진행되고 있는 것이다! 우리의 목표는 여러분이 성공경험을 하고, 어떤 행동과 활동이 여러분에게 변화를 가져오는지 실제로 평가할 수 있도록 돕는 것이다.

진흙탕에서 차를 밀어 본 적이 있거나(다른 사람이 그렇게 시도하는 것을 본 적이 있다면), 처음에 차를 앞뒤로 흔드는 것이 '큰 추진력'을 위한 힘을 모으는 데 중요하다는 생각을 잘 알고 있을 것이다.

이 아이디어는 PTSD를 위한 행동활성화의 핵심이다. 초기 단계는 한 번에 전체 목표를 달성하기보다는, 일단 움직임 자체를 만들도록 설계되어야 한다는 것이다. 따라서 작게 시작하되 더 큰 목표를 주시하고, 인내심을 갖고 시작하며, 추진력이 형성된 것 같은 순간을 염두에 두라. 그러면 그 추진력을 믿고 의지할 수 있다!

변화를 향한 작은 시도로 추진력을 키우게 되면, 스스로 압도되는 것을 피하면서 그 과정에서 자신감을 키울 수 있다. '천 리 길도 한 걸음부터' 교훈을 기억하라.

목표는 구체적으로 설정하라. 제3장에서는 개인의 가치관에 따라 개인 목표를 설정하는 방법을 안내할 것이다. 일반적으로 목표는 잘 정의되어 있으며 구체적인 것이 가장 좋다. 예를 들어, '건강 증진'이라는 목표를 설정하는 대신, 체중 감량을 목표로 설정하는 것과 같이 '큰 그림'의 목표를 달성할 수 있는 구체적인 방법['향후 6개월 동안 10파운드(5kg)를 감량하고 싶다.']을 생각하라. 목표 설정이 명확할수록 목표를 달성할 가능성이 높아지며, 적어도 장애물을 파악하고 이를 극복하는 데 도움이 되는 대안을 고려할 수 있다.

'외부에서 안으로' 접근하기. 우리는 종종 하고 싶다는 생각이 들 때 일을 한다. 보통의 상황에서 그것은 아무런 문제가 없다. 영화를 보러 가고 싶으면 가고, 친구와 이야기하고 싶으면 전화를 한다. 행동활성화에서는 그것을 '내부에서 외부로' 작동한다고 한다(Jacobson, Martell, & Dimidjian, 2001). 하지만 PTSD를 겪고 있는 경우, 하고 싶거나 하고 싶지 않은 행동은 두려움이나 슬픔과 관련이 있을 수 있으며, 이것이 당신을 계속 침체의 소용돌이에 가둬 두게 된다. 따라서 이 경우에는 어떤 일을 하고 싶은 마음이 내키지 않는 작은 일이라도, 기꺼이 시도해 보는 것이 필요할 수 있다. 달리 말하자면, '외부'에서 시작하면 시간이 지남에 따라 점점 더 쉬워질 것이다('내부'로 향함). 불안감이나 의욕상실은 PTSD에서 흔히 나타나는 증상이다. 하지만 PTSD의 악순환을 끊으려면 힘들더라도 꾸준히 노력하는 데 전념하는 것이 중요하다.

우리의 감정과 행동은 서로 연결되어 있다. 행동이 달라지기 시작하면 시간이 지나면서 감정도 바뀔 수 있다. 행동을 바꾸면 안전하면서도 의미 있는 활동을 추구할 수 있다는 것을 스스로에게 가르쳐 줄 수 있다. 따라서 가장 중요한 목표는 생각과 감정의 변화로 이어질 것이라는 기대를 가지고 행동을 우선적으로 바꾸는 것이다.

연습하기. 모든 새로운 기술과 마찬가지로 연습은 필수적이다. 우리는 사람들이 목표를 설정하고 목표를 향한 행동 단계를 밟아 가는 연습을 하면 할수록, 더 많은 혜택을 얻을 수 있다는 사실을 알게 되었다. 매주 시도할 구체적인 활동 단계를 정하도록 독려할 것인데, 그러고 나면 여러분은 시간이 지남에 따라 이를 수행하는 것이 여러분의 웰빙에 어떤 영향을 미치는지 확인할 수 있을 것이다.

활동 2-10 어떤 회피 패턴을 극복했는가

여러분은 살면서 회피 패턴을 극복해 왔을 가능성이 매우 높다. 어쩌면 자신이 그렇게 하고 있다는 사실을 깨닫지 못했을 수도 있다. 지금 이 기회를 통해 여러분이 어떻게 그러한 회피 패턴들을 극복해 왔는지 생각해 보자. (트라우마를 겪은 이후 또는 다른 때에) 살면서 어떤 회피 패턴을 극복해 왔는가? 또 어떻게 그것을 극복했는가?

____

____

____

____

____

____

활동 2-11 나의 PTSD 도전 과제

이것을 연습해 보기 위해 자신의 경험을 쓸 수 있도록 빈칸으로 남겨 둔 외상 후 스트레스 장애의 하향 나선형(downward spiral)의 또 다른 그림을 추가했다.

이 그림을 통해 행동활성화가 일반적으로 여러 지점에서 나선형의 고리를 끊는 데 도움이 될 수 있음을 알 수 있다. 잠시 시간을 내어 자신의 경험으로 빈칸을 채워 보자. 배우자나 친한 친구 등 사회적 지원 네트워크의 중요한 사람과 이 장의 질문과 연습에 대한 생각과 답변을 공유하는 것도 좋다.

트라우마 노출은 우리의 안전과 웰빙에 심각한 위협이 된다.

1. 외상 사건 이후 어떤 부정적인 감정을 경험하였는가?

많은 사람에게 행동활성화는 가치 있는 활동에 참여할 수 있게 해 줄 뿐만 아니라 수많은 상황에서 촉발된 부정적인 감정에서 벗어날 수 있게 해 준다.

이러한 부정적 감정은 우리로 하여금 삶에서 철수하게 하고 트라우마를 떠올리게 하는 것을 회피하도록 한다.

2. 어떤 회피 패턴이 당신으로 하여금 안전하다고 느끼게 했는가?

3. 이러한 패턴이 어떻게 상황을 악화시켰는가?

4. 여러분도 앞으로의 삶이 어떻게 달라졌으면 좋겠는지 생각해 보았을 것이다. 다음 장에서는 원하는 삶을 만들기 위한 단계를 밟아 나가는 것에 대해 이야기하겠지만, 여기서는 원하는 삶에 어떤 것들이 포함될지에 대해 몇 가지 작성해 보자.

행동활성화는 외상을 겪은 이후에 중단했던 활동을 다시 시작할 수 있도록 작은 단계를 밟아 가게 하는 등 바깥에서 안으로 행동하는 데 도움이 된다. 또한 두려움을 느낀 상황, 사람, 장소에 압도되지 않고 관리 가능한 방식으로 접근할 수 있도록 단계를 세분화할 것이다.

5. 이 모든 것이 나를 어떻게 변화시켰는가? 내 인생을 어떻게 바꾸었는가?

행동활성화는 보상 경험에의 노출 빈도를 늘리고 여러분을 삶에 다시 참여하도록 돕기 위해 설계되었다. 행동활성화에서는 신체적 한계나 생활 환경의 변화로 인해 무언가 달라질 필요가 있는 경우라도, 의미 있고 성취감을 줄 수 있는 또 다른 대안을 찾는다.

5. 요약

PTSD의 중요한 요인인 회피는 행동(특정 활동을 하지 않음), 인지(반추 또는 걱정), 정서(정서 마비시키기, 물질을 이용한 자가 치료) 등 다양한 형태로 나타날 수 있다. 외상 후 스트레스 장애는 종종 하향 나선형(즉, 외상 사건이 부정적인 감정으로 이어지고, 이는 철수가 회피로 이어지며, 이는 고립으로 이어지고, 이는 다시 제한적이고 보상 없는 삶으로 이어짐)에 잇따라 일어난다. 이 장에서는 어떤 유형의 회피가 현재 생활의 일부로 나타나고 있는지, 또한 이것이 하향 나선형에 어떤 영향을 미쳤는지 확인함으로써 회피 행동을 행동활성화의 목표로 정할 수 있다.

다음 장에서는 당신의 가치관을 탐색하고 미래를 위한 개인 목표를 설정하도록 도울 것이며, 이러한 목표를 행동활성화를 실시하기 위한 구체적인 단계로 다시 세분화할 것이다. 먼저 자신의 가치관, 즉 인생에서 무엇이 중요한지 생각해 보는 것부터 시작할 것이다. 행동활성화는 단순히 활동적인 상태가 되는 것이 아니라, 당신이 원하는 삶의 방향으로 나아가는 것이다.

제 3 장

♦

가치 평가와 목표 설정

♦

PTSD로부터 회복하기 위해 행동활성화를 활용하는 데 있어서, 자신의 가치관을 파악하고 개인적 목표를 설정하는 것은 대단히 중요한 과정이다. 다음의 비유를 생각해 보자. PTSD는 대도시의 러시아워에 운전하다가 길을 잃는 것과 비슷하다. 당신은 당황한 나머지 탈출 경로를 찾기 위해 속도를 높여야 한다는 긴박감을 느낄 것이다. 하지만 탈출구를 찾기 위해 정신없이 여러 방향으로 운전하다가 오히려 더 길을 잃고, 더 많은 낙담과 절망에 빠질 수 있다. 따라서 길을 잃었을 때 가장 먼저 해야 할 일 중 하나는 멈춰서서 어떤 방향으로 가야 할지를 생각하는 것이다. 그렇다면 내가 목적지로 바르게 나아가고 있는지(아니면 빙빙 돌고 있는지) 어떻게 알 수 있을까? 이 장은 여러분이 이 질문들에 답을 하는 것을 돕도록 구성되었다.

애니가 자신의 가치관을 처음 탐색해 간 경험들이 여기에 제시되어 있다.

애니는 그녀의 PTSD 증상도 잘 알고 있었고, 성폭행 트라우마 이후에 겪게 된 PTSD 증상들이 자신의 인생 중 최고의 순간을 어떻게 앗아 갔는지도 잘 알고 있었다. 애니는 자녀들이 세상을 안전하게 헤쳐 나가는 데 있어 자신이 자녀들에게 이전만큼 도움이 되지 못할지도 모른다는 두려움 때문에 세상으로부터 자신과 아이들을 격리시키기 시작했다. 하지만 자신의 개인적 가치를 탐색하기 시작하면서, 애니는 (사회복지를 전공하기로 한 결정에서 알 수 있듯이) 다른 사람을 돕고자 하는 헌신적인 태도와 맞닿아 있는 자신의 핵심 신념을 빠르게 파악할 수 있었다. 애니는 자신의 두 자녀에게 안전한 환경을 제공하고 싶다는 바람도 가지고 있었고, 인생의 '힘든 시기를 극복'하기 위해서는 친구들로 구성된 긍정적인 공동체를 형성하는 것이 무엇보다 중요하다는 믿음도 강했다. 그렇지만 사회적으로 고립되고 직장에서는 성과가 이전만 하지 못한 자신을 지켜볼 때면, (PTSD로 인해 유발된) 자신의 행동 패턴이 자신의 핵심 가치와는 일치하지 않는다는 사실을 발견하고는 우울감과 죄책감을 경험하곤 했다. 그래서 애니는 자기 생활 속에서 봉사, 보호, 공동체의 가치에 어울리지 않는 구체적인 회피 패턴이 무엇인지 찾아보기로 했다.

애니는 이러한 가치를 단순히 검토하는 것만으로도 삶에 대한 희망을 가질 수 있었을 뿐만 아니라, 회복을 향해 나아가는 행동활성화 치료 여정의 구체적인 방향도 잡을 수 있었다고 말했다. 또한 그녀는 자신의 업무성과를 향상하고 싶었으며, 자녀를 안전하게 돌봄과 동시에 자녀들이 세상에 대한 두려움을 갖지 않도록 양육방식도 바꾸고 싶다고 했다. 또한 그녀 자신과 자녀들이 더 풍요롭고 나은 삶을 사는 데 도움을 줄 수 있는 사람들이 모여 있는 공동체를 만들고 싶어 한다는 것도 깨닫게 되었다.

1. 목표 설정과 인생의 전진을 가로막는 방해물로서의 PTSD

앞서 살펴본 바와 같이, PTSD의 증상은 변화를 위한 목표 설정 등 PTSD 증상을 경감시키는 데 도움이 되는 핵심적인 일을 하는 데 방해물이 된다. 칼의 사례가 바로 그 경우를 잘 보여 준다.

칼을 처음 만났을 때, 그는 PTSD를 겪는 삶의 패턴에 익숙해져서 자신이 원하는 것을 하고 그것으로부터 보상을 얻는 삶을 상상조차 할 수 없는 상태였다. 사실 삶을 변화시킬 생각을 하는 것만으로도 긴장을 했다("저는 변화를 시도하는 것이 더 큰 고통을 가져올까 봐 걱정이 돼요."). 칼은 외로움을 종종 느끼긴 했지만, 가까운 사람을 잃었을 때의 고통에 너무나도 익숙해져 있었다. 파병 중 친구의 죽음을 통해 칼은 의미 있는 관계의 상실이 수년간의 정서적 고통을 초래할 수 있다는 것을 알고 있었다. 그 결과, 그는 친구나 사랑하는 사람을 잃을 위험을 감수하기보다는 외로운 것이 더 '안전'하다고 생각하게 되었다. 실제로 수년간의 PTSD 증상(정서적 무감각과 관계 단절)으로 인해 칼은 친밀한 관계가 어떤 느낌인지조차 기억하기 어려워했고, 관계에 대해서는 고통스러운 애도 경험만을 기억하고 있을 뿐이었다. 칼은 다른 사람들과 친밀감을 경험하는 미래를 상상하지 못했고, 그 결과 체념한 채로 혼자가 되기로 한 것이다.

더군다나 칼은 친구의 죽음에 대해 계속 죄책감을 느끼고 있었다. 한편으로는 자신이 친구의 죽음을 막을 수는 없었다는 것을 알고 있음에도 불구하고, 자신이 대신 죽는 것이 더 나은 결말이라고 굳게 믿고 있었다. 이런 이유로 칼은 자신의 정신건강과 웰빙을 삶의 우선순위에 두는 것을 어려워했다. 실제로 누군가 칼에게 "너 자신을 위해 긍정적인 무언가를 해 봐."라고 제안하면, 그때마다 친구의 죽음에 대한 기억을 떠올리며 '나는 고통을 받아 마땅하다'는 결론을 내리곤 했다.

칼은 해병대를 제대한 후 상실감을 보고했다. 물론 입대 당시에는 강한 목적의식도 가지고 있었고, 조국을 위해 봉사하는 것만이 삶에 의미를 부여할 수 있다고도 생각했다. 특히 공동의 목적의식을 공유하고 있기 때문에 군대에서 맺은 우정은 특히 끈끈하다는 것도 알게 되었다. 칼은 함께 복무한 다른 해병대원들과 사적으로도 많은 시간을 열정적으로 함께 보내기도 했다. 하지만 마지막 파병 후, 칼은 복무 가치에 대해 점점 더 혼란스러워지기 시작했고 ("복무가 과연 각자에게 무슨 가치가 있을지 잘 모르겠다."), 군대(또는 모든 종류의 권위)에 대해서는 더욱 불신감을 갖게 되었다. 그럼에도 불구하고 칼은 여전히 군 복무 이전의 목적의식(타인을 위한 봉사)과 해병대원 간의 전우애를 그리워하긴 했다. 하지만 전역 후의 삶에서 이러한 관계를 재현하기는 어렵다는 것을 깨달았다. 결국 그는 군대에서 복무한 기간 동안 자신이 진정으로 소중하게 여기고 그리워하는 것들(예: 봉사, 친밀한 관계)과 마지막 파병의 결과로 얻게 된 외상 기억 사이에서 갈등을 겪게 되었다.

칼의 변화에 대한 두려움과 다르게 행동하면 더 많은 스트레스를 받게 될 것이라는 우려에 공감할 수 있는가? PTSD 증상이 현재의 삶과 다른 미래를 상상하는 것조차 어렵게 만들기 때문에, 하향 나선형의 방향을 되돌리기란 어려운 일이다. 지난 장에서 트라우마와 PTSD로 인해 여러분의 삶이 얼마나 협소하고 '작아질' 수 있었는지 떠올려 보자. 협소한 삶에 얽매어 있다는 것이 힘들게 느껴지지만, 한편으로는 그러한 삶에 익숙해진 건 아닌지 의심이 들기도 한다. 종종 우리는 불확실성에 대한 두려움보다 불편함이라는 익숙함을 선택한다. 주변 사람들에게뿐만 아니라 자신에게도 변화가 필요하다는 것이 명확할 때조차도 말이다.

그뿐 아니라 PTSD의 회피 증상이 변화를 위하여 노력하는 것을 어렵게 만들 수 있다. 칼의 경우를 생각해 보자. 칼이 목표를 설정하고 PTSD의 하향 나선에서 벗어나 다른 방향의 삶을 상상하기 위해 노력하는 것을 방해하는 PTSD의 회피 증상이 무엇인지, 여러분은 눈치챘는가? 칼이 새로운 관계를 맺고자 목표를 설정하는 데 방해물이 된 것은 바로 슬픔과 상실감을 느끼지 않으려는 PTSD 회피 증상이었다.

외상 경험으로 인해 자신의 가치관을 따라 살지 못하거나 혹은 자신의 가치관에 의문을 품게 될 수 있는데, 이로 인해 PTSD를 겪기 이전의 당신과 지금의 당신을 전혀 '다른 사람'으로 느끼게 될 수 있다. 인생에서 자신이 무엇에 가치를 두는지 명확하게 알지 못하면 어디로 나아갈지 명확한 방향이 부재하게 되므로, 변화를 위한 개인적인 목표 설정 역시 어렵게 된다. 외상 경험이 칼의 목적의식과 개인의 가치관에 어떤 영향을 미쳤는지 이해되는가?

칼은 군에서 겪은 트라우마로 인해 목적의식을 잃게 되었고, 자신이 아무리 노력한다고 해도 그게 어떤 소용이 있을지 확신하지 못하게 되었다. 또한 칼은 트라우마로 인해 권위에 대해 품었던 존경심이 약해지고, 전역 후의 삶에서 의미를 찾는 것도 어려워했다.

여러분은 칼이 목표를 세우기 위해 노력하는 것을 가로막는 방해물 중 또 다른 하나가 바로 죄책감(자신이 고통을 받아 마땅하다고 느꼈다)이라는 것을 파악했는가? PTSD는 또한 여러분으로 하여금 현재의 불행한 감정을 겪어 마땅한 것처럼 느끼게 만들 수 있다. PTSD 증상은 일상생활에 만연해 있는 죄책감이나 수치심, 그리고 자기 비난의 패턴도 포함하고 있음을 잊지 말라. 우리가 만난 대부분의 사람은 행복을 추구하는 것에 대해서조차 혼란감을 느꼈다. 그들은 물론 기분이 나아지기를 바라면서도, 동시에 그들 자신이 애초에 트라우마가 발생하는 것을 어떻게든 막아 냈어야만 했다고 믿기 때문에 스스로 불행을 당해 마땅하다고 여기기도 한다. 이것이 여러분에게도 해당된다면, 우리는 여러분이 행복을 찾는 연습을 하고, 나아가 여러분이 마치 행복할 자격이 있는 듯이 행동함으로써 행복해질 권리에 대한 여러분의 생각과 신념을 어떻게 바꾸어 나가는지 지켜볼 수 있도록 도울 것이다.

활동 3-1 PTSD는 어떻게 나의 목표에 영향을 미치는가

PTSD가 여러분 인생의 개인적 목표를 세우는 것을 어떻게 방해하는지 잠시 생각해 보자. 다음 문장에 '참' 또는 '거짓'에 동그라미를 표시한 다음, PTSD가 자기감(sense of yourself) 그리고 미래에 또 어떻게 영향을 미치는지 적어 보자.

1. "나는 PTSD에 익숙해졌다."

참 거짓

- 만약 여러분이 PTSD를 안고 살아가는 것에 익숙해졌다면, 그것이 어떻게 인생 목표에 영향을 미쳤는가?

____

____

____

____

2. "지금과 다른 느낌은 상상할 수 없다."

참 거짓

- 지금 내가 느끼는 것과 다르게 느끼는 것을 상상하려고 하면 무슨 일이 벌어질까? PTSD가 없는 삶을 살려고 하거나 아니면 그런 삶을 생각할 때 두려움이나 불안을 느끼는가?

____

____

____

____

3. "실망하느니 최악의 결과에 대비하는 편이 낫다."

참 거짓

• 부정적인 상황을 미리 준비하는 것이 실망했을 때 마주하게 되는 나쁜 감정을 피하는 데 도움이 되는가? 최악의 결과에 대비하느라 어떤 대가를 치러야 하는가?

4. "트라우마 이전의 나 자신과 단절된 느낌이 든다."

참 거짓

• 트라우마를 경험한 후 어떻게 변했는가? 변하지 않은 채로 유지되는 모습이 있는가? 변화된 모습 중에서 현재 삶에 도움이 되는 것이 있는가?

5. "나는 인간에 대한 신뢰를 잃었다."

참 거짓

• 당신의 삶에서 믿을 수 있는 사람을 떠올릴 수 있는가? (어느 정도) 믿을 수 있는 범위를 확대하는 가능성을 상상해 본 적이 있는가?

6. "나는 PTSD로 인한 고통을 당해 마땅하다."

참 거짓

- PTSD로 인한 고통을 받아 마땅하다는 믿음이, 관계에서의 당신의 행동에 어떤 영향을 미치는가?

7. PTSD가 미래를 바라보는 관점에 다른 영향을 미친 적이 있는가? 예를 들어, PTSD가 여러분 자신에 대한 신뢰감을 바꾸어 놓았다거나 PTSD로 인해 오래 사는 삶을 상상하기 어려워진 적이 있는가? 마음속에 떠오르는 모든 생각을 빠짐없이 적어 보자.

미래에 집중하는 것을 방해하는 몇 가지 방해물을 확인하였다면, 이러한 생각과 신념이 아무리 강력하더라도 시간이 지나면서 생각과 신념이 바뀔 수도 있다는 점을 깨닫기를 바란다. 다른 치료법에서는 삶의 변화를 위한 첫 단계로, 이러한 신념에 의문을 제기하고 그것이 타당한지 검토하게 하거나 생각을 바꾸도록 한다. 어떤 사람들에게는 이것이 좋은 전략이 되기도 하지만 우리는 다른 전략을 제안할 것이다. 그것은 행동활성화가 사용하는 '외부에서 안으로' 접근으로, 행동을 바꾼 다음에 그에 따라 생각과 신념이 어떻게 변하는지를 평가하는 방법이다. 물론 자기 자신 그리고 세상에 대한 생각과 신념을 거스르는 변화를 만들어 내는 것이 신념을 뛰어넘도록 밀어붙이는 것처럼 느껴질 수 있다. 하지만 우리가 경험한 바에 따르면, 일단 행동을 바꾸기 시작하면 그동안 회복을 가로막는다고 여겼던 내적 · 외적 방해물 중 일부를 더 이상 사실로 여기지 않게 된다.

이러한 변화의 과정을 어디서부터 시작해야 할지 머릿속에 그려 보는 것이 버겁게 느껴질 수도 있다. 우리는 행동활성화의 목표를 개인의 가치관에 맞춰 설정하고 가치관에 맞춰 가며 유지해 나가기를 추천한다. 이는 PTSD 이전에 즐겼던 활동을 다시 시작하게 된다는 것을 의미할 수 있다. 이 과정은 문제 해결 과정이 필요하거나 시행착오 과정이 요구될 수도 있지만, 이를 통해 여러분이 삶의 중요한 부분을 되찾을 수 있을 것이라고 확신한다.

뿐만 아니라, 변화와 성장의 과정은 새로운 일상을 만들어 가고 새로운 활동을 시작해야 한다는 것을 의미할 수 있다. 우리가 PTSD를 치료하기 위해 행동활성화 기법을 적용해 보도록 도왔던 많은 사람은, (이전에는 미처 몰랐던) 일상생활, 취미, 그리고 관계에 다가가는 것이 자신을 행복하게 만든다는 것을 깨닫게 되었다. 이 점이 행동활성화를 사용하는 가장 흥미로운 지점이라 할 수 있다. 행동활성화 치료를 통해 여러분이 자신의 가치관을 반영한 삶을 사는 새로운 방법과 목적의식과 의미를 발견하게 된다는 점 말이다.

행동활성화를 시작하는 데 있어 개인적 가치관이 주요한 가이드라인이 되기 때문에, 여러분의 가치관을 탐색해 보는 시간을 갖도록 하자.

2. 가치관 탐구하기

개인적 가치는, 일상생활에 지침을 제공하고, 내가 누구인지, 어떤 유형의 활동들이 나에게 가장 의미 있는지를 정의하는 데 도움을 주는 등 우리 삶에 큰 영향을 미칠 수 있다. 가치는 '정직'이나 '성실함'과 같이 광범위할 수도 있고, 건강이나 가족 또는 친구와의 깊은 유대감처럼 구체적일 수도 있다.

자신의 가치관에 대해 생각해 보는 데 도움이 될 수 있는 몇 가지 예를 나열해 보겠다. 가치관에는 옳고 그름이 있는 것이 아니라, 우리 각각이 훌륭한 삶의 구성 요소들을 결정해 가는 것이라는 점을 기억하길 바란다.

개인적 가치의 예

- 나 자신 또는 가족에게 경제적 안정 제공
- 지역사회에 기여하기(예: 자원봉사, 좋은 이웃이 되기, 안전 유지에 도움)
- 훌륭한 직업윤리의식 가지기
- 친구 또는 가족에게 헌신
- 관계(우정, 가족 관계) 개선/향상
- 새로운 경험, 모험 또는 여행 추구
- 신체적 건강 유지 또는 증진
- 휴식 및 여가를 위한 시간 확보
- 개인적 성장 추구
- 영적 또는 종교적 신앙의 헌신
- 교육 또는 직업적 지위 향상
- 자기와 타인에 대한 자기 자비 함양
- 정치적 문제의 적극 참여
- 존중과 감사하는 마음 키우기
- 자녀의 학교 또는 과외 활동에 적극 참여
- 생활환경(집, 마당) 개선 또는 유지 관리

이제부터는 여러분의 가치관을 찬찬히 살펴보는 시간을 갖고자 한다. 자신의 현재 가치관이 이전의 가치관과 다를 수도 있다는 것을 천천히 생각해 볼 필요가 있다. 이는 어떤 사건이 벌어졌던 트라우마 경험에서도 일어날 수 있는 일이다. 열린 마음으로 현재 자신의 삶을 의미 있고 즐겁게 만드는 것이 무엇인지 진지하게 생각해 보자.

참고: 종종 우리는 '의미 있어야만 한다.'라고 생각하는 영역이나, 다른 사람들이 중요

하다고 생각하는 영역에 초점을 맞추어야 한다고 생각한다. 하지만 PTSD를 위한 행동활성화의 경우에는 단순히 의무감 때문에 행동을 하도록 권장하지 않는다. 그보다는 '당신 자신'에게 진정으로 중요한 우선순위를 정하도록 용기를 북돋는다!

활동 3-2 나의 가치관은 무엇인가

잠시 시간을 내어 자신의 가치관을 되돌아보고, 자신이 누구인지 또는 어떤 사람이 되고 싶은지에 대해 핵심이 되는 상위 다섯 가지의 가치를 나열해 보자.

1. 가치관: ______________________________
   - 이 가치관을 새롭게 알게 되었는가? ______________________________
   - 이 가치관은 PTSD를 겪은 후 바뀌었는가? ☐ 예 ☐ 아니요
   - 그렇다면 트라우마 이후 이 가치관은 어떻게 바뀌었는가?

____

____

2. 가치관: ______________________________
   - 이 가치관을 새롭게 알게 되었는가? ______________________________
   - 이 가치관은 PTSD를 겪은 후 바뀌었는가? ☐ 예 ☐ 아니요
   - 그렇다면 트라우마 이후 이 가치관은 어떻게 바뀌었는가?

____

____

3. 가치관: ______________________________
   - 이 가치관을 새롭게 알게 되었는가? ______________________________
   - 이 가치관은 PTSD를 겪은 후 바뀌었는가? ☐ 예 ☐ 아니요
   - 그렇다면 트라우마 이후 이 가치관은 어떻게 바뀌었는가?

____

____

4. 가치관: ______________________________
   - 이 가치관을 새롭게 알게 되었는가? ______________________________
   - 이 가치관은 PTSD를 겪은 후 바뀌었는가? ☐ 예 ☐ 아니요

• 그렇다면 트라우마 이후 이 가치관은 어떻게 바뀌었는가?

____

____

5. 가치관: ________________________________

• 이 가치관을 새롭게 알게 되었는가? ____________________

• 이 가치관은 PTSD를 겪은 후 바뀌었는가? □ 예 □ 아니요

• 그렇다면 트라우마 이후 이 가치관은 어떻게 바뀌었는가?

____

____

3. 가치관을 활용하여 행동활성화 목표 정하기

가치관에 대해 숙고해 보는 시간을 가졌으니, 이제 여러분의 가치관을 활용하여 개인적 목표를 더 명확하게 설정해 보겠다. 우선 '큰 그림' 목표를 세우는 것부터 시작해서, 그다음 이 목표 달성을 시작하기 위해, 여러분이 해야 할 '첫 번째 단계'의 행동을 거꾸로 찾아가도록 할 것이다.

다음은 '큰 그림' 목표와 그 목표가 나타내는 '가치'의 몇 가지 예이다.

큰 그림 목표	가치
자녀와 더 많이 소통하기	가족
직장에서의 생산성 향상	내 직업윤리에 대한 자부심
취미생활에 더 많은 시간 할애하기	여가
관리자로 승진	권위 획득

활동 3-3 나의 '큰 그림' 목표는 무엇일까

당신 스스로에게 물어보자. 인생에서 나의 가치관을 나타내는 영역 그리고 좀 더 나아지기 바라는 영역은 무엇인가? 이 질문을 통해 여러분의 큰 그림 목표를 결정할 수 있을 것이다. 이러한 첫 목표는 여러분의 행복감을 증진시킬 가능성 혹은 여러분 삶의 의미 있는 측면을 나타낼 가능성을 담고 있어야 한다. 목표와 그것이 나타내는 가치를 연결시키는 것도 도움이 될 수 있다.

큰 그림의 목표가 서로 다른 가치 혹은 서로 다른 중요한 영역들을 담을 수 있도록 하라. 예를 들어, 건강과 관련된 세 가지 서로 다른 목표(예: 체력 증진, 식단 개선, 매일 종합비타민 복용)를 설정하기보다는, 삶의 각기 다른 영역(예: 건강을 위해 체력 증진하기, 배우자와 관계 개선하기, 지역사회에서 다른 사람을 돕기 위한 자원봉사하기)을 목표로 삼는 것이 좋다.

이 중 일부는 당장 즐겁지 않은 일이라도 의미 있는 일이라면 우선순위로 두어야 한다는 것을 명심하라. 예를 들어, 집안일을 좋아하지는 않지만 깨끗한 주거 환경을 중요하게 여긴다면, 집안일을 하는 것이 당신의 삶의 질을 높이는 데에는 의미 있는 일이 될 수 있는 것이다.

큰 그림 목표	가치

이제는 큰 그림 목표를 가장 중요한 것부터 덜 중요한 것까지 순위를 매겨야 한다. 목표로 삼을 수 있는 의미 있는 영역을 찾았으므로, 행동활성화를 시작할 때 우선순위로 두고 싶은 가장 중요한 가치를 찾아야 한다. 다음 질문을 스스로에게 해 보자(최우선순위의 가치가 두 가지 이상인 경우, 각 핵심 가치에 대해 다음 질문을 해 보라).

1. 이 가치가 나에게 의미 있거나 중요한 이유는 무엇인가?

____

____

____

2. 이 가치에 따라 삶을 산다면 내 삶은 어떻게 달라지겠는가?

3. 이 가치에 따라 사는 것과 나는 얼마나 가까이 있거나 혹은 멀리 있다고 느끼는가?

4. 가장 최근에 나는 이 가치에 따라 어떤 방식으로 행동했는가?

5. 지금의 나의 행동방식은 이전과 비교했을 때 얼마나 다른가 혹은 비슷한가?

4. 큰 그림의 목표를 더 작고 보다 즉각적인 목표로 나누기

자신의 가치관과 큰 그림 목표를 확인했으므로, 이제 이 큰 그림 목표를 궁극적으로 달성하는 데 도움이 될 몇 가지 더 작은 목표들을 찾아야 한다. 예를 들어, 건강을 개선하겠다는 큰 그림 목표를 정했다고 가정해 보겠다. 이제 큰 틀의 목표를 일종의 객관적인 결과치로 바꿔야 한다. 건강 개선이라는 큰 틀의 목표는 매주 운동 시간을 늘리겠다는 세부적이고 즉각적인 목표로 바꿀 수 있다. 우리는 시작점에 가까워지고 있지만, 그럼에도 불구하고 어디서부터 시작해야 할지 궁금할 수 있다.

많은 사람은 운동 시간을 늘리겠다는 객관적인 성과물을 목표로 세우는 것을 여전히 어려워할 수 있다. 왜냐하면 목표를 달성하기 위해 수많은 서로 다른 접근법을 시도함에도 결국은 일관성을 유지하기 어렵다는 것만 깨닫게 되거나, 어떤 방법이 효과가 있고 없는지에 대해 계속 기록만 하고 있게 되기 때문이다. 이런 이유 때문에 객관적인 목표를 달성하기 위해 취할 수 있는 매우 구체적인 단계, 혹은 '실행 단계'를 파악하는 것이 좋다(제6장에서는 실행 단계의 속도를 조절하는 방법에 대해 살펴보겠지만, 여기서는 초기 실행 단계를 파악하는 데에만 중점을 두겠다). 목표를 달성하기 위해 취할 수 있는 실행 단계를 파악할 때(이 경우는 운동 시간 늘리기가 될 텐데), 운동량을 늘리는 데 방해가 될 수 있는 잠재적인 장애물도 함께 고려해야 한다. 예를 들어, 규칙적인 운동을 통해 건강을 개선하는 것을 목표로 설정했다면 다음과 같은 첫 단계 실행 항목을 설정할 수 있다.

① 자신이 즐길 수 있다고 생각하는 운동 종류를 선택한다(예: 걷기, 달리기, 역기 들기, 농구).
② 현재 입고 있는 옷을 살펴보고 적절한 운동복(예: 반바지, 운동화)이 있는지 확인한다.
③ 주간 스케줄을 살펴보고 운동할 수 있는 요일과 시간을 따로 정해 둔다(목표는 작게 시작해야 하는 것을 기억하라! 10분에서 15분 정도의 활동도 운동하는 루틴을 세우는 동력을 얻는 데 도움이 될 수 있다).
④ 문제 파악 및 해결: 매주 루틴에 운동을 추가하려고 할 때 직면할 수 있는 장애물이나 어려움이 있는가? 그렇다면 이러한 장애물을 줄이기 위해 무엇을 할 수 있는가? 예를 들어, 아침에 일어나서 하루 일과를 시작하는 데 어려움을 겪는 사람이라면 알람 시계를 아침 일찍 설정해야 할 수도 있다.

⑤ 이 목표를 위해 수행할 수 있는 더 작은 단계가 있는지 결정한다.
⑥ 어떤 유형의 운동을 가장 좋아할지 잘 모르겠다면, 일반적인 운동 종류들이 제시된 온라인 자료를 읽어 보라.

우리의 경험에 따르면, 사람들은 치료 초기부터 어려움에 봉착하는데, 그 이유는 객관적인 목표에 최종적으로 도달하기 위해 해야 할 여러 가지 일에 한꺼번에 집중하다가 압도당하거나 낙담하게 되기 때문이다. 하지만 이 첫 단계들은 변화를 향한 동력을 만들어 내는 데 매우 중요한 단계이다. 그러므로 이 초기 단계들에 계속 집중할 수 있도록 최선을 다해야 한다.

첫 번째 행동 단계를 결정할 때 다음 고려사항들을 명심하라.

- PTSD 증상이 수개월(또는 수년 또는 수십 년) 동안 지속되었을 수 있으므로, 여러분의 삶을 다시 새롭게 시작하려면 상당한 노력과 시간이 필요할 수 있다. 따라서 변화를 향한 첫걸음을 내딛는 동안 스스로 인내심을 가져야 한다.
- 이와 관련하여 가장 좋은 방법은, 변화하려는 약속이 실행 가능하다는 확신을 가질 수 있도록, 개인 목표를 향한 아주 작은 단계부터 시도해 보는 것이다. 따라서 첫 단계 행동 목록 중 너무 어렵게 느껴지는 것이 있다면, 더 작은 단계로 세분화하는 것이 좋다.
- 지인이나 가까운 사람들에게 어떻게 하면 이러한 초기 단계를 가장 잘 이행할 수 있을지 결정하는 데 도움이 되는 아이디어나 지원을 요청하는 것도 고려해 보라. 때로는 여러분이 누군가에게 목표를 위해 무슨 일을 할 계획인지 말하는 것만으로도 목표 달성의 가능성을 높일 수 있다(예: 점심시간에 운동을 위해 걷기를 시작할 계획이라고 친구에게 말하거나, 친구들에게 함께 걷자고 초대하는 것).

여러분의 삶을 다시 새롭게 시작하기 위해 PTSD를 위한 행동활성화를 활용하는 데의 핵심은, 시간이 지남에 따라 동력(모멘텀)을 높여 가야 한다는 것이다. 초기에는 작은 발걸음을 내딛는 것조차도 어려울 수 있으며, PTSD는 여러분을 다시 나락으로 떨어뜨리려고 할 수 있다는 점을 기억하자. 하지만 작은 발걸음이 더 큰 발걸음이 되고, 그러고 나면 우리는 새로운 루틴을 만들고, 그렇게 되면 종국적으로는 우리 삶을 새롭게 재정립할 수 있게 된다. 계속해서 꾸준히 노력하면 결국 PTSD의 하향 곡선으로 끌어당기는 힘을 이겨 내고 여러분의 삶을 되찾을 수 있는 것이다!

칼이 PTSD로부터 회복하기 위해 행동활성화를 시작할 때 사용했던 초기 행동 단계별 계획에 대한 설명이 다음에 제시되어 있다.

칼은 행동활성화를 위해 (1) 다른 사람, 특히 약혼자와의 관계 개선하기와 (2) 웨이트 리프트(weight lift)를 다시 시작하여 건강 회복하기를 큰 그림의 목표로 설정했다.

칼은 약혼녀와 '데이트'하는 주간 계획을 세우는 것부터 시작했는데, 두 사람이 모두 즐길 수 있고 서로 대화하고 교류할 수 있는 활동을 선택하기로 했다. 약혼녀는 칼이 서로를 더 가깝게 느낄 수 있는 활동을 계획한 것에 대해 매우 만족했다. 칼은 집 근처의 녹지에서 하이킹을 하자고 제안했는데, 그 이유는 사람들이 붐비는 레스토랑에 가는 것보다 그런 환경이 덜 불안하고 '방어되는' 환경이라고 느꼈기 때문이다. 그의 주된 목표는 관계 개선이었지만, 가벼운 하이킹이 신체 건강과 관련된 목표에도 도움이 될 것을 잘 알고 있었다. 칼은 약혼녀와 이 계획을 논의한 후 휴대폰 캘린더에 두 사람이 시간을 낼 수 있는 날짜와 시간을 정해서 추가했다.

또한 칼은 다른 목표로 나아가는 데 도움이 될 수 있는 첫 단계의 행동 계획도 세웠다. 그는 피크 시간에 붐비는 헬스장에 가는 것이 그다지 좋은 경험이 되지 않을 것이라고 여겼기 때문에 저렴하고 24시간 이용 가능한 인근 헬스장을 찾기 위해 시간을 할애해 인터넷 검색을 해 보기로 했다. 두 군데 헬스장을 찾은 후에 칼은 피크 시간이 아닌 시간에 각 체육관에 들러 위치를 살펴보고, 얼마나 많은 사람을 만날 수 있는지 파악함으로써 목표를 향한 실천 단계를 밟을 수 있다는 것을 깨달았다.

칼이 자신의 가치를 고려함과 동시에 목표 실현에 방해가 될 수 있는 잠재적 장애물을 예상하면서 첫 번째 행동 단계를 어떻게 확인해 나가는지 보았는가? 이런 과정은, 성공을 위해 작은 것부터 시작하여 미리 계획하는 과정이기 때문에 특히 초기 단계에서 중요하다.

이제 활동활성화를 시작하기 위해 여러분의 행동 단계들을 체계적으로 정리해 보자. 다음 제안을 검토하며 시작하자.

- 인생에서 우선순위가 높다고 여겨지는 큰 그림의 목표를 정하고 다음 주에 시작할 수 있는 첫 번째 단계의 행동을 생각해 보자.

- 만약 당신이 이 행동 목록을 완성할 수 있다는 확신이 든다면, 또 다른 큰 그림 목표를 나타내는 행동 목록을 한두 개 더 추가해 보는 것을 고려해 볼 수 있다. 하나 이상의 목표나 가치를 나타내는 행동 목록은 삶의 여러 장면에서의 진전을 이끌어 내기 때문에 행동활성화를 위한 최고의 목표이다!
- 성공 가능성을 높이려면, 1시간 이내에 쉽게 완료할 수 있는 1단계 실천 항목을 선택하고, 달력(예: 휴대폰)에 완료하고자 하는 날짜와 시간을 입력하라.
- 행동 목록을 완수하는 데 방해가 될 수 있는 예상 가능한 어려움과 장애물을 미리 예상하고 문제를 해결하라.
- 큰 그림 목표를 향한 실행 과정 중에 있을 때는, 이 큰 그림 목표를 향해 노력해 가는 과정이 어떻게 느껴지는지 주목하라. 또한 행동 목록을 완수하는 것이 행동 수행 중 혹은 수행 이후의 여러분의 기분에 어떤 영향을 미치는지 살펴보자. 특히 활동을 하는 동안 경험할 수 있는 방해 요소에 특히 주의를 기울이자.
- 행동 목록을 완수하지 못한 경우, 방해 요인이 무엇이었는지 주의 깊게 살펴보자. 예상하지 못했던 현실적인 방해물에 부딪힌 적이 있는가? 새로운 활동을 시도하기 어렵게 만든 PTSD와 관련된 회피 행동이 있었는가?

5. 요약

PTSD 증상은 목표 설정을 방해하기도 하고 개인적 가치관과 단절시킬 수도 있다. 이런 문제를 해결하기 위해, PTSD로부터 회복하기 위한 행동활성화 목표를 세우는 데 도움이 될 만한 중요한 개인적 가치를 발견하고, 그 목표를 향해 나아가는 초기의 첫 단계를 마련하기도 했다. 다음 장에서는 가치와 목표를 파악하고 이를 몇 단계로 세분화할 때 발생할 수 있는 어려움들을 다룰 것이다. 활성화를 시작할 때 PTSD로 인해 발생할 수 있는 반응 및 회피 패턴, 즉 'TRAPs'에 대해 살펴볼 것이다. 또한 PTSD 관련 TRAPs를 찾고 이에 대처하는 대안을 찾는 데 도움이 될 만한 몇 가지 전략도 소개할 것이다. 이런 TRAPs를 찾는 것은 개인 목표를 향해 지속적으로 나아가기 위한 중요한 열쇠가 될 것이다.

제 4 장

♦

활동 추적과 PTSD 관련 TRAPs 찾기

♦

여러분이 삶의 변화를 만들어 내기 위해 노력하는 과정에서 종종 PTSD 증상들이 촉발될 수 있다. 이렇게 촉발된 PTSD 반응들은 여러분을 다시 과거의 오래된 회피 패턴으로 돌아가게 하거나, 새로운 삶의 방향으로 향하는 길목에서 여러분의 발목을 잡을 가능성도 있다. 내적 또는 외적 촉발 요인에 의해 나타나는 이런 패턴들은 주의를 기울이지 않으면 여러분을 PTSD의 하향 나선형 안에 계속 남겨 둘 수도 있고, PTSD와 연관된 'TRAPs'(Jacobson et al., 2001)로 작용하여 큰 그림의 목표를 위해 진전해 나가기 어렵게 할 수도 있다.

TRAPs를 식별하기 위해 매 순간 일상생활 속에서 나타나는 회피 행동을 살펴보는 방법을 제시하고자 한다. 여러분은 회피 행동이 더 많은 회피 행동으로 이어질 뿐 아니라 강화를 얻을 수 있는 행동과도 멀어지게 한다는 것을 알고 있을 것이다. 따라서 여러분이 TRAPs에 빠져 있는 순간이 언제인지 그리고 어떻게 하면 TRAPs로부터 빠져나올 수 있는지 설명하고자 한다. 회피 행동의 결과에는 여러 가지가 있을 수 있기 때문에 회피 행동이 때로는 도움이 될 수도 있고(예: 빨간불에 멈춰서 자동차 사고를 피하는 것과 같이), 해로울 수도 있다(예: 예전에 고통스러운 치과 치료를 받은 적이 있어서 치과에 가는 것을 피하는 것). 우리는 매 순간 혹은 일련의 사건들을 통해 삶을 경험한다. 회피 반응을 보일 가능성이 높은 일반적인 상황을 이해하고, 회피 반응이 가치 중심의 목표를 추구하는 데 있어서 어떤 식으로 방해가 되는지 인지하는 것, 즉 큰 그림을 파악하는 것은 중요하다 하지만 무엇보다 행동활성화를 지속해 나가게 하는 가장 좋은 방법은 매 순간 회피 패턴을 파악하고 극복하기 위해 주기적으로 반복해서 연습하는 것이다.

1. TRAPs 식별하기

행동활성화 치료에서는 약어인 TRAP 또는 TRAPs를 사용하는데, 이는 PTSD의 하향 나선형으로 다시 돌아가게 하는 유인책들을 찾아내는 데 도움이 된다. TRAP(s)은 촉발 요인(Trigger), 반응(Response), 회피 패턴(Avoidance Pattern)의 약자이다. 다음에서 각각에 대한 설명을 읽어 보길 바란다.

- 촉발 요인(Trigger): 우리가(일반적으로 부정적으로) 반응하게 되는 환경 내부 또는 외

부에서 발생하는 어떤 것이다. 예를 들어, 트라우마 경험과 관련된 악몽이나 낮 동안의 기억, 트라우마를 떠올리게 하는 무언가로 인해 현재 안전하지 않다고 느끼는 것, 예상치 못한 소음이나 움직임에 깜짝 놀라게 되는 것 등이 '촉발 요인'에 해당된다.

- 반응(Response): 촉발 요인으로 인해 유발되는 스트레스, 분노, 슬픔을 느끼거나 경계하게 되는 것이 '반응'에 해당된다.
- 회피 패턴(Avoidance Pattern): 사람들이 이러한 고통스러운 감정에 반응하는 공통된 방식(예: 세상으로부터의 철수, 약물 및 알코올 사용, 정서적 무감각, 대인관계 단절 등)이 '회피 패턴'에 해당된다.

어떤 면에서 TRAPs는 PTSD가 일상에서 어떤 모습으로 나타나는지 설명해 준다. 외상 사건을 떠올릴 때 나타나는 정서적 또는 생리적 반응은 PTSD의 침습 증상이다. 이러한 증상은 외상 사건(및 당시의 감정적 반응)과 현재 마주하는 특정 시각, 소리, 냄새 또는 상황이 연합되어 학습된 조건화 반응으로 나타난다. 이러한 반응에 뒤이어 나타나는 회피 패턴은 PTSD 회피 증상으로, 일반적으로 트라우마 사건과 관련된 기억 및 감정으로부터 거리를 두게 하는 기능을 한다.

이제 우리는 여러분이 경험하는 구체적인 PTSD 촉발 요인과 감정 반응이 무엇이며, PTSD에 의해 촉발된 반응들에 구체적으로 어떤 반응 양상을 보이는지에 대한 여러분의 자각 능력을 높이고자 한다. 다음은 촉발된 반응의 몇 가지 예이다.

PTSD에 의해 촉발된 반응의 예

- 폭력적인 영화(촉발 요인)에 대한 불안(반응)
- 어린 시절 성적 학대 이야기(촉발 요인)에 대한 수치심(반응)과 무력감을 느낄 때(촉발 요인)의 분노(반응)
- 사랑하는 사람의 사고 사망 기일(촉발 요인)에 느끼는 슬픔(반응)
- 자연재해 이미지(촉발 요인)에 대한 발한 및 심박수 증가(반응)
- 이전 자동차 사고 현장(촉발 요인)을 지나가는 동안 복통 및 설사(반응)

어떤 트라우마를 경험했는지에 따라 앞에서 설명한 것과는 상당히 다른 촉발 요인을 경험할 수 있다. 전투 참전 용사의 경우에는 이라크의 건조하고 더운 환경을 떠올리게 하는 물리적 지형에 반응하여 트라우마가 촉발될 수 있다. 성적 트라우마가 있는 사람은 섹스나 로맨스를 묘사하는 이미지나 언어에 자극을 받을 수 있다. 그 외 다양한 상황에서 여러 다른 촉발 요인과 반응을 경험할 수도 있다. 공공장소에서 마주하는 촉발 요인과 집에서 경험하는 촉발 요인이 다를 수도 있다. 때때로 촉발 요인은 트라우마 기억과 미묘하고도 간접적으로 관련되어 있다. 예를 들자면, 트라우마 사건과는 관련이 없어 보이는 긍정적인 감정(예: 행복한 순간)이 PTSD 반응을 촉발할 수도 있는 것이다.

칼이 자신의 촉발된 반응에 대해 설명하는 것을 잠시 읽어 보고, 촉발 요인과 관련해서 칼이 어떤 회피 패턴들을 보이는지 파악해 보자.

칼은 여름 한 주 유난히 더운 날들이 지속된 며칠 동안, 금방 알아차리기 힘든 이유로 분노를 느끼기 시작했다. 하지만 더운 날씨는 칼이 파병 당시 느꼈던 분노를 떠올리게 하였고, 더운 날씨가 사실은 군 복무 시절 이라크의 불쾌한 더위를 떠올리게 한 것이 원인이었다는 것을 깨닫게 되었다. 파병 당시 부대가 순찰을 나가는 날이면 공격적인 마음자세를 갖곤 했기 때문에 파병 당시 느꼈던 분노감 수준이 칼에게 놀라운 일은 아니었다. 하지만 이제 민간인 신분으로서 TRAPs를 찾는 일주일 동안, 집을 나설 때 느낀 분노감 때문에 '점차 기분이 악화'되고 있다는 것을 깨달을 수 있었다.

그와 같은 주에 칼은 파병 기간 동안 반복해서 들었던 자동차 라디오에서 나오는 헤비메탈 음악을 듣고 기분이 안 좋아져서 눈물을 흘렸다. 이라크에 있는 동안 '기운을 북돋우기 위해' 즐겨 들었던 이 노래로 인해 슬픔이 밀려오는 것을 느낀다는 사실에 칼은 깜짝 놀랐다. 이 사실을 인지하게 된 후, 칼은 자신이 운전할 때마다 메탈 음악을 거의 듣지 않고 클래식 록이나 컨트리 음악을 틀어 놓곤 했다는 사실을 알게 되었다. 칼은 파병 이후 자신의 음악 취향이 어떻게 변했는지 되돌아보기 시작했고, PTSD가 자신의 삶에 이렇게까지 '길게' 영향을 미쳐 왔다는 사실에 좌절감을 느꼈다. 그는 PTSD로 인해 본질적으로 모든 장르의 음악을 감상하지 않게 되었다. 칼은 군 복무가 자신이 이전에 즐기던 음악을 들을 자유마저도 빼앗아 갔다는 사실에 분노했다.

칼은 밤늦게까지 걱정하느라 밤마다 잠을 이루지 못했다. 실제로 잠자리에 들 준비를 할 때마다 걱정거리를 찾아 헤매는 것만 같았다. 밤이 되면 조용한 아파트가 뭔가 불안하게 느껴졌다. 칼은 이라크에 있을 때, 민간인들이 매복 공격이 발생하기도 전에 그 장소를 떠나는 것을 보고, 민간인들이 미리 정보를 입수했을 것으로 생각했다. 이라크인의 삶이 멈춘 것만 같은 고요함은 곧 위험을 알리는 적신호가 되었다. 칼은 아파트가 조용해지면 불안해지고 '경계심'이 생긴다는 사실을 알게 되었다. 칼은 불안감을 느끼기보다는, 잠재적인 스트레스 요인을 파악하기 위해 무의식적으로 '미리 생각'하려고 노력하는 습관이 생겼고, 어떻게 이러한 스트레스 요인을 처리할 것인지에 대한 계획을 세우려고 했다. 그러나 이러한 늦은 밤까지 걱정한 '대가'는 바로 수면이었다! 비록 스트레스 요인을 어떻게 처리할지 생각하면 스트레스에 대비하는 데 도움이 되는 것 같았지만, 잠을 자지 못할 정도로 신경이 예민해져서 이른 아침까지 잠들지 못하는 경우가 많았다. 게다가 수면 부족으로 인해 낮 동안 예민해지곤 했고, 전날 밤에 3~4시간밖에 못 잔 날에는 더 민감해지는 경우가 많았다.

활동 4-1 칼의 TRAPs는 무엇일까

앞의 예시에서 칼의 TRAPs를 찾을 수 있는가?

1. 촉발 요인: ______________________

   반응: ______________________

   회피 패턴: ______________________

2. 촉발 요인: ______________________

   반응: ______________________

   회피 패턴: ______________________

3. 촉발 요인: ______________________

   반응: ______________________

   회피 패턴: ______________________

촉발 요인을 찾아내는 것은 일종의 자신의 트라우마를 다시 자각하게 할 가능성을 높이기 때문에 힘든 일이다. 하지만 자신의 PTSD 촉발 요인을 파악하고 그에 따라 자신이 어떤 식으로 반응하는지 예측할 수 있게 되면, PTSD에 대한 통제감도 향상될 수 있다는 점을 명심하라. 궁극적으로 우리는 당신이 PTSD에 의해 촉발되는 반응을 잘 파악하고, PTSD에 의해 촉발되는 반응을 맞닥뜨렸을 때를 대비하여 시간에 따른 대응법을 선택할 수 있게 되길 바라며 그로 인해 촉발 상황으로부터 영향을 덜 받기를 바란다.

활동 4-2 나의 촉발 요인과 반응은 무엇인가

잠시 최근에 겪었던 촉발 요인에 대해 생각해 보고 2주 동안 어떤 반응을 경험했는지 목록을 작성해 보자.

최근 PTSD를 촉발한 상황, 사람, 장소 또는 사물	이러한 촉발 요인에 대한 나의 반응
예: 칼이 라디오에서 나오는 헤비메탈 음악을 듣는 것	예: 칼은 눈물을 흘리며, 자신의 전투 경험을 기억하기 시작했다.
1.	
2.	
3.	
4.	
5.	
6.	
7.	

촉발된 반응은 불쾌한 것부터 끔찍한 것까지 다양하다. 하지만 더 나은 삶을 살아가는 것을 방해하는 일부 PTSD 반응은 회피 패턴의 형태로 나타난다. 이미 설명했듯이 회피 패턴은 다양한 형태로 나타날 수 있으며('길에 있는 돌멩이 피하기' 및 '바퀴 돌리기' 연습을 기억하는가?), 촉발된 반응보다 파악하기 어려울 수도 있다. PTSD가 일상생활에 어떤 영향을 미치는지 고려할 때 TRAPs들도 파악할 수 있는가? TRAPs로 인해 단기적으로 얻게 되는 이득뿐만 아니라, 회피 패턴으로 치러야 할 장기적 대가도 모두 파악해 보도록 하자.

활동 4-3 나의 회피 패턴은 무엇인가

최근의 촉발 요인 및 반응 목록을 다시 살펴보자. 어떻게 이러한 촉발된 반응이 회피 행동으로 이어지게 되었는지 생각해 보자.

촉발 요인	반응	회피 패턴
1.		
2.		
3.		
4.		
5.		
6.		
7.		

2. 일일 활동 및 기분 모니터링

TRAPs를 찾는 것은 행동활성화의 핵심이다. 하지만 일부 회피 패턴은 금방 파악하기 쉽지 않다. 먼저 당신이 시간을 어떻게 보내고 있는지 좀 더 잘 살펴보자. 당신의 활동과 기분을 추적하는 것이 도움이 될 수 있다. 그 이유는 활동과 기분 사이의 관련성을 파악함으로써, ① 당신이 하는 일과 기분 사이에 어떤 연관성이 있는지 잘 알 수 있게 되고, ② 당신이 하고 있지 않은 일은 무엇인지 확인할 수 있을 뿐 아니라, 일상에서 변화를 시도할 수 있는 시간대가 언제인지도 파악할 수 있기 때문이다.

"오늘 하루 어땠나요?"라는 질문을 받으면, 대부분의 사람은 내가 어떻게 느끼며 시간을 보냈는지 세부적인 내용은 넘어가고, 당신에게 일어난 '좋은 일'은 잊어버리거나 최소화하는 대신 스트레스를 받은 경험에만 집중할 수 있다. 이것이 바로 당신이 우울증과 절망감으로 허우적거리게 되는 이유가 될 수도 있다. 당신의 삶에서 당신이 한 행동에 보상을 얻는 보람된 순간은 인정하지 않고 힘든 일에만 집중하고 있을 수 있는 것이다. 어쩌면 여러분은 자기 스스로도 깨닫지 못한 채로 자기 기분에 부정적인 영향을 미치는 방식으로 시간을 보냈을 수 있다. 세심하게 주의를 기울여 그 영향력을 알아차려 보자.

게다가 PTSD를 겪고 있는 사람들은 공통으로 스트레스 사건이나 외상 기억이 떠오른 뒤 상당 기간 동안 '촉발된' 상태가 유지된 채로 있게 된다. 따라서 촉발 요인이 발생한 후 몇 시간(또는 며칠)이 지나도 촉발된 반응이 지속되어 기분에 영향을 미칠 수 있다. 이렇게 오래 지속되는 반응은 다른 사건에 대한 경험에도 영향을 주기 때문에(예: 아침에 발생한 PTSD 촉발 반응으로 인해 나중에 다른 사람에게 짜증과 좌절감을 느끼는 경우) 이런 반응을 모니터링하는 것이 도움이 된다.

하루의 활동과 기분을 모니터링하는 데 도움이 되도록, 하루나 일주일 동안 특정 시간대에 어떤 활동을 하고 있는지, 이러한 활동이 기분에 어떤 영향을 주는지 추적하는 방법을 찾아보자. 한동안은 앉아서 TV를 보는 등의 별로 중요하지 않은 활동까지 포함해서 기록해 두면 여러분이 한 그 활동(또는 하지 않는 활동)이 어떻게 기분에 영향을 미치는지에 대한 중요한 정보를 얻을 수 있을 것이다. 또한 당신의 기분을 0~10점 척도로, 예를 들어 0점은 아무런 감정도 들지 않는 상태, 10점은 상상할 수 있는 가장 격한 감정을 지닌 상태로 평가해 보자.

칼은 주말 동안 자신의 활동을 추적하여 기록하기로 했는데 그 결과를 보고 깜짝 놀라게 되었다.

활동 4-4 칼의 주말 일일 활동 및 기분 모니터링 차트

시간	토요일	일요일
오전 6~8시	활동: 일어나기, 아침식사 기분: 만족감 8	활동: 잠 기분: —
오전 8~10시	활동: 동네 하차장에서 심부름하기 기분: 짜증남 5	활동: 악몽에서 깨어남 기분: 분노 6
오전 10시~오후 12시	활동: 큰 박스 쇼핑과 마당 공급 기분: 분노 5, 짜증 10	활동: 약혼녀와 사소한 말다툼 기분: 좌절감 6
오후 12~2시	활동: 세차장에서 긴 줄을 기다림 기분: 분노 8, 짜증 10	활동: 산책 기분: 불안 6, 분노 9
오후 2~4시	활동: 집까지 운전하기 기분: 짜증 9	활동: 에어컨을 켜고 경기 관람 기분: 관심 1, 짜증 9
오후 4~6시	활동: 집에서 에어컨을 켜고 있음 기분: 짜증 2	활동: 저녁식사 기분: 지루함 9
오후 6~8시	활동: 침대에서 생각하기 기분: 걱정 5	활동: 저녁 식사 후 청소 기분: 짜증 4
오후 8~10시	활동: 비디오 게임 기분: 지루함 2	활동: 약혼녀와 TV 시청 기분: 짜증 3
오후 10시~오전 12시	활동: 잘 준비, 내일에 대해 생각하기 기분: 걱정 3	활동: 잘 준비 기분: 짜증 1
오전 12~2시	활동: 잠 기분: —	활동: 잠 기분: —

칼의 모니터링 차트를 살펴보면, 그의 분노가 PTSD 촉발 요인에 대한 반응으로 나타나는 것과 동시에 다른 문제 상황을 일으키는 원인으로 작용한다는 것이 명확해졌다. 칼은 자신이 화를 낼 때, 사람들이 자기의 주변을 떠나는 것을 알아차렸다. 칼은 공공장소에서 화를 내는 것이 다른 사람들과의 상호작용을 피하는 데 도움이 되기도 하지만 그로 인해 상당한 '대가'를 치르게 한다는 것도 파악했다. 예를 들어, 소매 상가 앞에서 한숨 쉬며 투덜거리는 것만큼은 어쩔 수 없었다고 하더라도, 자신이 '화를 내는 진부한 퇴역 군인'이 되거나, 영화나 TV에서 보던 전투 참전 용사의 전형적 모습을 반복하는 것을 원하지는 않았다. 또한 그는 더운 날씨에 느꼈던 분노가 집에서까지 이어져서, 약혼녀와 특별히 다툰 것도 아닌데 대화가 더 '긴장'되는 것을 알게 되었다. 결국 칼의 분노는 건강에도 영향을 미쳐서, 주치의는 고혈압으로 진단했고, 특히 화가 나는 날에는 긴장성 두통이 자주 발생했다.

회피 전략으로 분노를 사용하는 것은 일종의 과속 운전과 비슷하다. 분노로 인해 원하는 목적지에 도착하게 하겠지만, 결국 여행 중 세세한 세부사항은 놓치고 충돌 사고 가능성만 높이는 것과 같은 것이다. 또한 분노의 '엔진'이 계속해서 빠르게 돌아가게 되면, 시간이 지날수록 스트레스는 증가하고, 건강에도 악영향을 미칠 수 있다. 즉, 칼이 분노감을 회피 전략으로 사용하는 것은 납득이 가긴 하나, 그 대가로 칼은 큰 타격을 입게 되었다.

이제 당신의 차례이다. 다음은 행동활성화를 사용할 때 자주 사용하는 양식이다(일일 활동 및 기분 모니터링 차트의 빈 용지는 이 워크북의 부록에 있다). 앞으로 일주일 동안 이 차트를 사용하여 이 시간 동안 당신의 활동과 기분을 기록해 보길 권한다. 자기 모니터링을 위해 기억을 쉽게 떠올릴 만한 것들을 빠르게 적어 두는 것이 목적이므로, 상세하게 작성할 필요는 없다. 이 종이 버전이 불편하게 느껴진다면 전자 캘린더(예: 휴대폰이나 컴퓨터의 캘린더)를 활용하거나 기분과 활동을 추적하는 데 도움이 되는 휴대폰 앱을 찾아봐도 좋다. 어떤 양식을 사용하든, 하루 종일 여러 차례에 걸쳐 '실시간'으로 행동과 감정 상태를 기록하는 것이 좋다. 내가 하는 구체적인 활동과 기분을 기록할 때, 점수도 함께 기록하라(예: '약간 슬픔'은 10점 만점에 3점으로 평정). 마지막으로, 하루를 마무리할 때 차트를 검토하면서 어떤 TRAPs가 있었는지 파악하고 회피 패턴으로 인해 치러야 할 '비용'도 기록하라.

활동 4-5 일일 활동 & 기분 모니터링 차트

시간	월요일	화요일	수요일	목요일	금요일	토요일	일요일
오전 6~8시	활동: 기분:	활동: 기분:	활동: 기분:	활동: 기분:	활동: 기분:	활동: 기분:	활동: 기분:
오전 8~10시	활동: 기분:	활동: 기분:	활동: 기분:	활동: 기분:	활동: 기분:	활동: 기분:	활동: 기분:
오전 10시~ 오후12시	활동: 기분:	활동: 기분:	활동: 기분:	활동: 기분:	활동: 기분:	활동: 기분:	활동: 기분:
오후 12~2시	활동: 기분:	활동: 기분:	활동: 기분:	활동: 기분:	활동: 기분:	활동: 기분:	활동: 기분:
오후 2~4시	활동: 기분:	활동: 기분:	활동: 기분:	활동: 기분:	활동: 기분:	활동: 기분:	활동: 기분:
오후 4~6시	활동: 기분:	활동: 기분:	활동: 기분:	활동: 기분:	활동: 기분:	활동: 기분:	활동: 기분:

〈계속〉

오후 6~8시	활동: 기분:	활동: 기분:	활동: 기분:	활동: 기분:	활동: 기분:	활동: 기분:	활동: 기분:
오후 8~10시	활동: 기분:	활동: 기분:	활동: 기분:	활동: 기분:	활동: 기분:	활동: 기분:	활동: 기분:
오후 10시~ 오전 12시	활동: 기분:	활동: 기분:	활동: 기분:	활동: 기분:	활동: 기분:	활동: 기분:	활동: 기분:
오전 12~2시	활동: 기분:	활동: 기분:	활동: 기분:	활동: 기분:	활동: 기분:	활동: 기분:	활동: 기분:
하루 동안의 TRAPs	1. 2. 3.	1. 2. 3.	1. 2. 3.	1. 2. 3.	1. 2. 3.	1. 2. 3.	1. 2. 3.
회피 비용							

활동 4-6 나의 일일 활동 및 기분

활동 모니터링을 시작하려면, 일일 활동 및 기분 모니터링 차트를 꺼내어 어제부터 지금까지 어떤 활동을 했었는지 재구성하는 것부터 해 보자. 그 일이 끝나면 앞으로 다가오는 일주일 중 언제까지 이 일지 작성을 완료할지 생각해 보자. 최소 하루에 한 번은 작성하되, 더 많이 작성할수록 일지는 더 정확해질 것이다. 이 일을 계속 해 나가는 것도 행동활성화이다!

며칠 또는 일주일 동안 일일 활동 및 기분 모니터링 차트를 작성하고 나면, 다음 질문에 대해 생각해 보자.

1. 활동 및 기분 평가 양식을 작성하는 동안 파악한 것은 무엇인가?

2. 활동과 기분 사이에 어떤 패턴이 관찰되었는가?

3. 새로운 활동을 추가하거나 예전에 하던 활동을 다시 시작할 만한 빈 공간이 시간표상에 있는가?

다음은 애니가 첫 주 동안 작성한 활동 및 기분 모니터링이 제시되어 있다. 특히 그녀는 자신의 외상 경험에 의해 촉발된 반응들이 서로 다른 반응들로 쌓여서 다음 반응을 증폭시키는 경향이 있다는 것을 알게 되었다.

애니는 몇 주간 자신의 활동과 기분을 모니터링하면서 새로운 어떤 패턴들을 발견했다. 애니는 불안한 기분으로 밤에 잠에서 깨는 경우가 많았는데, 그것이 며칠 밤 동안 성적 트라우마에 대한 악몽을 꾼 뒤에 일어난 일이라는 것을 알게 되었다. 또한 최근에는 딸들이 학교 가려고 준비할 때 유독 더 짜증을 내고 갑자기 이성을 잃고 화를 내곤 한다는 것도 깨달았다. 그녀는 딸들을 '세상 밖으로' 내보내는 것에 항상 신경이 곤두섰고, 이런 걱정 때문에 아침이 하루 중 가장 힘든 시간으로 느껴졌다. 애니의 과민함을 감지한 딸들은 그다음 날 일과 방과 후 계획한 일에 대해 말을 아끼는 경향이 있었다(애니는 딸들이 다음 날 일에 관해 이야기하는 것만으로도 딸의 안전을 더 많이 걱정하게 되기 때문에, 사실은 딸들이 조용히 있기를 바라고 있었던 것일지도 모르겠다고 생각했다). 그리고 그녀는 일과에 대한 모니터링을 하면서 직장에 도착하면 기분이 좋아진다는 것을 알게 되었다. 또한 직장에 오면 업무에 뛰어들어 일을 하곤 하는데, 이것이 딸에 대한 걱정으로부터 주의를 돌리는 데 도움이 되었다는 것도 알게 되었다. 전날 저녁에 악몽을 꾼 경우에는 직장에서 바쁘게 일하는 것이 잠자는 동안 보았던 이미지를 잊는 데 도움이 되었다. 이렇듯 일하는 것이 기분을 더 나아지게 하므로, 애니는 하루가 끝날 때쯤 기진맥진하게 될 정도로 과도한 프로젝트나 고객을 맡는 등 '과잉 업무'를 하는 경향이 있다는 것도 알게 되었다. 이런 깨달음을 통해 애니는 자신의 업무 시간을 일일 모니터링 차트에 기록하기 시작했고, 이를 통해 과도하게 업무에 매달리는 것이 자신의 건강과 자녀와의 관계에 미치는 장단기적 '비용'을 고민하기 시작하였다.

우리는 당신이 이 워크북을 사용하는 남은 기간 동안, 매일 꾸준히 모니터링을 해 나가면서 과거와 새로운 패턴을 검토할 뿐 아니라 여러분의 진행 상황을 추적해 가며 행동활성화를 활용하는 데 도움이 되기를 바란다. 매일 일지를 쓰는 것은 TRAPs를 파악하는 데 도움이 될 뿐 아니라, PTSD를 극복하기 위해 행동하고 단계를 밟아 가도록 동기를 부여하는 강력한 수단이 되어 줄 수 있다. 만약 회피 패턴으로 인해 삶이 상당히 제약받는 상황이라면, TRAPs를 알아차리기 어려워질 수도 있다. 당신의 삶에 변화를 일으키고, 큰 그림의 목표를 추구하기 시작하면 PTSD와 관련된 TRAPs가 자주 발생할 텐데, 이것은 우리가 바라는 바이기도 하다. 이 변화의 단계에서 스스로에게 인내심을 갖도록 하

자. TRAPs를 점점 더 알아차리게 되면서, PTSD가 당신의 삶에 얼마나 강력한 힘을 갖는지도 깨닫게 되길 바란다. 다음 장에서 우리는 회피 패턴을 깨고 PTSD가 촉발하는 반응에 대응하는 새롭고 대안적인 방법을 구축하기 위한 전략들에 대해 논의할 것이다.

3. 동기부여 유지하기

활동, 기분 그리고 TRAPs를 처음 추적해 나가다 보면, 압도감을 느낄 수 있다. 일상생활에서 PTSD 회피 증상이 얼마나 당신의 삶에 만연해 있는지 알아차리게 될 것이며, 그 과정에서 당신이 치른 높은 '비용'들을 깨닫고는 낙담하게 될 수도 있다. 이는 자동차 엔진에서 이상한 소리가 나서 정비소에 가져갔다가, 예상되는 수리 비용을 듣고 맘을 단단히 추스르며 느낄 수 있는 낙담하는 기분과도 비슷하다.

이 이야기를 꺼내는 이유는 초기에 압도당하거나 낙담하는 기분을 느끼게 되는 반응은 정상적인 것이며, 적절한 관점에서는 이런 압도당하거나 낙담하는 기분을 느끼는 것이 당신에게 동기를 부여할 수 있는 강력한 도구가 될 수도 있기 때문이다. 이런 기분을 경험했던 많은 내담자는 한 걸음 물러서서 더 큰 미션을 생각해 보는 것이 PTSD로부터 회복하는 데 도움이 되었다고 말한다. 칼은 "내가 어디 가서 새로운 삶을 다시 사 올 수 있을 것 같지는 않다. 지금 내게 주어진 삶이 있으므로, PTSD가 나에게 미쳐 왔던 영향에 대해 불평하고 실망하면서 세상을 살아가느니 차라리 나를 행복하게 만드는 삶으로 나의 삶을 다시 만들어 가고 싶다."라고 말했다.

당신에게 만족감과 행복을 가져다줄 삶의 변화를 이루기 위해 정신을 집중하는 데 도움이 될 만한 몇 가지 고려 사항들을 다음에 제시하였다.

- 자각 능력을 증진시키면 PTSD 증상을 관리할 수 있는 능력이 향상될 것이다. 지식은 증상에 대응하는 방식을 변화시킬 수 있는 기회를 제공한다.
- 당신이 발견한 회피 패턴은 어느 정도 '효과'가 있었을 것이다. 그렇지 않았다면 당신은 그 회피 패턴을 사용하지 않았을 것이다. 그러나 회피 패턴은 때로는 높은 '비용'이 따른다. TRAPs와 그것이 치러야 하는 비용을 살펴봄으로써 자신의 가치와 목표에 더 잘 부합하는 새로운 PTSD 관리 방법을 찾을 기회를 얻을 수 있을 것이다.
- PTSD는 강력하지만 여러분은 트라우마에서 살아남았고(이 책을 읽고 있기에) 회복

을 향해 나아가고 있다. 이것이 바로 여러분을 더 나은 삶으로 나아가게 해 줄 일종의 회복 탄력성이라는 것이다.

그러므로 변화와 회복을 향해 뚜렷한 목표의식을 가지고 노력할 수 있도록 효과가 없는 부분에 대해서는(낙담하거나 자책하지 말고) 호기심을 유지하기 위해 최선을 다하라!

4. 요약

이번 장에서 당신은 일상 활동과 기분을 모니터링해 보았다. 또한 하루 동안 발생한 TRAPs를 식별하는 연습도 시작했으며, TRAPs가 기분에 미치는 영향력과 더불어 회피 패턴으로 인해 치러야 했던 '비용'들도 파악했다. 당신이 일상 활동과 기분을 추적해 나가는 것은 두 가지 면에서 도움이 되는데, 첫째는 TRAPs를 찾는 도구로 활용할 수 있다는 점에서 그러하고, 둘째는 일상생활에 의미 있는 활동을 추가할 기회를 찾기 위한 기초자료가 되어 줄 수 있다는 점에서 그러하다. 우리는 여러분이 PTSD로부터 회복해서 더 나은 삶의 질을 누리도록 이끌어 줄 삶의 변화를 만들기 위한 동기를 계속해서 유지하도록 돕고 싶다. 다음 장에서는 TRAPs를 (촉발된 반응을 관리해서 삶을 정상으로 돌릴 수 있는) 대안적 대처 전략을 연습하는 기회로 바꾸는 방법에 관해 설명하고자 한다.

제 5 장

♦

삶을 다시 'TRAC' 위에 올려놓기

♦

여러분은 이제까지 PTSD로 인해 생활 속에서 유발되는 TRAPs를 알아보는 방법을 배웠으므로, 이제는 이러한 회피 패턴을 바꾸는 것으로 초점을 옮겨 가도록 할 것이다. PTSD를 위한 행동활성화는 TRAP에서 빠져나와 TRAC(k)으로 다시 돌아오게 하는 데 도움이 된다. TRAC은 촉발 요인(Trigger), 반응(Response), 대안적인 대처(Alternative Coping)의 약자이다(Jacobson et al. 2001). TRAC은 TRAP을 다른 대안적인 방법으로 대체할 수 있도록 돕는데, 이를 통해 여러분은 삶을 회복의 궤도로 다시 옮겨 놓을 수 있다. 대안적인 대처를 찾는다는 것은 PTSD로 인해 촉발된 반응을 다루는 새로운 방법을 찾기 위해 최선의 노력을 기울인다는 것을 의미한다.

1. 변화를 촉진하는 데 도움이 되는 팁

이러한 변화를 준비하는 것을 돕기 위해, 변화에 대한 몇 가지 중요한 사항을 먼저 제시하고자 한다.

첫째, 변화는 한 번으로 끝나는 과정이 아니다. 만약 한 번에 끝나는 과정이었다면, 새해 결심을 세우고 꾸준히 실천할 것이므로, 2월이 끝날 때쯤이면 매년 더 건강하고 행복해져 있을 것이다! 헬스장에 다닌다면 새해 첫 두 날 동안 신규 회원들이 몰려들었다가, 시간이 지날수록 회원 수가 줄어드는 것을 본 적이 있을 것이다. 따라서 PTSD에 대처하기 위해 새로운 전략을 보다 꾸준히 사용하게 되기까지, 변화는 한 번에 이루어지기보다 새로운 방법을 시도했다가도 이전 패턴으로 돌아가는 과정을 왔다 갔다 반복할 가능성이 높다. 이는 대부분의 사람이 습관을 바꾸고 새로운 습관을 형성하는 방식이므로 낙담할 필요는 없다.

둘째, 이 과정을 '정비사의 마음'으로 접근하자. 훌륭한 자동차 정비사는 도전적 상황을 즐기는 법을 배워서, 자동차 엔진이 왜 작동하지 않는가에 대한 가능한 여러 가지 이유에 열린 태도를 유지하고자 노력한다. 정비사처럼 생각한다면, 자동차가 제대로 작동하지 않는 상황에서 그랬던 것과 마찬가지로, 일이 마땅히 그래야만 하는 대로 제대로 진행되지 않을 수 있다는 것도 예상할 수 있다. 정비사 역시 여러 번의 시도가 실패해서 엔진이 여전히 작동하지 않을 때 때로는 좌절할 수 있다. TRAC 전략을 사용할 때는 왜 어떤 것은 효과가 있고 어떤 것은 효과가 없는지에 대해 호기심을 유지하라. 이는 자기 판단을 최소화하고 대신, 오래된 이전의 패턴을 반복하는 자신을 발견할 때 '왜'를 찾는 과정을 의미한다. 이는 정비사가 몇 번의 수리를 시도한 뒤에도 점화 시 엔진이 여전히 작동되지 않는 좌절감을 느끼는 상황에서도, 죄책감을 느끼지 않고 그저 또 다른 해결책을 찾아 나서는 것과 같다. 호기심도 도움이 된다. 왜냐하면 인간으로서 우리는 종종 실제로 시도도 해 보지 않고 무엇이 효과가 있고 없을 것인지 예측하려는 경향이 있기 때문이다. 그러므로 새로운 접근 방식을 시도하거나, 과거에 효과가 있었으나 더 이상 실행하지 않는 대처 전략을 다시 시도할 때는 열린 마음을 유지하라. 매번 성공하지 못하고, 좌절하고도 여러 가지 다른 전략을 시도해 볼 필요를 느끼는 것은 어려운 감정을 관리하거나 행동을 변화시키려고 할 때 흔히 겪는 일이다. 좌절은 여러분에게 차분하게 상황으로부터 물러서서 계획을 다시 생각해 보도록 신호를 보내는 것일 수 있다. 좌절스러울 때면 포기하고 렌치를 정비소 너머로 던져 버리는 대신, 잠시 휴식을 취하고 다른 방법으로 수리를 시도하는 정비사처럼 말이다.

마지막으로, 이 과정에 다른 사람들을 참여시키는 것이 변화를 향한 노력에 도움이 될 수 있다. 친구나 가족에게 여러분이 PTSD의 촉발 요인에 대한 반응 방식을 바꾸고자 노력하고 있다는 것을 이야기해 보자. 그리고 가장 가깝다고 느끼는 사람들에게 변화를 시도할 때 도움을 받고 싶다고 알리자. 이러한 요청은 정서적 지원(예: 격려 또는 당신과 함께 활동 참여) 또는 새로운 대처 방법에 대한 제안이나 조언의 형태로 이루어질 수 있다. 다른 사람들이 스트레스 반응에 어떻게 대처하는지 관찰하거나 물어보는 것이 도움이 될 수도 있겠지만, 가장 좋은 대안적 대처 전략은 여러분 자신에게 효과 있고, 여러분 자신의 개인적 가치관을 반영하는 전략이다. 새로운 대처 방식에 대한 개방적인 자세를 시도하는 동시에 PTSD에 가장 잘 대처함으로써 여러분 자신의 삶을 향해 나아가는 데 도움이 되는지 본인만이 잘 알 수 있다는 자신감을 가지고 균형 맞추기를 권한다.

2. TRAC에 참여하기

가치관과 목표를 다시 상기시키는 연습부터 시작하자. 이는 변화가 일어나게 하는 데 일종의 닻 역할을 할 것이다.

활동 5-1 나의 가치와 목표로 TRAC에 참여하기

1. 개인적 가치와 목표를 파악하기 위해 이전에 해 왔던 일들을 잠시 떠올려 보자(제3장). 당신의 삶에서 가장 중요한 가치는 무엇인가?

2. 이제 당신에게 TRAPs가 되었던 상황을 생각해 보자. 목적에 따라 행동하고자 하는 표적으로부터, 여러분을 벗어나게 했던 것을 한 가지 적어 보자.

'TRAC'의 궤도로 삶을 다시 돌려놓는 것은, PTSD에 촉발되어 경험하는 반응에 맞서서, 여러분이 가치 있게 여기는 목표를 향해 한 발자국씩 나아가는 것을 의미한다. 이를 위해 특정한 상황에서 나타나는 PTSD 관련 반응을 인내하고 관리하는 또 다른 다양한 대안적 대처 전략을 개발할 필요가 있다. 때로는 단순히 목표에 꾸준히 집중하는 것이나, 초기의 촉발된 반응을 잘 참고 이겨 내는 것도 때로는 대안적 대처 전략이 될 수 있다. 또 다른 전략으로는 주의 분산 기술(예: 주변 환경에 있는 다른 것으로 주의를 돌리기) 혹은 현재 순간으로 돌아오게 하거나 신체 및 감각과 다시 연결시켜 주는 '안정화(그라운딩, grounding)' 연습도 있다. 때로는 다른 대처 전략으로, 다른 사람의 말을 적극적으로 경청하는 방법을 배우거나 상황에서 필요하거나 원하는 것을 요구할 때 단호하게 말할 수 있는 능력을 개발하는 등 효과적인 의사소통 기술을 사용하는 것이 필요할 수 있다. 종종 촉발된 반응이 나타난 순간 혹은 그 직후에, 믿을 만한 친구나 가족에게 정서적 지원을 요청하는 것도 좋은 대안적 대처 전략이 된다(다음에서 더 자세한 대처 목록을 제공할 것이다).

대안적인 대처 전략이 가장 효과적일 때는, 그 대처 전략이 촉발된 반응에 대처하는 데 도움이 될 뿐 아니라 전략 자체가 회복을 위한 개인적 가치와 개별 목표와도 일치할 때이다. 대안적 대처가 어떻게 여러분의 목표에 더 근접해 가는 데 도움이 되고 가치에 기반할 뿐 아니라 TRAP에 빠지지 않도록 하는 데 유용한지 눈으로 볼 수 있다면, PTSD가 만들어 내는 쳇바퀴 돌기 패턴을 멈추고 목표를 향한 추진력이 증가할 것이다.

활동 5-2 TRAP에서 벗어나 TRAC에 올라타기

여러분은 아마도 PTSD에 대처하기 위한 노력의 일환으로 몇 가지 유형의 대안적인 대처법을 시도해 보았을 것이다. 앞에서 언급한 TRAP 상황을 생각해 보고, TRAP에서 벗어나 다시 TRAC으로 돌아오게 했던 대안적인 행동 한 가지를 생각해 보자. 그 행동이 자신의 가치관을 어떻게 반영했는지, 왜 효과가 있었는지 (혹은 없었는지) 적어 보자.

____

____

____

____

____

____

다음은 TRAP에서 다시 TRAC으로 돌아간 예이다.

- 촉발 요인: 외상 경험에 대한 침습적 기억 떠오르기
- 반응: 외상 기억과 연관된 이미지와 감정으로 인한 스트레스, 분노, 슬픔의 느낌
- 이전의 회피 패턴: 술을 마셔서 감정을 바꾸고 외상 사건에 대한 기억을 흐리게 하는 것
- 대안적인 대처법: 술에 의존하는 대신, 술 없이도 몸과 마음이 안정될 때까지(건강 및 웰빙과 관련된 자신의 가치관과 목표와 일치하는 방법으로서) 평화로운 장소를 산책해 보기로 결정하기

산책을 하는 것도 회피의 한 형태일 수 있지만, 알코올 사용과 달리 걷기는 가치 중심적 행동이 될 수도 있다. 트라우마의 침습적 이미지가 떠오르는 것을 피하기 위해 술을 마시는 대신에, 짧게 산책하는 것과 같이 간단한 행동으로 대체하는 것을 떠올리기 어려울 수 있다는 것을 주의하라. 머릿속으로 '그건 소용없을 거야, 그렇게 해 봤지만……. 도움이 안 돼.'라고 말하는 자신을 즉시 발견할 수 있다. 산책을 하는 것은 건강과 웰빙이라는 목표에 부합하는 가치에 기반한 행동이기 때문에 도움이 된다는 점을 명심하자. 만약 산책하는 것이 그냥 별다른 의미 없이 하는 일이었다면, 그다지 도움이 되지 않을 수 있다.

따라서 대안적인 대처 전략에 대하여 스스로 고려할 때, 어떤 행동이 자신의 외상 반응을 관리하는 데 도움이 되고, 자신의 가치관과 일치하는지, 그리고 어떻게 살아가고 싶은지 생각해 보자. 단기적으로는 회피가 거의 항상, 보다 더 효과적이지만(그렇기 때문에 회피가 매우 흔하게 나타난다!), 장기적인 목표와 가치관을 지속적으로 고려하면 대안적인 대처 전략이 전반적으로 더 잘 '작동'할 가능성이 높다. 따라서 과거에는 '효과'가 없어 보였던 방법을 시도했다 하더라도, 이제는 이러한 관점으로 무장하고 다시 한번 시도해 보기를 권한다. 또한 그 상황에서 여러분에게 적합한 대처 전략을 찾을 때까지 이러저러한 대안적인 전략을 다양하게 시도해 보기 바란다. 서로 다른 다양한 유형의 촉발된 반응에 적합한 대안적인 대처 전략을 찾으려면 실험이 필요할 수 있다.

예를 들어, 기분 좋은 산책을 해도 여전히 트라우마와 관련된 감정과 정신적 이미지의 홍수에 휩싸여 있다면, 여러분의 가치관에 부합하는 이 특정 상황에 맞는 또 다른 대처 전략을 찾아야 할 수도 있다. (술에 의지하기보다는) 친구에게 전화를 걸어 이미지에서 주의를 돌리거나 친구와 그 경험에 대해 이야기하고 도움을 요청할 수도 있다. 기분을 전

환하는 데 도움을 얻기 위해, 편안한 음악을 틀거나 좋아하는 TV 프로그램이나 영화를 시청해 보자. 물론 지금 당장 시도해 볼 수 있는 대안적 대처 전략의 목록을 작성하는 것은 쉽지 않을 것이다. 일단 '투쟁 또는 도피'의 사고방식에 빠지게 되면, 다른 대처 방법에 대한 새로운 아이디어를 생각해 내기가 어렵기 때문이다.

다음은 PTSD를 겪는 개인에게 효과가 있다는 것을 확인한 긍정적인 대안적 대처 전략의 목록이다. 이 목록이 완전한 것은 결코 아니지만, 어떤 유형의 활동이 자신에게 도움이 될지 생각해 보는 데 도움이 될 수 있다.

긍정적인 대안적인 대처 전략

- 3~5분간 심호흡(숨을 완전히 들이마시고 잠시 숨을 참았다가 내쉬는 것) 연습하기
- 마음챙김 방식으로 걷기(발을 디딜 때마다 느끼는 감각에 주의를 기울이고, 걸을 때 주변의 광경, 소리, 냄새에 주의를 기울임)
- 성인용 컬러링북 색칠하기(마음챙김을 연습하는 좋은 방법이기도 함)
- 필요한 집안일이나 하고 싶은 집안일하기(예: 마당 일이나 생활공간 청소)
- 안내 명상 테이프/녹음 듣기
- 편안한 음악 감상하기
- 기도 또는 만트라 반복 연습하기
- 재미있는 소설책 읽기
- 좋아하는 코미디 프로그램 시청하기
- 친구 또는 가족과 함께 시간 보내기(주의 분산)
- 좋아하는 애완동물과 함께 시간 보내기(마음의 안정과 주의를 분산시키기 위해)
- 친밀하고 신뢰할 수 있는 친구나 가족에게 여러분이 겪은 촉발된 반응에 대해 이야기하기
- 감정적 반응에 대한 생각과 관찰 내용을 기록하기
- 좋아하는 취미(바느질, 목공, 요리, 제빵 등)에 참여하기
- 운동하기(걷기, 달리기, 스트레칭, 역기 들기)
- 자연 속에 앉아 시간 보내기
- 차 또는 커피 한잔 마시기
- 친구의 일을 도와주기
- 자신이 지지하는 단체를 위한 자원봉사하기

- 샤워 또는 목욕하기
- 이발하기
- 노래 부르기 또는 악기 연주하기
- (안전하다고 생각되는 경우) 여유로운 드라이브하기
- 여행하고 싶은 장소 찾아보기
- 관심 있는 주제(예: 역사 또는 예술)에 대한 독서하기

각 상황에 맞는 적절한 대안적 대처 전략을 찾는 데는 시행착오가 필요할 수 있다는 점을 명심하자. 중요한 것은 여러분의 인생 여정을 방해하는 TRAP에서 벗어나 PTSD를 관리할 수 있는 다른 방법을 실험해 본다는 것이다.

여러분이 필요로 하는 순간에 PTSD 촉발 요인에 대처할 수 있는 새로운 방법을 찾을 가능성을 극대화하기 위해, (여러분이 촉발되지 않은) 목록을 작성하도록 안내할 것이다. 다시 한번 말하지만 여러분이 촉발되었을 때 어떤 대처 전략을 시도하고자 하는 동기 수준을 높이기 위해서는, 대안적인 대처 전략을 개인적인 가치와 연결하는 것이 도움이 된다. 마지막으로, 다양한 대처 전략을 시도할 때마다 메모를 해서 다양한 촉발 요인과 그에 따른 반응, 그리고 각각의 대안적 대처 전략의 효과를 과거의 회피 패턴과 비교해서 살펴보는 것이 도움이 될 수 있다.

활동 5-3 공통된 유형의 촉발된 반응 및 회피 패턴

여기에서는 애니의 사례를 통해 공통된 촉발 요인과 그에 따른 공통된 반응, 그리고 이전 회피 패턴의 예를 제시하고, 여러분 자신의 회피 패턴을 작성해 보는 연습을 해 볼 것이다.

공통적 촉발 요인

애니: "나는 성적 트라우마와 관련된 영화를 보거나 기사를 읽는 것이 종종 나의 외상 사건을 떠오르게 한다는 것을 알았다. 대학 캠퍼스에서 데이트 강간과 관련된 주제를 다루는 뉴스 기사가 나오면, 몇 달 동안 지속되는 우울감에 휩싸이곤 했다. 지금은 '미투' 운동에 힘을 얻기 시작했지만, 성희롱이나 성폭행 사례를 읽는 것도 PTSD에 대한 거대한 촉발 요인으로 작용한다는 것을 알게 되었다."

- **이제 시도해 보자.** 여러분에게 트라우마의 기억을 떠올리게 하는 공통적인 촉발 요인은 무엇인가? (초기 연습을 위해 덜 고통스러운 것을 선택하자.)

____

공통적 반응

애니: "나는 극심한 공포나 불안감을 느끼거나, 어쩔 줄 모르고 당황하거나 부끄러워지는 경우가 있다……. 얼굴이 붉어지거나 몸이 굳어진다. 성폭행을 처음 경험했을 때의 이미지가 홍수처럼 밀려오기도 한다. 때로는 그 일이 다시 벌어지는 것처럼 느끼기도 하고……. 다시 열아홉 살이 된 것 같은 기분이 들기도 하며, 실제로는 냄새가 나지 않는다는 것을 알면서도 그 남자가 뿌린 향수 냄새를 맡기도 한다."

- **이제 여러분 차례이다.** 여러분에게는 주로 어떤 반응이 나타나는가?

____

____

____

이전 회피 패턴

애니: "이런 상황에서는 PTSD 촉발 자극에 의해 촉발되게 되면, 나는 사람들로부터 철수하거나 활동을 하지 않는 경향이 있다. 나는 직장에 곧바로 출근하고 곧바로 집으로 돌아온다. 사람들이 나에게 어떤 일을 하라고 권유해도 핑계를 대며 빠져나간다. 하지만 마침내 혼자가 되면 외상 기억에 몰두하기 시작하고 부정적인 자기 대화가 시작된다. '왜 그걸 예상하지 못했을까? 내 인생에 나쁜 일을 불러일으키는 무언가가 나에게 있는 건 아닐까?'라고 말이다."

• **이제 여러분 순서이다.** 여러분의 회피 패턴 몇 가지를 적어 보자.

다음으로, 대안적인 대처 전략의 목록을 작성해 보자. 먼저, 애니의 TRAC 전략의 예를 살펴보자. 애니의 핵심적인 개인적 가치유형별로 각각의 대안적 대처 전략을 정리했다.

애니의 대안적 대처 전략

"촉발 요인으로 인해 철수하는 대신 시도해 볼 만한 몇 가지 방법이 있다."

1. **가치**: 건강 및 웰빙
   1) 나는 평화롭거나 친숙한(안전한) 곳을 산책할 수 있다.
   2) 나는 건강에 좋은 간식을 만들거나 맛있는 저녁 식사를 계획할 수 있다.
   3) 나는 요가나 스트레칭 운동을 할 수 있다.

• **애니의 노트**: "아침 일찍 걷기나 스트레칭을 하면 도움이 되는 것 같지만, 피곤할 때는 이런 방법을 대처 전략으로 사용할 가능성이 줄어든다. 저녁 식사 계획은 어차피 해야 하는 일이기 때문에 도움이 되지만, 이것을 건강과 관련된 가치관 및 목표와 연결하게 되면, 단순히 PTSD 촉발 요인을 극복하는 것만이 아니라 내 삶을 더 나아지게 만들고 있다는 느낌을 받을 수 있다."

2. **가치**: 관계와 사회적 지지
   1) 친구에게 전화하거나 가족에게 이야기하여 기분을 전환할 수 있다.
   2) 친구에게 전화하거나 가족에게 이야기하여 나의 어려움을 공유할 수 있다.
   3) 아이들과 시간을 보내며 하루의 일과 혹은 아이들의 세상에서 일어나는 일들에 대해 물어볼 수 있다.

• **애니의 노트**: "정말 힘들 때는 아이들과 시간을 보내는 것이 쉽지 않다. 내가 산만하거나 짜증을 내면 결국 내가 좋은 엄마가 아니라는 생각이 들어 기분이 더 나빠지는 경향이 있다. 하지만 내 여동생도 성적 트라우마를 경험한 적이 있고, 나를 진심으로 '이해'하기 때문에 여동생에게 전화할 수 있다는 것을 알고 있다. 사실 내가 겪은 어려움을 동생과 공유하면서 작년에 우리는 훨씬 더 가까워졌다. 서로가 서로를 돕고 있다고 생각하기 때문에 동생의 지지가 필요할 때면 동생에게 더 쉽게 연락할 수 있다."

3. **가치**: 개인적 성장과 영성

1) 자신을 더 잘 이해하기 위해 촉발 요인에 대한 내 생각이나 반응을 적어 둘 수 있다.

2) 기도에 참여할 수 있다.

3) 교회 예배에 참석하거나 성경을 읽을 수 있다.

- **애니의 노트**: "아직 '촉발된 반응 안에' 머물러 있고 글로 표현하는 데 서투르기 때문에 한참 기다리고 나서야 촉발된 반응에 대한 생각을 글로 적을 수 있다. 하지만 조금 진정된 후에 글을 쓰면 정말 많은 것을 꺼낼 수 있다. 머릿속에서 촉발된 반응을 다시 재생시키면 다음 단계를 더 잘 준비할 수 있는 것과 같다. 그래서 나는 정말 화가 나면 먼저 하나님께 사랑과 지지를 구한다……. 그러면 마음이 진정되어 방금 일어난 일을 찬찬히 되돌아볼 수 있게 된다."

이제 여러분이 이 과정을 시도해 보자.

활동 5-4 나의 대안적 대처 전략

애니의 사례와 이전 연습을 하면서 생각했던 예들을 바탕으로, 최소한 세 가지 이상의 핵심 개인 가치에 따라 대안적 전략 목록을 구분하여 작성해 보자. 메모를 작성해서 자기 스스로의 행동을 잘 돌아보고 스스로를 위한 지침으로 활용했던 애니처럼, 여러분도 똑같이 해 보길 바란다. 간단한 메모를 작성해 두면 대안적인 전략을 사용하는 것이 어렵다고 느껴질 때 격려를 제공해 줄 수 있다.

1. ______________________________(TRAPs 중 하나 이상)을/를 하는 대신에, 다음과 같은 대안적인 대처 전략을 시도해 볼 수 있다.

• 가치: ______________________________

– 이 가치에 부합하는 세 가지 대안적인 대처 전략을 적어 보자.

1) ______________________________

2) ______________________________

3) ______________________________

• 메모: ______________________________

____

____

2. ______________________________(TRAPs 중 하나 이상)을/를 하는 대신에, 다음과 같은 대안적인 대처 전략을 시도해 볼 수 있다.

• 가치: ______________________________

– 이 가치에 부합하는 세 가지 대안적인 대처 전략을 적어 보자.

1) ______________________________

2) ______________________________

3) ______________________________

• 메모: ______________________________

____

____

3. _______________(TRAPs 중 하나 이상)을/를 하는 대신에, 다음과 같은 대안적인 대처 전략을 시도해 볼 수 있다.

• 가치: _______________

– 이 가치에 부합하는 세 가지 대안적인 대처 전략을 적어 보자.

1) _______________

2) _______________

3) _______________

• 메모: _______________

____

____

3. 칼의 대안적 대처 전략

PTSD와 관련된 TRAPs로부터 벗어나기 위해 TRAC 연습을 적용하고 가다듬어 갔던 칼의 경험을 잠깐 읽어 보자.

칼은 TRAP/TRAC 연습이 매우 도움이 된다는 것을 알게 되었다. 이제 그는 종종 TRAP의 한가운데 있을 때(즉, TRAP이 발생한 후가 아니라 발생하고 있을 때), 하던 행동을 잠시 멈추고 있다. 그래서 무언가 변화를 만들어 내고 PTSD 촉발 요인에 대처하는 다른 방법을 만들어 시도해 볼 수 있는 준비가 되어 있다고 느꼈다. 예를 들어, 칼은 여름 철 더위가 종종 전투 기억을 촉발하며 전투의 한가운데 있었던 기억으로부터 거리를 두기 위한 회피 전략으로 자신이 짜증을 낸다는 사실을 이제 잘 인지하게 되었다. 그는 자신의 핵심 가치인 '평온함'을 찾고 대인관계를 강화할 수 있는 대안적인 대처 전략 목록들을 작성했다.

칼은 평온함이라는 자신의 가치에 따라, 명상과 음악 감상을 시도했다. 웬만큼 들을 만한('너무 저렴하지 않은') 명상 음악을 찾는 것도 도움이 되었지만, 혼자 일할 때만 도움이 되었고, 다른 사람이 있으면 여전히 주의가 산만해졌다. 칼은 관계 강화라는 자신의 가치와 일치하는 소위 '집중 듣기' 전략도 시도해 봤다. 이 전략은 칼이 함께 시간을 보내는 상대방에게 질문을 한 다음 상대방의 대답을 적극적으로 경청하는 것을 의미한다. 적극적으로 경청하기 위해 칼은 바짝 주의를 기울이고, 자신이 이해한 것이 맞는지 확인하고 집중력을 유지하기 위해 자신이 이해한 바를 짧게 재진술했다. 가끔 "오늘 하루 어떠세요?"와 같은 간단한 질문을 하면 사람들 대부분은 한두 단어로만 대답한다는 것을 알게 되었다. 그래서 칼은 사람들에게(상황과 당시의 편안한 정도에 따라) 좀 더 자세한 질문을 하기 시작했다.

활동 5-5 나의 대안적 대처 전략—확장판

이전 장에서 작성한 것보다 훨씬 더 많은 자신의 가치관에 기반한 대처 목록을 만들어서 시도해 보기 바란다. 목록이 많을수록 그 순간에 자신에게 맞는 것을 찾을 가능성이 높아진다! 앞에서는 애니의 대안적 대처 전략의 예(각 가치 카테고리당 3개)를 제시하고, 여러분만의 목록을 만들어 보도록 했다. 이제 더 많은 가치 범주와 대안적 대처 전략에 대해 생각해 보자. 목록을 길고 상세하게 작성할수록 그 순간에 특정한 촉발 반응에 대처하는 데 도움이 되는 것을 찾을 가능성이 높아진다. 또한 대안적인 대처 전략 목록을 들고 다니는 것이 좋다(외출할 때 참고할 수 있도록 스마트폰에 저장해 두거나, 사진으로 찍어 보관하기). 이렇게 하면 대안적인 대처 전략 목록을 적어 두고 실험해 볼 수 있다.

1. 가치: ______________________________

대안적인 대처 전략	언제 이 전략을 사용해 보았는가? (촉발된 반응은 무엇이었는가?)
①	
②	
③	
④	
⑤	

• 어떻게 도움이 되었는가? 무엇이 도움이 되었고, 도움이 되지 않았는가?

____

____

____

2. 가치: ______________________________

대안적인 대처 전략	언제 이 전략을 사용해 보았는가? (촉발된 반응은 무엇이었는가?)
①	
②	
③	
④	
⑤	

• 어떻게 도움이 되었는가? 무엇이 도움이 되었고, 도움이 되지 않았는가?

____

____

____

3. 가치: ______________________________

대안적인 대처 전략	언제 이 전략을 사용해 보았는가? (촉발된 반응은 무엇이었는가?)
①	
②	
③	
④	
⑤	

• 어떻게 도움이 되었는가? 무엇이 도움이 되었고, 도움이 되지 않았는가?

____

____

____

4. 가치: ____________________

대안적인 대처 전략	언제 이 전략을 사용해 보았는가? (촉발된 반응은 무엇이었는가?)
①	
②	
③	
④	
⑤	

• 어떻게 도움이 되었는가? 무엇이 도움이 되었고, 도움이 되지 않았는가?

____

____

____

5. 가치: ____________________

대안적인 대처 전략	언제 이 전략을 사용해 보았는가? (촉발된 반응은 무엇이었는가?)
①	
②	
③	
④	
⑤	

• 어떻게 도움이 되었는가? 무엇이 도움이 되었고, 도움이 되지 않았는가?

____

____

____

대안적인 대처 전략 목록을 작성하면서 어떤 점을 발견했는가? 특정 전략이 효과가 있었던 때와 그렇지 않았던 때가 있었는가? 촉발된 반응에 대처할 때, 어떤 것이 언제, 어떻게 도움이 되는지를 더 많이 기록할수록 특정 순간에 무엇이 효과가 있을지 더 빨리 이해할 수 있다는 점을 기억하라.

목표를 향해 나아가는 데 도움이 되는 대안적인 대처 전략을 사용하면 그 순간의 PTSD 반응에 대처할 뿐만 아니라, 삶을 발전시키기 위한 노력의 기반이 된다. 이를 마음에 두며, 시간이 지남에 따라 대안적인 대처 전략을 반복하거나 발전시켜 새로운 습관과 루틴을 만들 수 있는 방법을 생각해 보자.

활동 5-6 TRAC 전략을 목표와 결합하기

애니는 특히 TRAC 전략을 자신의 미래를 위한 목표와 잘 연결했다. 이 연습에서는 애니의 내용과 방법을 살펴본 다음, 여러분 자신의 가치관과 목표를 같은 방법으로 시도해 볼 것이다.

애니는 원래부터 대인관계와 관련한 자신의 개인적인 가치관에 부합하는 변화를 위한 우선순위들을 적어 두고 있었다. 그래서 새로운 TRAC 전략을 만들 때쯤에는 자연스럽게 두 자녀와의 관계를 강화하고, 새로운 우정을 쌓는 데 도움이 되는 전략을 사용하는 쪽으로 자연스럽게 마음이 끌렸다. 애니는 매일 한 가지 이상의 관계 형성을 위한 대처 전략을 사용하려고 노력했다.

1. 시도해 보기: 좋은 관계 맺기와 같은 애니의 가치처럼 여러분이 가장 중요하게 여기는 가치를 생각해 보자. 자신에게 중요한 목표가 무엇인지 그리고 그 목표가 여러분이 가장 중요하게 여기는 가치를 어떻게 반영하는지 적어 보자.

____

____

____

애니는 병원에서 어떤 다른 여성동료와 함께 일했는데, 그녀와 친해질 수 있을 것 같은 느낌이 들었다. 둘 다 관리자였고 직장에서 받는 스트레스에 대해 일상적인 이야기를 나누었다. 애니는 대화를 기다리기보다는 대화를 더 자주 시도하기 시작했다. 직장에서 스트레스를 받을 때 동료에게 다가가는 것이 다소 어색하게 느껴졌지만, 도움을 요청하려는 자신의 시도를 동료가 잘 수용해 준다는 것을 알게 되었다. 그녀는 동료가 부담스러워할 것이라고 생각했지만, 오히려 동료는 '힘든 날'에 커피를 마시자고 제안하고 일과 가정생활의 스트레스에 대해 더 자세히 나누는 등 반응을 하기 시작했다. 이를 통해 애니는 딸에 대한 안전 문제와 '일 중독'으로 겪는 어려움에 대해 더 자세히 이야기할 수 있게 되었다. 이를 통해 애니는 동료와의 관계가 일종의 '주고받는' 방식으로 더욱 균형이 잡혀 있다고 느끼게 되었다. 이전에 친구를 사귀려고 시도했을 때, 그녀는 PTSD로 인해 다시는 누구도 믿을 수 없을까 봐 걱정했었다. 그러나 동료와 자신의 감정을 주고받을 때 더 많이 나눌수록 정서적으로 안전하다고 느꼈다. 안전하다는 느낌과 함께 아이들과의 '존재감'을 느끼면서 애니는 관계에서 상대방에게 제공할 수 있는 무언가가 있다고 느꼈고, 이를 통해 그녀의 자신감과 자기 가치감이 증가되었다.

2. 시도해 보기: 대안적 대처를 연습해 본 적이 언제였는가? 여러분의 삶을 가치에 부합하는 삶으로 되돌리기 위해 만들어 가는 새로운 습관들은 무엇인가?

애니는 순간에 집중하려고 노력하면, 촉발된 반응에서 더 빨리 '돌아올 수' 있다는 사실을 깨달았다. 그녀는 아이들과 관계를 맺는 다른 방법들도 찾게 되었다. 피곤한 밤이 되면 종종 팝콘을 만들어 아이들과 함께 껴안고 영화를 보거나, 에너지가 조금 더 나는 주말에는 PTSD로 촉발된 반응이 나타난 이후에도 자신에게 다시 집중할 수 있도록 아이들과 함께할 수 있는 활동을 찾고자 노력했다. 더 깊은 대화를 나눌 기회가 생기면 자녀들에게 우정, 현재 관심사, 미래의 목표에 대해 질문하기도 했다. 애니는 시간이 흐름에 따라, 자녀들이 하루 일과와 학교에서 있었던 이야기들을 공유하면서 그녀에게 마음을 좀 더 열고 있다는 것을 알게 되었다. 이를 통해 그녀는 자신이 좋은 엄마라는 느낌을 받았고, 딸들에게 스트레스가 되는 일이 생기면 자신이 알 수 있을 거라는 자신감도 생겼다.

3. 숙고해 보기: 대안적 대처를 연습해 본 적이 있는가? 어떤 새로운 습관이 여러분의 삶을 가치에 부합하는 삶으로 되돌리게 하는가?

---

4. 여러분은 애니가 관계를 위한 새로운 습관을 어떻게 만들어 갔는지, 그리고 이러한 관계를 통해 PTSD 촉발 요인에 어떻게 대처하고, 개인적인 목표를 어떻게 달성해 가게 되었는지 알 수 있을 것이다. 여러분도 새로운 습관을 형성해 온 과정에 대하여 생각해 왔을 것이다. 며칠 또는 몇 주에 걸쳐 이 장을 반복적으로 연습했으니, 이제 어떤 점이 달라지고 있고, 새롭고 건강한 습관으로 어떻게 변화하고 있는지 적어 보자.

---

4. 요약

여러분은 자기 자신을 토닥여 줄 자격이 있다. 이미 여러분은 자신의 가치관에 부합하는 대안적인 대처 전략 목록을 만들고 이를 사용하는 연습을 했으며, 어떤 TRAC 전략이 여러분에게 가장 효과가 있고 어떤 상황에서 가장 잘 작동하는지 비교하고 대조하기 위하여 살펴보기도 했다. 이는 큰 발전이다. 다음 장에서는 무리하거나 좌절하지 않고 꾸준히 진전하기 위해, 변화의 속도를 조절하는 방법에 대해 자세히 알아보도록 하겠다.

제 6 장

점진적 전략 실천 단계로 나아가기 위한 속도 조절

이 시점에서 여러분은(여러분에게) 양질의 삶이 무엇인지 정의하는 역할을 하는 개인적 가치와 삶의 목표를 확인했다. 또한 PTSD의 하향 나선형으로 되돌아가게 만드는 TRAP들을 식별하는 법도 배웠고, TRAC 전략을 연습해서 촉발된 반응에 대처하는 대안적 방법을 찾는 법도 배웠다. 이 장에서는 '행동 단계'를 취하며 회복이 순조롭게 이루어지기 위한 적절한 속도를 찾을 수 있도록 할 것이다. 이것은 매우 중요한데, 속도가 너무 빠르면 삶을 변화시키기 위한 노력을 기울이기 어려울 수 있고, 반대로 꾸준한 진전을 이루어 내지 못하면 오래된 회피와 관성의 패턴으로 돌아가게 만들 수 있기 때문이다. 여러분은 다음 중 어느 경우에 빠지기 쉽다고 생각하는가?

활동 6-1 속도 조절의 도전 과제

잠시 다음 질문을 생각해 보자.

1. 변화의 속도와 관련해서 성급해지는 경우가 많은가? 아니면 겨우겨우 힘들게 해 나가는 편인가?

2. 변화를 향해 나아갈 때 시간에 따른 변화 속도를 유지하는 데 도움이 된 것은 무엇인가?

3. 목표를 향해 너무 빨리 나아가려고 하는지(또는 너무 느리게 가고 있는지) 어떻게 알 수 있는가?

1. 너무 빨리, 너무 많은 일을 처리하는 것

너무 많은 일을, 너무 빠르게 하려고 하는 것의 문제점을 살펴보자. 우리는 이런 경우를 자주 본다. 사람들은 목표와 가치관을 정하고 나면 성급하게 뛰어들고 싶은 충동을 느끼고는 너무 많은 일을 한꺼번에 하려고 한다. 이는 이해할 만하다. PTSD로 인해 여러분이 어떻게 인생의 궤도에서 벗어났는지를 모두 확인하고 나면, PTSD가 없었던 경우의 삶의 모습을 '따라잡기' 위해 빠르게 변화를 만들어 내고 싶을 수 있기 때문이다. 또한 과거에 얼마나 빨리 또는 쉽게 변화가 일어났는지 알고 있기 때문에, 현재도 같은 속도의 변화를 기대할 수도 있다. 그러나 큰 진전을 이루고자 하는 충동은 여러 가지 면에서 문제를 일으키기 마련이다.

1) 과욕의 문제점

너무 많은 일을 너무 빨리 처리하는 데는 네 가지 주요한 문제가 있다. 각 문제점들이 무엇이고, 그것이 어떻게 작용하는지, 해결 방법은 무엇인지 살펴보도록 하겠다.

(1) 문제 1: PTSD의 영향 최소화하기

앞서 설명한 바와 같이 회피는 PTSD에서는 충분히 일어날 수 있는 일이다. 이와 유사하게, 어떤 일이 불안, 공포, 분노와 같은 강한 감정을 일으키거나, 트라우마에 대한 기억을 떠올리게 하거나, 혹은 안전하지 않다고 여겨지기 때문에, 이전에는 했더라도 이제는 더 이상 하지 않는 일들도 있을 수 있다.

여러분의 삶을 되찾기 위해 애쓰는 과정에서, 여러분은 이런 유형(아마도 '할 수 있어야만 한다.'라고 생각하는)의 상황들이나 활동들을 하는 데 뒤따르는 난관들을 과소평가하거나 최소화한 나머지, 무리하게 뛰어들었다가 그 과정에서 겪는 일들에 쉽게 압도당할 수도 있다. 그로 인해 섣부르게 후퇴하고는 '나는 그 일을 할 수 없어.' 혹은 '그 일을 하고 싶지 않아.'라는 믿음만 더 강해질 수도 있다.

칼의 목표 중 하나는 규칙적으로 웨이트 리프트를 했던 과거의 루틴을 되찾는 것이었다. 칼은 건강과 웰빙을 중요한 가치로 두었다. 칼은 군입대하기 전인 고등학교 시절에도 역도를 즐겨 했고, 군 복무 중에는 파병되기 전이나 파병 도중에도 주기적으로 웨이트 리프트를 했었다. 특히 그는 이런 웨이트 리프트가 스트레스 관리에 도움이 된다는 것을 알았다. 그래서 역도를 다시 시작하는 것이 행동활성화를 위한 좋은 시작점이라고 생각했고, 이에 칼은 헬스장에 등록하고 퇴근 후 운동을 하기로 결심했다. 하지만 헬스장에 사람들이 너무 많은 것을 보자마자 칼은 스트레스를 받았다. 칼은 모든 사람은 위협적이고 자신은 적응할 수 없을 것이라고 느꼈다. 게다가 칼은 함께 종종 웨이트 리프트를 했던 파병 중 사망한 친구에 대한 강렬한 기억이 떠올라 힘들어하기도 했다. 칼은 결국 그런 자신에게 낙담하고 좌절감을 느끼며 헬스장에서 나왔다.

삶에 과도하게 퍼져 있는 문제 1에 대해 생각해 보기

PTSD의 영향을 최소화하는 문제와 관련하여 다음 질문을 생각해 보자.

1. PTSD 증상이 삶에 다시 참여하려는 여러분의 노력에 미치는 영향력을 당신은 어떤 방식으로 과소평가했는가?

____

____

____

2. 칼이 속도를 다소 늦추더라도, 웨이트 리프트를 다시 시작하고자 하는 목표를 향해 꾸준히 나아가게 하는 방법에는 어떤 것이 있을 수 있는가?

____

____

____

3. 속도를 다소 늦추지만, 계속해서 목표에 기반한 활동 또는 가치에 기반한 활동을 추구할 수 있는 방법에 대해서는 어떤 통찰을 얻을 수 있는가?

____

____

____

PTSD 반응을 바꾸려면, 시간 그리고 새로운 경험이 필요하다는 점을 기억해야 한다. 압도되는 느낌이나 다른 부정적 결과 없이 더 많은 활동에 참여할수록, PTSD 반응을 바꾸는 것이 더 쉬워질 것이다. 앞서 말했듯이 행동활성화를 시작할 때 약간의 불편함은 예상할 수 있지만, 속도를 신중하게 조절하면 그 불편함이 고조되거나 견딜 수 없는 수준으로 치닫는 것을 막을 수 있다.

칼은 사람들이 덜 붐비는 시간에 헬스장에 가서 일단 30분만 머물러 보기로 결심했다. 다른 사람에게 주의를 돌리지 않기 위해, 자신의 경험(예: 손에 든 역기의 느낌이라든가 몸의 움직임)에 주의를 기울이는 연습도 했다. 또한 다시금 어떤 자극에 의해 촉발되어, 친구에 대한 생각이 떠오르고 그로 인해 겪게 될 수 있는 애도감정(grief)을 겪게 될 경우 그것을 어떻게 극복할 수 있을지 한참 고민했다. 그러고는 대안적 대처방안을 생각해 냈다. 애도감정 때문에 웨이트 리프트를 회피하기보다는, 이러한 우정의 긍정적인 면에 초점을 맞추고, 웨이트 리프트 루틴으로 다시 돌아감으로써 잃어버린 친구를 기릴 수 있다고 생각하기로 한 것이다. 칼이 헬스장에 가도록 도와주었던 친구도 긍정적인 동기원으로 작용했다.

(2) 문제 2: 계획/준비 부족

인생의 목표를 향해 활동을 하기 시작하는 첫 단계에서는, 아직 문제 해결 기술, 대안적인 대처 기술, 혹은 자신의 행동 패턴에 주의를 기울이는 습관이 충분히 발달하지 않아서 첫 시도가 생각보다 성공적이지 않을 가능성이 높다. 모험과 탐험이 당신의 가치이기 때문에 장거리 대륙 횡단 여행을 떠난다고 상상해 보자. 목적지에 도착하고 싶은 마음이 간절하지만 주유도 하지 않고, 길도 확인하지 않고, 타이어 펑크나 교통 지연과 같은 문제에 대한 대비책도 세우지 않은 채 출발해서 여행 초기에 타이어 펑크나 교통 지연 같은 난관을 만나게 된다면, 좌절하고 아직 가지도 않은 길에 압도된 나머지 다시 집으로 돌아올 가능성이 높다. 설사 여행을 계속한다고 해도 기분은 요동을 치고 여행을 생각한 게 어리석었다고 생각하게 되면서, 여행이라는 모험을 즐기지 못할 수 있다. 삶의 변화를 시도하는 많은 사람이 이러한 TRAP(포기하거나 낙담하여 목표 자체가 중요하지 않다며 평가 절하하는 것)에 빠지게 된다.

애니를 예로 들어 보겠다. 애니의 주요 목표 중 하나는 딸들이 더욱 독립성을 갖고 친구들과 시간을 보낼 수 있도록 허락하는 것이었다. 큰딸이 친구 집에서 자고 온다고 했을 때, 애니는 이것을 수락하는 것이 애니의 목표를 이루는 중요한 단계라고 생각해서 허락했다. 하지만 딸을 데려다주고 난 후 그녀는 칫솔을 챙겨 주지 못했다는 것과 친구의 부모에게 다음 날 오전 몇 시에 딸을 데리러 가야 하는지 물어보지 않았다는 사실을 깨달았다. 또한 딸이 뭔가 필요한 것이 있으면 어떻게 해야 할지에 대해 충분히 대화하지 않은 것이 걱정되었다. 그리고 그 집에 총기가 있는지, 그렇다면 어떻게 보관되어 있는지 확인할 생각을 하지 않은 것이 후회스러웠다. 애니는 극도로 불안해져서 밤새 잠을 제대로 자지 못했고, 급기야 딸의 외박을 허락하지 말았어야 했다고 생각하게 되었다.

활동 6-3 과도한 문제 2에 대해 생각해 보기

충분히 계획을 세우지 않는 문제와 관련된 다음 질문에 대해 생각해 보자.

1. 애니가 이후에 딸들이 외박을 하거나 여행을 할 때, (외박을 금지하는 대신) 좀 더 잘 준비해서 보냈다는 느낌을 얻기 위해 할 수 있는 일은 무엇인가?

2. 충분히 준비하거나 계획을 세우지 않아서, 노력했지만 기대만큼 잘 진행되지 않았던 활동의 예로는 어떤 것이 있는가?

3. 미리 좀 더 준비해서 어떻게 다시 시도해 볼 수 있겠는가?

기억해야 할 것은 계획을 세워도 예상치 못한 장애물이 발생하여 행동활성화 계획을 실천하는 과정을 방해할 수 있다는 점이다. 모든 것을 계획하는 것은 불가능하거나 비현실적인 일이다. 숙련된 스키 선수나 테니스 선수처럼, 다가오는 상황에 유연하게 대처하고 적응해야 하며, 매 단계가 궁극적인 목표에 좀 더 가까워지는 과정임을 기억해야 한다.

(3) 문제 3: 현재에 적응하지 못하는 경우

예전에 하던 활동들을 다시 시작하려고 하는 경우 겪게 되는 흔한 문제 중 하나는 바로 그 활동을 그만뒀던 원래의 그 시점에서부터 다시 시작하려고 하는 것이다. 많은 내담자는 이전에 즐겼던 활동을 다시 할 때 마치 '원점으로 돌아간 것 같은' 좌절감을 느낀다고 말한다. 이전 수준의 활동이나 업무를 재개하기 위해 무리하게 노력하다 보면 TRAP으로 걸어 들어가는 자신을 발견하게 될 것이다. 더 이상 이전과 같은 수준의 활동을 할 수 없다는 사실은 좌절감, PTSD가 여러분의 삶에 끼친 영향력에 대한 생각, 그리고 트라우마와 관련된 세부적인 기억들을 촉발하게 된다. 이는 여러분이 벗어나고자 하는 것과 동일한 유형의 회피 패턴을 유발하여 회복을 향한 여정을 방해할 수 있다.

칼은 처음 몇 번 체육관에 갔을 때 그동안 자신의 체력이 얼마나 많이 저하되었는지 깨닫고는 실망했다. 이전과 같은 무게의 웨이트를 들어 올리려고 무리하다 보니 다칠까 봐 걱정되었고, 몸이 너무 아파서 다음 날(심지어 며칠이 지난 후에라도) 다시 헬스장에 가는 것은 재앙이 될 것이라고 느꼈다. 사실 그가 세운 웨이트 리프트 루틴 계획은 아주 오래된 자료와 경험을 참조한 것이었다. 그가 웨이트 리프트를 정기적으로 한 것은 군 복무 시절이었던 대략 10년 전이 마지막이었다. 어떻게 하면 예전의 습관으로 돌아갈 수 있을지 상상하기조차 어려운 상황이었다.

과거에 활동을 중단했던 지점에서 활동을 재개할 때 방해되는 요인들이 영향을 미치는 범위를 고려하는 것이 중요하다. 문제 1에서 언급했듯이, 오랜 회피 패턴을 포함한 PTSD 관련 증상은 활동하기를 더욱 어렵게 할 수 있다. 마찬가지로, 우울증으로 고생하고 있다면 동기 부족, 에너지 저하, 만성적인 관성과 싸워야 한다. 또 다른 고려할 점은 체력 저하(칼의 경우처럼), 연습 부족(스포츠, 악기 또는 기술 기반 활동 등), 신체적 통증이나 제한(부상을 당한 경우), 달라진 생활환경(예: 바쁜 직장, 자녀 문제), 낮은 자신감 등이 있다. 이 모든 것이 트라우마를 겪기 전의 속도나 강도로 활동하는 데 어려움을 겪는 이유이자(회피 패턴을 극복하고 새로운 루틴, 근력, 체력, 자신감을 향상시키기 위해) 보다 천천히 시작해야 하는 이유이기도 하다.

지난 10년간의 TRAP 습관으로 인해 칼은 자기 훈련(self-discipline) 습관을 잃었을 뿐만 아니라 운동할 시간을 갖기가 이전보다 훨씬 더 어려웠다. 현역 시절에는 기지에서 생활했고, 직업상 일정 수준의 체력 기준을 충족해야 했다. 기지에는 함께 운동하는 친한 군인 친구들이 많이 있었고, 그들은 그가 의욕이 떨어지는 날에도 운동을 하도록 북돋아 주었다. 이제 그는 건설 회사에서 육체적으로 힘든 일을 하며 주 40시간 내내 일하고 있었다. 하루 일과가 끝나면, 헬스장에서 2시간 동안 운동하고 싶다는 생각은 거의 들지 않았다. 또한 약혼녀가 주중에는 함께 보내는 시간이 충분하지 않다고 자주 불평했기 때문에 약혼녀가 운동하는 것을 반대할 것이라고 생각했다. 그는 헬스장 멤버십을 취소할까도 생각했다. 건강이라는 목표를 향한 동력을 만들고자 하는 노력이 이제는 또 다른 TRAP이 되어 버린 것이다!

활동 6-4 과도한 문제 3에 대해 생각해 보기

칼이 현재의 수준에 맞게 조절하지 못하는 것과 관련된 관찰 내용과, 칼에게 도움이 될 대체 전략에 대한 제언을 다음에 적어 보자.

관찰 내용	제안

1 트라우마를 겪기 전의 속도, 빈도 또는 강도로 활동을 재개(또는 새로운 활동을 추가)하는 데 장애물이 되는 생활 속 요인들에 대해 잠시 생각해 보자. 그러한 요인은 무엇인가?

2. 이러한 요인을 고려한, 도중에 낙담하지 않고 성공할 가능성을 높일 수 있는 활동을 어떻게 구성할 수 있을까?

(4) 문제 4: 잘못된 길로 향하는 경우

가장 중요한 것은, 당신이 목표를 향해 나아가기 시작할 때 목표가 바뀌는 것을 발견할 수 있다는 점이다. 경험상, 회복해 나가는 과정에서 자신이 가치 있게 여기거나 원한다고 생각했던 것이 바뀌는 경우는 매우 흔하다. 바꾸기를 원하는 가치관이나 삶의 측면에 대해 아무리 많이 생각한다고 해도, 변화를 만들기 시작할 때까지도 이 가치관들이 진짜 여러분의 우선순위인지 아닌지 알아내기는 불가능하다.

이 과정을 시작할 때에는 가장 중요하고 가치 있다고 생각했던 것들이 개인적인 가치라기보다는 다른 사람들이 중요하다고 생각하는 것들이었을 수도 있다. 또한 PTSD의 하향 나선형이 삶을 장악하기 이전에 갖고 있던 가치나 삶의 목표로 돌아가려고 결심했지만, 이제는 과거의 내가 아니고 더 이상 그것을 가치 있게 여기거나 달성하고 싶지 않음을 깨닫게 될 수도 있다. 다시 말해, 어렸을 때 국립공원과 유적지를 즐겨 찾았기 때문에 (그리고 가이드북에 가장 자주 등장하는 여행지이기 때문에) 그곳에 들러야 한다고 생각해서 전국 여행을 떠났지만, 정작 자신이 좋아하는 것은 작은 마을을 찾아 현지인들과 만나는 것이라는 점을 알게 될 수도 있다는 것이다. 무리하게 러시모어산(역자 주: 미국 중서부 사우스다코타주에 위치한 바위산으로 국립공원에 지정됨.)을 방문하려고 한다면, 여행 도중에 즐길 수 있었던 모든 관광지를 놓치게 될 수도 있는 것이다.

여기서 제안하고자 하는 것은 행동활성화 단계를 밟아 나가면서 목표가 바뀔 수 있다는 가능성을 열어 두는 것이다. 그리고 이를 좌절로 여기기보다 이번 경험을 통해 무엇을 배웠고, 다음에 가고 싶은 여정은 무엇인지 생각해야 한다는 것이다. 이것이 바로 장거리 여행이 갖는 궁극적인 경험인 것이다!

(5) 관리 가능하고 효과적인 속도 찾기

속도 문제를 극복하기 위한 전략은 여러 가지 형태가 있을 수 있다. 각기 다른 사람들이 똑같은 속도 전략을 시도하더라도, 누군가에게 효과가 있는 것이 다른 이에게는 효과가 없을 수도 있다. 그렇긴 하지만 시도해 볼 만한 가치 있는 몇 가지 다양한 속도 전략을 소개해 보겠다.

큰 단계를 한 번에 시도하기 전에 먼저 단계를 반으로 나누어라(그래도 효과가 없으면 다시 반으로 나누어라). 작은 단계부터 시작해서 차근차근 앞으로 나아가는 것이 좋다. 제2장에서 언급했듯이 눈이나 진흙에 갇힌 자동차를 빼내려고 시도해 본 적이 있다면, 크게 밀면 바퀴가 돌아가기만 할 뿐 거의 효과가 없다는 것을 알 것이다. 그 대신 가벼운 흔들기 동작으로 시작해서 점차 세게 밀면 성공 확률이 높아지는 것과 마찬가지로, 장기적인 목표를 향해 한 걸음 한 걸음 나아갈 때 바퀴가 계속 공전을 계속한다면 그 단계를 반으로 줄이는 것을 고려하도록 해라.

예를 들어, 칼은 오래된 운동 루틴으로 일주일에 6~7일 하루 2시간을 운동해야 한다는 기준점을 세워 두고 있었는데, 이런 식으로 시작하는 대신 일주일에 3일, 한 번에 30분씩 헬스장에 가겠다는 목표를 세울 수도 있다. 또한 그는 이전에 설정했던 웨이트 리프트의 최종 목표치를 기록하고 그 목표를 절반으로 줄일 수도 있다. 예를 들어, 전에는 목표가 벤치 프레스 250파운드(역자 주: 약 110kg)였다면, 초기 목표를 125파운드(역자 주: 약 55kg)로 설정하고 너무 무겁다고 판단될 때, 다시 목표를 줄이기로 결정할 수 있다. 그런 다음 몇 달에 걸쳐 5~10파운드(역자 주: 약 3~5kg)씩 천천히 목표 무게로 다시 올릴 수 있다.

활동 6-5 목표를 반으로 줄이기

너무 많은 것을 빨리 달성하려고 했던 행동활성화 목표가 있는지 생각해 보자. 궁극적인 목표를 향해 '목표를 반으로 줄여서' 더 작은 단계로 시도해 볼 수 있겠는가? 그럴 경우 어떨 것 같은가? 단계를 다시 반으로 줄이면 어떠하겠는가?

____

____

____

____

____

____

가장 효과적인 방법이 무엇인지 알아보기 위해서 다른 요일이나 다른 시간대에 단계를 시도해 보자. 다른 때보다 특정 요일이나 시간대가 단계 실행이 더 쉬울 수 있다. 여러 가지 시간대를 실험하여 어떤 시간대가 자신에게 가장 효과적인지 알아보자. 예를 들어, 칼은 원래 매일 퇴근 후 헬스장에 갈 계획이었지만, 하루 일과가 끝나면 너무 피곤하고 헬스장에 많은 사람으로 붐비자 의욕이 생기지 않아서 아침 일찍 일어나 헬스장에 가는 것으로 계획을 바꾸었고, 그 덕에 더 많은 성공을 거둘 수 있었다. 특히 이 방법은 군대에서 체력 훈련을 할 때를 떠올리게 하거나 약혼녀와 보내는 시간을 방해하지 않았기 때문에, 결국 가장 효과적인 방법이 되었다. 또한 아침에 헬스장에 가면 하루 종일 더 좋은 컨디션을 유지할 수 있어서 헬스장에 간 날은 짜증이나 불안감을 덜 느낀다는 점도 알게 되었다.

날짜와 시간 실험하기

칼은 일주일 중 다른 요일이나 시간에 더 많은 성공경험을 하게 된다는 것을 발견했다. 여러분은 목표를 향해 한 걸음씩 나아가는 데 더 성공하게 되거나 덜 성공하게 되는 날이나 시간이 있는가?

____

____

____

____

____

같은 목표를 달성하기 위한 다양한 접근 방식 고려해 보자. 애니는 딸이 친구들과 시간을 보내고 자신이 좀 더 독립적이라고 느끼기를 너무나도 바랐다. 그녀는 딸을 자신이 모르는 사람들과 함께 외박하도록 보내는 것이 감당하기 어렵게 느껴진다는 것을 깨달은 이후, 처음으로 딸에게 친구 집에서 밤에 피자를 먹고 영화를 보면 어떻겠냐고 권유했다. 그리고 그 시간을 친구의 부모들과 더 많은 이야기를 나눌 수 있는 기회로 삼았다. 친구의 부모가 딸들과 함께 스케이트를 타러 가는 게 어떤지 물어보자, 애니는 흔쾌히 동의했고 마음이 편안하다고 느꼈다. 그런 다음 애니는 매우 안전한 사람이라고 여기는 그녀의 여동생에게 딸과 친구들이 여동생 집에 가서 자도 되는지 물어보았다. 이는 여전히 부담스러운 일이었지만, 딸들에게 이런 경험을 하게 해 주었다는 생각에 기분이 좋아졌고 그로 인해 불안감이 다소 상쇄될 수 있었다.

칼은 근력을 키우기 위해 항상 웨이트 리프트를 해 왔다. 하지만 지난 10년 동안 몸이 부상으로 더 약해진 것을 알고 있었고, 이로 인해 관절에 문제가 생겨 운동에 방해가 될까 봐 걱정했다. 그래서 그는 헬스장에 갈 때마다 매번 웨이트 운동을 하는 대신 며칠에 걸쳐 일과를 나누어서 코어 근력 운동, 요가, 맨손 체조를 하기로 결정했다. 이렇게 해서 웨이트 트레이닝이라는 목표를 달성할 수 있었으며, 여러 가지 운동으로 나누어서 한 덕분에 부상 위험을 줄일 수 있었을 뿐 아니라 일주일간 다양한 운동으로 인해 '매너리즘'에 빠지는 것도 방지할 수 있었다.

활동 6-7 다른 접근법 시도하기

이제 여러분의 차례이다. 어떤 활동을 시도해 보았는데 너무 빠르고 너무 많이 하고 있다고 생각했다면, 궁극적인 목표를 향해 계속적으로 시도할 수 있는 다른 접근 방식에는 무엇이 있겠는가?

다른 사람들과 함께 운동량을 유지하자. 칼은 항상 함께 역기를 드는 파트너가 있었지만, 이제 그의 주변에는 더 이상 웨이트 리프트를 하는 사람이 없다. 칼은 이 문제를 해결하기 위해 두 가지 다른 접근법을 시도했다. 첫째, 그는 헬스장에 갈 때 매일 같은 시간(아침)에 갔다. 그러자 그는 헬스장에 있는 다른 사람들을 알아보게 되었다. 그리고 비슷한 수준으로 역기를 드는 사람을 찾아서, 그 사람에게 웨이트 목표를 올리는 시점을 "알려 달라."라고 부탁했다. 시간이 지남에 따라 칼은 그 남성과 친해졌고, 칼이 하루라도 결석하면 그 새로운 '헬스장 친구'는 칼이 다시 헬스장에 왔을 때 그동안 잘 지냈는지 물어보았다. 게다가 칼의 약혼녀는 웨이트 트레이닝에는 관심이 없었지만 요가 수업은 좋아했다. 그래서 약혼녀는 일주일에 두 번씩 칼의 아침 요가 수업에 함께 참여하고자 했다. 칼은 헬스장에서 다른 사람들을 만나고 약혼녀와 함께 요가를 하는 것을 좋아했는데, 이는 건강과 피트니스 목표를 달성하는 동시에, 사회생활을 개선하고 확장하기 위해 노력하는 '일거양득(1 + 1 = 2)'의 효과가 있었다.

활동 6-8 다른 사람과 함께하기

1. 여러분을 지지해 주기 위해 여러분의 목표에 동참하고자 하는 사람이 누가 있을지 생각해 보자. 다음에 그들의 이름을 적어 보자.

2. 그들이 여러분의 목표 달성에 가장 큰 도움을 줄 수 있는 방법은 무엇인가?

3. 누구에게 도움을 요청할 것인지, 어떻게 도움을 요청할 것이며, 구체적으로 무엇을 요청할 것인지에 대한 계획을 적어 보자.

2. 너무 느리게 진행하기

PTSD에서 회복하기 위한 초기 행동 단계를 지나치게 앞서가려는 데서 발생할 수 있는 속도 조절과 관련된 몇 가지 문제점들에 대해 설명한 바 있다. 이제까지의 경험상 속도와 관련된 가장 흔한 문제는 너무 높은 단계의 활동을 수행하고, 좌절하고, 스트레스받고, 또는 '촉발'된 다음 TRAP으로 돌아가 버리는 것과 같다. 반대로, 때로는 너무 낮은 목표 단계를 시도하거나 삶의 한 영역 안에서의 변화만 시도하려는 것도 추진력을 얻는 데 방해가 될 수 있다.

1) 목표에 다다르지 못하는 문제

목표치를 앞서나가려는 것과 마찬가지로, 목표에 다다르지 못하는 것이 문제가 될 수 있는 몇 가지 방식들도 살펴보자.

(1) 문제 1: 너무 낮은 단계를 밟기

애니는 '자신의 삶을 되찾는다.'라는 목표를 따라가기 위해서, 상점, 직장 내 엘리베이터, 헬스장 같은 곳에서 사람들이 자신의 주변 혹은 뒤에 있는 상황에 좀 더 편안해질 필요가 있다는 것을 알고 있었다. 그녀는 동네 식료품점에 가서 셀프 계산대 대신 유인 계산대(사람들이 그녀 뒤에 서 있을 수 있는 줄)로 가는 것을 선택했다. 처음에는 어느 정도는 성공했다고 느꼈지만 의미 있는 방식으로 삶이 나아지고 있다고 느끼지는 못했으며, '1단 기어에 갇힌 것' 같다며 낙담하기 시작했다.

이 시점에서 애니는 좀 더 도전적인 더 큰 발걸음을 내디뎌서 원하는 삶에 가닿는 것이 필요했다. 애니의 목표를 고려할 때, ① 친구나 딸과 함께 쇼핑하기(관계 개선이라는 목표에 부합하는 동시에 매장에서 사람들과 편안하게 지내는 데 도움이 됨), ② 요가 수업을 들으면서 갈 때마다 다른 곳에 자리 잡기(자기 관리 능력의 개선이라는 목표에 부합), ③ 동료와 커피 마시러 가서 작은 카페 한가운데에 앉기(역시 관계 개선이라는 목표에 부합) 등을 예로 들 수 있다.

활동 6-9 목표에 다다르지 못하는 문제 1 생각하기

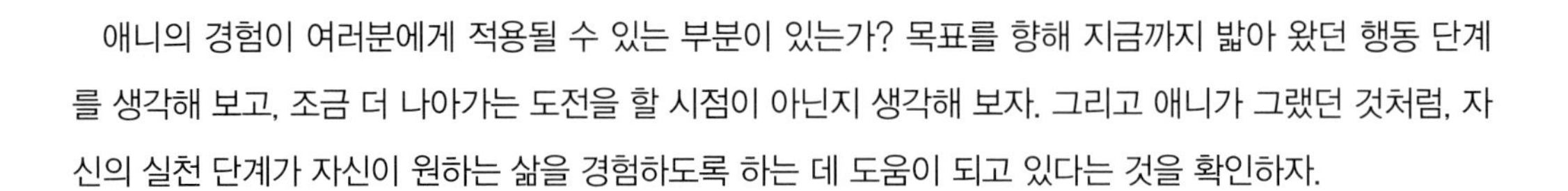

애니의 경험이 여러분에게 적용될 수 있는 부분이 있는가? 목표를 향해 지금까지 밟아 왔던 행동 단계를 생각해 보고, 조금 더 나아가는 도전을 할 시점이 아닌지 생각해 보자. 그리고 애니가 그랬던 것처럼, 자신의 실천 단계가 자신이 원하는 삶을 경험하도록 하는 데 도움이 되고 있다는 것을 확인하자.

1. 목표: ____________________

- 이 목표를 위해 해 왔던 단계들

____

____

____

- 보다 더 내가 추구하는 삶을 살도록 하는 데 도움이 될 수 있는 더 큰(또는 다른) 단계

____

____

____

2. 목표: ____________________

- 이 목표를 위해 해 왔던 단계들

____

____

____

- 보다 더 내가 추구하는 삶을 살도록 하는 데 도움이 될 수 있는 더 큰(또는 다른) 단계

____

____

____

(2) 문제 2: 한 번에 하나의 목표에만 집중하기

칼은 역도를 다시 시작하기 위해 노력하면서 긍정적인 변화를 느껴 갔다. 그는 더 강해지고 자신감이 생겼으며, 꾸준히 역도를 하는 헬스장 친구도 사귀게 되었다. 그는 헬스장에서도 편안함을 느꼈고, 이와 관련된 인생의 한 부분을 되찾고 있는 것 같았다. 하지만 삶의 다른 영역은 정체된 것 같았다. 약혼녀는 단둘이 있을 때조차도 그가 그녀에게 '관심을 온전히 쏟지' 않는 것 같다는 말을 자주 했다. 칼은 자신이 종종 집중력이 떨어지고 산만해진다는 것을 인정해야 했다. 칼은 자신의 직업이 싫었음에도, 다른 일자리를 찾기보다 집에서 비디오 게임을 하면서 시간을 보냈다. 교회를 다시 다녀 보고 싶은 마음은 있었지만, 이를 위한 어떤 행동 단계도 밟지 않았다.

칼의 상황에 공감할 수 있는가? 한 가지 목표에 집중하느라 다른 목표는 소홀히 한 적이 있는가? 어떤 사람들은 하나의 목표를 시작하는 데 너무 많은 노력이 필요하기 때문에 또 다른 목표를 향한 도전을 고려하기 어렵다. 그리고 어떤 사람들의 경우에는, 한 영역에서 일찍 성공을 거두었기 때문에 다른 영역에 참여하는 것을 회피하게 될 수도 있다! 칼은 웨이트 리프트를 하는 데 점점 더 많은 시간을 투자하기 시작하면서, 약혼녀와 밤에 데이트를 하는 대신 저녁 운동을 선택하는 경우가 많았다. TRAP에 빠지는 위험에 처한 것이다.

애니는 동시에 여러 가지 목표에 주의를 집중하는 데 어려움을 겪었다. 애니의 경우 이미 너무 바쁘고 스트레스를 많이 받고 있었기 때문에, 다른 일을 할 시간이나 에너지를 어떻게 찾아야 할지 몰랐다. 그녀는 딸들이 최우선순위였고, 저녁과 주말에 딸들을 위한 시간만큼은 반드시 확보하고자 했다. 그녀는 임상 사회복지사가 되어 고객과 직접 만나 일하는 것을 좋아하긴 했지만, 근무 시간이 길었고(특히, 트라우마 이후) 그녀가 하는 일이 감정적으로 매우 힘든 일임을 알게 되었다. 운동을 더 많이 하거나 요가 수업에 참석하면 기분이 나아질 것이라는 걸 알았지만 어떻게 일정을 짜야 할지 몰랐다. 그녀는 인생에서 더 많은 우정과 지지를 얻고 싶었지만, 이 역시 벅차게 느껴졌다. 인생의 다른 영역에서 어떻게 하면 발전을 이룰 수 있을지 생각할 때면, 매일매일의 해야 할 일들로 '겨우 버틴다'고 느끼는 시점에 이 새로운 활동들을 다 할 수 있는 시간을 어디에서 마련해야 할지 생각하면서 금방 압도당하곤 했다.

활동 6-10 목표에 다다르지 못하는 문제 2 생각하기

애니가 처한 어려움이 친숙하게 느껴지는가? 여러분 자신이 세운 여러 가지 목표와 그 목표들 간의 경쟁적 요구들에 대해 생각해 보고 다음 문장을 완성해 보자.

- 나는 내 시간과 에너지의 대부분을 ______________________에 소비하고 있다고 느낀다.
- ______________________을/를 위해 쓸 시간과 에너지를 찾을 수 있기 바란다.
- 나는 ______________________ 때문에 나의 목표 중 몇몇에 집중하는 데 어려움을 겪고 있다.

2) 추진력 키우기

추진력을 키우고 여러 가지 목표에 집중할 수 있도록 하기 위해, 행동 단계의 속도와 초점을 조절하는 방법에 대해 몇 가지 제안해 보겠다.

가고 싶은 곳을 바라보라. 빙판길에서 미끄러질 때 안전 운전을 하기 위한 지침은 가고자 하는 곳에 주의 집중을 유지하게 하는 것으로, 그렇게 함으로써 자동차를 도로 위에서 스스로 조정해 가며 계속 주행할 수 있게 한다. 마찬가지로 삶의 추진력을 키우려면 일종의 편안한 상황(빙판길)에서 벗어나 발걸음을 내딛는 것이 중요하다. 스스로 보폭이 너무 작을 때는 더 큰 도전을 하도록 자기 자신을 격려할 필요가 있다. 여러분이 나아가야 할 방향을 알고 있다면, 삶의 유익한 경험을 하게 하는 활동을 선택할 수 있다. 만약 그 활동이 최종 목표로부터 상당히 동떨어져 있다면(예를 들어, 다른 직업을 구하기 위해 노력하려고 하는데, 그보다 먼저 새 옷을 사려고 상점에 가는 것 같이), 여러분이 성취하고자 하는 목표와 관련된 이미지(예: 갖고 싶은 직업과 그 일을 하며 어떤 기분을 느끼고 싶은지)를 마음에 그려 보자.

단지 한두 가지 목표가 아닌, 여러 가치 있는 인생의 목표를 추구할 수 있도록 시간과 에너지를 분산하라. 여러 개의 목표를 선택할 때는, 어떤 목표를 추구하는 것이 용이한지, 어떤 목표가 가장 긍정적 결과(보상)를 가져오기 쉬운지, 그리고 어떤 목표가 후속 목표를 더 쉽게 달성하게 하는지 고려해 보라(예를 들어, 건강과 수면에 우선순위를 두면 복학이라는 목표를 더 쉽게 달성할 수 있다).

칼은 약혼녀와의 관계를 개선하고(약혼녀를 깊이 아끼고 이 관계를 잃고 싶지 않았기 때문에) 새 직장을 구하는 것을 목표에 추가하기로 결정했다. 그는 자신이 이 두 가지 목표에 대해 여전히 회피 패턴으로 일관하고 있다는 것을 인식했다. 그는 약혼녀와 이런 이야기를 하며 함께 보내는 시간을 좀 더 구조화시키는 계획을 짰다(일주일에 하루 이상 외출하기, 주말에는 야외 활동과 저녁에 적어도 한 시간 이상 집에서 함께 보내기 등). 함께 있을 때도 그 시간에 좀 더 집중하기 위해 마음챙김을 연습을 하기 시작했다. 칼은 또한 취약해지는 것에 대한 두려움을 가지고 있음을 자각하고, 약혼녀와 이러한 자신의 생각과 상처받기 쉬운 두려운 감정을 공유하면서, 몇몇 행동 단계들을 밟아 가기 시작했다. 또한 집에서 저녁시간을 함께 보내는 동안 새 직장을 찾기 위해 밟아야 할 단계에 대해 약혼녀와

의논했다. 이런 과정은 약혼녀와 더 많이 연결되게 할 뿐만 아니라, 구직 목표를 향해 나아가게 하는 데에도 도움이 되었다.

애니는 두 가지 이상의 목표에 집중하는 것이 너무 많은 요구 사항을 갖게 됨에도 그것을 다룰 만한 시간은 충분하지 않기 때문에 복잡하게 여겨졌다. 일일 활동 및 기분 모니터링 차트를 사용하여 매주 시간을 어떻게 보내는지, 그리고 이러한 활동이 어떤 기분을 느끼게 하는지 점검해 보았다. 애니는 딸들을 위해 주말과 저녁 시간을 대부분 할애했지만, 딸들은 이전보다 더 많은 시간을 혼자 보내거나 친구들과 보내고 싶어 하는 나이가 되어 가고 있다는 사실도 깨달았다. 애니는 주말 시간 중 일부를 그녀의 다른 목표를 위해 활용함으로써 딸들의 자립심을 키우는 것을 지원해 줄 수 있었다.

그녀는 평일 이틀 밤과 토요일과 일요일 오전에 운동을 위한 시간을 마련하기 시작했다. 더 많은 관계를 맺고자 하는 그녀의 또 다른 목표를 위해서, 딸들이 다른 활동(친구들, 스포츠 활동, 아빠의 집)에 참여하는 시간에 이전부터 친해지고 싶었던 직장 동료나 다른 부모들과 산책이나 커피 데이트를 했다. 이러한 가치와 목표에 기반한 활동으로 '활력'이 느껴지자, 일과 주말이 더욱 즐거워지고 삶의 여러 영역에서 발전한다고 느꼈다.

(고생스럽거나 남을 위한 봉사뿐 아니라) 즐거움과 활력을 주는 활동에 에너지를 쏟는 것을 잊지 말라. PTSD를 안고 사는 것은 진이 빠지는 일이다. 몸과 마음은 종종 초긴장 상태에 놓여 있고, 주변 환경의 광경, 소리, 냄새, 사건에 강하게 반응하게 된다. 변화를 향해 너무 작은 단계만 밟아 나가고 있다면, 그것은 여러분이 그 활동에 참여함으로써 겪어야 했던 비용 때문일 가능성이 높다. 이런 이유로, 초기에는 좋은 기분과 활력을 빠르게 가져다주는 목표들이나 활동을 하는 것이 중요하다. 애니 역시 운동과 같이 활력을 되찾아주는 목표에 시간을 투자함으로써, 다른 목표에 투자할 수 있는 더 많은 에너지와 동기를 얻을 수 있었다. 또한 목표를 실천해 가는 과정으로부터 벗어나는 '미니 휴가'를 고려해 볼 수 있다. 목표를 실천하기 위해 무리한 활동을 하느라 피로감을 느낀다면 하루 정도는 하이킹이나 TV 몰아 보기, 수면 등의 '미니 휴가'를 계획해 볼 수 있다. 비법은 이런 미니 휴가는 TRAP에 빠지지 않도록 주의하면서 활력을 되찾고자 하는 목표를 가지고 전략적이면서도 의도적으로 해야 한다는 것이다.

활동 6-11 어떻게 추진력을 키우고 활력을 되찾을 수 있는가

앞의 접근을 여러분의 삶에 어떻게 적용할 수 있을지 생각해 보자.

1. 한 번에 하나의 목표만 추구해 왔다면, 추구할 수 있는 다른 목표에는 어떤 것이 있는가?

2. 목표에 부합하면서 동시에 즐거움이나 활력을 주기 때문에 하는 활동이 있는가?

3. 휴식과 활력을 되찾는 것을 목표로 하는 '나만의 날'을 갖는다면, 어떤 모습이겠는가?

3. 요약

행동활성화를 통해 얻을 수 있는 이익을 극대화하려면, 변화의 속도와 폭을 고려해야 한다. 한꺼번에 많은 것을 너무 빨리 시도하지 말되, 너무 느리게 움직인다고 느껴지면 추진력을 얻기 위해 배운 전략을 사용하자. 실제로 대부분의 사람은 회복 과정에서 이 두 가지 문제 사이에서 흔들리는데, 이는 예상할 수 있는 일이다. 알 수 없는 기상 변화와 다양한 지형의 도로를 가로지르는 운전자와 마찬가지로, 능숙해지려면 그 순간순간에 필요한 것이 무엇인지 판단해서 상황에 맞게 조정해야 한다는 것이다(때로는 속도를 높이거나 줄이고, 커브 길에서 조심스럽게 운전하고, 때로는 창문을 내리고 자유분방하게 운전하는 등).

어떤 난관에 부딪히더라도 호기심을 잃지 말고 정비사의 마인드를 유지하자. 칼과 애니 그리고 자신의 삶을 열심히 관찰하고 가능한 대안들에 대해 결정을 내려오면서 우리가 알게 된 것은, 변화는 어렵고 때때로 문제를 파헤쳐서 문제를 해결하기 위해서는 결연한 노력이 필요하다는 것이다. 훌륭한 정비사는 문제에 대한 초기 진단이 항상 옳은 것은 아니며, 자동차 문제의 다른 원인도 고려해야 한다는 것을 알고 있다.

다음 장에서는 보다 구체적인 문제 해결 전략을 살펴보면서, 여러분이 갖춰야 할 정비사 마인드에 도움이 될 만한 도구들을 추가적으로 제공하고자 한다. 이 중 일부는 새로운 기술일 수도 있고, 다른 일부는 이미 여러분이 알고 있는 도구들에 대한 기억을 떠올리는 데 도움이 되는 것일 수도 있다. 이러한 속도 조절(및 문제 해결) 기술들은, 행동활성화의 시작과 회복 기간 동안 계속해서 여러분을 도울 것이라는 점을 기억하기를 바란다.

제 7 장

♦

활성화의 장벽을 극복하기 위한 문제 해결 전략의 적용

♦

행동활성화는 PTSD를 극복하기 위한 회피 패턴(TRAP)을 파악하고, 다시 의미 있는 삶을 살 수 있도록 대체 가능한 대처 전략(TRAC)을 개발하는 데 중점을 두고 있다. 그러나 때로는 PTSD 회피와 직접적인 관련이 없는, 활성화를 가로막는 현실적인 장벽이 있다. 운전을 비유로 들자면 교통 체증이나 도로 공사와 같은 통제 불가능한 요소로 인해 가고자 하는 경로가 있음에도 앞으로 나아가는 것을 방해하는 경우라 할 수 있다.

예를 들어, 꾸준히 수영을 해서 체력을 높이려는 목표가 있더라도 수영장으로 이동하는 교통수단이 없다면 활동 목표 달성에 장벽이 될 수 있다. 물리적 제약, 시간 제약, 제한된 재정 상태, 원하는 활동을 할 수 있는 주변 시설의 제한, 교통 문제, 지리적 어려움(예: 겨울철 환경) 등은 모두 현실적인 장벽이다. 이 장에서는 문제 해결의 주요 원칙과 그 원칙들을 활용해서 활성화 목표 달성에의 현실적인 장벽을 극복하는 방법의 예들을 다룰 것이다.

칼이 신앙과 관련한 활동 목표를 달성하는 과정에서 겪었던 몇 가지 어려움에 대해 읽어 보자.

칼은 가톨릭 신자로 자랐지만 청년기에 교회를 떠났고, 더 이상 특정한 신앙이 영적 삶을 대변한다고 느끼지 않았다. 그는 지역 성공회 교회에서 몇 차례 예배에 참석하고 그 교회가 '잘 맞을 것 같다.'라고 생각했지만, 약혼녀는 특별히 종교적인 사람이 아니었고 교회에도 그다지 관심이 없었던 데다가 근무 일정 때문에 일요일은 그들이 오롯이 함께 보낼 수 있는 몇 안 되는 날 중 하루였다. 칼에게 있어서 관계와 신앙은 모두 중요한 가치였지만, 약혼녀와의 시간을 희생하지 않고 예배에 참석하기란 시간상 어려웠다. 선택의 기로에 선 칼은 좌절과 우울감에 빠졌다. 그는 PTSD로 인해 야기되었던 삶의 틀에서 벗어나려고 많은 노력을 해 왔지만, 장애물을 마주하자 낙담할 수밖에 없었다.

칼이 당면한 유형의 문제들을 이해할 수 있겠는가? 시간 제약 때문에, 가치 있는 활동을 계속하지 못하거나 활성화 목표 면에서 진전을 이루지 못한 경험이 있는가? 이러한 종류의 방해물로 인해 추진력을 잃거나 희망을 잃어버린 적이 있는가?

1. 현실적인 장벽 예상하기

우리는 변화를 위한 계획이나 전략을 수립할 때, 원하는 성과를 상상하고 변화를 통해 얻을 수 있는 긍정적인 결과를 시각화하며 시작한다. 이는 마치 국토 횡단 여행을 계획할 때 탁 트인 고속도로를 질주하고, 햇살이 내리쬐고, 아름다운 풍경을 상상하는 것과 같다. 결과를 상상하는 것은 종종 강력한 동기부여가 되며 행동 단계가 발전하기 위한 행동활성화 전략으로 유용하다. 하지만 목표를 향한 행동 단계에서 현실적인 장벽에 부딪히면(예: 자동차 고장, 교통 체증, 우천 시 도로 상황 등) 좌절하고 낙담하기 쉽다.

따라서 현실적인 장벽을 위한 문제 해결의 첫 단계는, 여행하는 도중 이러한 문제가 언제 어디서든 발생할 수 있다는 가능성을 인지하는 것으로부터 시작한다. 마주칠 수 있는 몇 가지 문제를 예상함으로써 앞으로의 장애물에 (실질적으로나, 감정적으로) 대비하는 것이 도움이 될 수 있다.

현재의 그리고 가장 중요한 행동활성화 목표와 계획된 행동 단계에 대해 잠시 생각해 보자. 새로운 행동 목표를 향해 준비하고 조치할 때 어떤 유형의 현실적인 장벽이 나타날 수 있을까? 여러분이 시작하는 데 도움이 될 만한 예들이 다음에 제시되어 있다.

- 가치 및/혹은 목표: 건강 향상
- 실천 단계: 헬스장에 가입하여 운동 루틴 시작하기
- 잠재적인 현실적 장벽
  1. 비용(너무 비싼가?)
  2. 이동 거리—너무 멀어서 불편한가?
  3. 운동하러 가고 싶은 시간대에 헬스장이 운영을 하지 않는가?
  4. 인파/대기 시간—기구를 사용하는 사람이 너무 많은가?
  5. 적절한 운동복이 없는가?

활동 7-1 나의 행동활성화를 방해하는 실제적인 장벽 파악하기

이제 여러분의 차례이다. ① 가치 및/또는 목표, ② 행동 단계 그리고 ③ 이러한 단계를 수행하는 데 있어 실질적인 장애물을 생각해 보자.

1. 가치 및/또는 목표: ______

- 행동 단계: ______
- 실질적인 장애물

1) ______

2) ______

3) ______

4) ______

5) ______

2. 가치 및/또는 목표: ______

- 행동 단계: ______
- 실질적인 장애물

1) ______

2) ______

3) ______

4) ______

5) ______

3. 가치 및/또는 목표: ______________________________

- 행동 단계: ______________________________
- 실질적인 장애물

1) ______________________________

2) ______________________________

3) ______________________________

4) ______________________________

5) ______________________________

4. 가치 및/또는 목표: ______________________________

- 행동 단계: ______________________________
- 실질적인 장애물

1) ______________________________

2) ______________________________

3) ______________________________

4) ______________________________

5) ______________________________

5. 가치 및/또는 목표: ______________________________

- 행동 단계: ______________________________
- 실질적인 장애물

1) ______________________________

2) ______________________________

3) ______________________________

4) ______________________________

5) ______________________________

2. 브레인스토밍

효과적인 문제 해결을 위한 중요한 첫 번째 단계는 해결책에 대해 브레인스토밍을 하는 것이다. 브레인스토밍은 장애물을 극복하거나 우회하면서도, 목표를 달성할 수 있는 여러 가지 아이디어를 검열 없이 펼쳐 보는 것을 의미한다. 예를 들어 국토 횡단 여행에 대한 아이디어로 돌아가 보자. 여러분의 첫 번째 계획은 자동차를 운전하여 여행하는 것이다. 하지만 차가 고장 나면 어떻게 할 것인가? 여러분은 고칠 수 있는 모든 방법을 브레인스토밍해 볼 수 있다. 이를테면, 직접 고치거나, 정비소에 가져가거나, 자동차를 잘 아는 친구에게 부탁하거나, 다른 차를 구할 수도 있다(렌트하거나, 친구의 차를 빌리거나, 훔치거나–아직 아무것도 검열하지 않는다!). 국토 종주의 목표를 달성하기 위한 다른 방법도 브레인스토밍할 수 있다. 버스를 타거나, 기차를 타거나, 비행기를 타거나, 심지어 걸어서 갈 수도 있고, 모든 가능성을 열어 두자면 (가장 빠른 방법은 아닐지라도!) 배를 탈 수도 있는 것이다. 이러한 선택지 중 일부 혹은 전부를 모두 선택하고 싶지 않을 수도 있지만, 적어도 장애물을 극복하고 목표에 도달할 수 있는 다양한 방법이 있다는 점만큼은 인지할 수 있다. 각각의 방법에 따라 각기 다른 어려움을 가지고 있을 수 있다. 하지만 다양한 옵션의 가능성이 있다는 사실을 알고 있는 것만으로도 다른 접근 방법에 대해서도 열린 자세를 유지하고, 좌절이나 불안을 동반하는 TRAP에 빠지지 않는 데 도움이 된다. 즉, 브레인스토밍을 할 때는 항상 '틀 밖에서' 생각하려고 노력하면서 창의력을 발휘하는 것이 중요하다.

활동 7-2 브레인스토밍 연습

이 연습은 문제 해결을 연습하는 재미있는 방법을 의미한다. 차도에 주차된 자동차를 이동하려고 하는데 시동이 걸리지 않는다고 상상해 보자. 이 목표를 달성할 수 있는 대안적 방법들을 모두 목록으로 만들어 보자. 비현실적인 방법(예: 진입로에서 차를 들어 올리기 위해 헬리콥터를 사용하는 것)이라고 걱정하지 말고, 최대한 빨리 그리고 할 수 있는 모든 아이디어를 모두 떠올려 보자.

• 다음과 같은 방법으로 시동을 켜지 않고 자동차를 움직일 수 있다(1~10).

1. ______________________________
2. ______________________________
3. ______________________________
4. ______________________________
5. ______________________________
6. ______________________________
7. ______________________________
8. ______________________________
9. ______________________________
10. ______________________________

브레인스토밍의 다음 단계는 사실 가능하지 않은 옵션들은 지우고, 어느 정도 실현 가능성이 있는 옵션에 동그라미를 치는 것이다. 그런 다음 성공 가능성이 가장 높은 것부터 시작한다. 만약 그것이 성공하지 못하면 다음 방법을 시도하면 된다. 시도해 볼 수 있는 옵션이 많이 있으니, 유연하고 열린 마음을 갖도록 하자.

3. 사전 계획을 통해 문제에 대비하기

만약 국토 횡단 여행을 계획한다고 가정할 때, 발생할 수 있는 잠재적 어려움들의 목록을 나열해 보면, 각 유형의 문제에 어떻게 대처할 수 있을지 생각해 볼 수 있다. 가령 교통 체증이 발생하면, 대체 경로가 있는지 알아 두고 싶을 수 있고 여행을 계획할 때 지연 가능성에 대해 염두에 둘 수도 있다. 좋아하는 음악이나 오디오북을 가져가서 일정이 지연될 때 들을 수도 있다. 연착으로 인해 식사 시간이 지체될 경우 교통 체증이 해소되기를 기다리는 동안 목이 마르거나 배가 고프지 않도록 음료와 간식을 쿨러에 넣어 챙길 수도 있다. 다음은 칼의 영성과 관련된 목표에 도달하는 과정에서 예상되는 현실적 장벽들의 목록들과 이러한 문제를 해결할 수 있는 몇 가지 가능한 방법들의 목록을 제시하였다.

• 가치 및/또는 목표

영성: 내 신앙을 삶에 다시 접목할 방법을 찾고 싶다……. 가치관을 공유하는 공동체를 찾고 싶다.

• 실천 단계

예배 시간/날짜 찾기: 내 안의 영성을 일깨우고자 하는 욕구와 이를 내 삶에서 구현할 수 있는 방법에 대해 약혼녀와 이야기할 것이다. 교회에 예배 드리러 가는 것 외에, 나의 신앙을 구현하고 같은 생각을 가진 커뮤니티와 관계를 유지할 수 있는 또 다른 방법을 찾아볼 것이다.

• 잠재적인 현실적 장벽

(1) 아마 예배에 갈 수 있는 유일한 시간은 평소라면 약혼자와 시간을 보낼 수 있는 시간일 것이다.

(2) 꾸준히 예배에 가려고 노력한다고 해도, 실제로 교회 모임이 편하지 않을 수 있다.
(3) 이 도전에 관해 이야기하면 약혼녀의 기분이 상할 것이고 내가 약혼녀를 최우선시하지 않는 것처럼 느끼게 할 것 같다.
(4) 일주일 동안 일하느라 너무 피곤하고 지쳐서 일요일에 교회에 가고 싶다는 생각이 들지 않을 수 있다.
(5) 예배에 참석하더라도 많은 인파와 모르는 사람들 때문에 마음이 동요할지도 모르겠다.

• 이러한 잠재적 장벽에 대비하기 위해 내가 할 수 있는 일들

(1) 교회 웹사이트에 접속하여 예배 시간과 커뮤니티에 참여할 수 있는 다른 방법(예: 기도 모임, 자원봉사, 교회 예배 외 다른 교인들과의 만남)을 알아본다.
(2) 시간이 지나면서 이 교회가 나에게 적합하지 않다고 느껴지면 다른 교회 예배를 찾아볼 수 있다. 궁극적으로 더 잘 맞는 다른 교회와 커뮤니티가 있을 수도 있다. 이 교회가 적합하지 않다면 방문할 수 있는 다른 교회 목록을 만들어 두겠다.
(3) 약혼녀에게 나의 걱정과 두려움에 관해 이야기할 수 있다. 약혼녀는 내가 삶의 변화를 시도하는 것에 대해 매우 지지적이다. 아마도 이것이 나의 회복을 위한 계획에 필요하다고 설명하면, 그녀는 상처받지 않을 수도 있고 나를 지지할 수도 있다. 또한 함께 시간을 보내는 데 방해가 되지 않을 수 있는 다른 방법을 찾아 보고 있음을 알려 줄 수도 있다.
(4) 일요일(또는 다른 요일)에 신앙생활과 교회 참여를 우선으로 하고 싶다면, 전날 일정을 조정하여 다른 일을 줄이고 쉬면서 에너지를 충전하고 예배에 집중할 수 있는 기회를 스스로에게 제공할 수 있다.
(5) 교회 뒤쪽에 앉아서 예배를 시작할 수도 있다. 참석자가 더 적은 다른 시간대의 예배(이른 예배 또는 늦은 예배)를 알아볼 수도 있다. 부담스러우면 언제든지 일어나서 '휴식'을 취할 수도 있다.

활동 7-3 잠재적 장벽에 대비하기

이제 앞의 세 가지 중 하나의 행동활성화 목표에 대한 실질적인 장벽을 해결하고 극복할 수 있는 방법들을 브레인스토밍해 보도록 하자(이것 외에 다른 목표에 대해서도 이 과정을 거치기 바란다). 다시 한번 강조하지만 너무 깊이 생각하지 말고 떠오르는 것을 써 내려가며 가능한 방법을 최대한 많이 생각해야 한다. 문제 해결 전략을 만들 때는 틀 밖에서 생각해야 한다는 것을 유념하라. 그런 다음, 눈앞의 현실적인 장벽을 해결하기 위한 전략을 적용할 경우 발생할 수 있는 PTSD 관련 촉발 반응이나 회피 패턴(TRAP)이 있는지 주목하자. 예를 들어, 이동과 관련된 장벽(예: 헬스장에 가기 위해 버스를 타기) 문제를 다룰 때 긴장한다는 것을 알게 되면, PTSD 관련 회피 증상이 나타날 가능성에 대해서도 고려해야 한다(예: "군 복무 이후 사람이 많은 곳에 있으면 안전하지 않다고 느낀다." 또는 "이전 차 사고 때문에, 차를 내가 통제할 수 없는 상황에서 공황상태에 빠지게 된다.").

1. 실천 단계에 대한 잠재적인 장벽에 대비하기 위해 내가 할 수 있는 일

1) ______________________

2) ______________________

3) ______________________

4) ______________________

5) ______________________

2. 발생할 수 있는 PTSD의 TRAPs

1) ______________________

2) ______________________

3) ______________________

4) ______________________

5) ______________________

4. 문제 해결에 있어서 호기심과 유연성 유지하기

해결책을 찾을 때, "이것을 실행할 수 있는 다른 방법을 찾을 수 있는지 살펴보자!"와 같은 정비사의 마인드를 적용하는 연습을 하는 것과 해결책을 마련하기 위해 노력하는 과정에서 유연성을 유지하는 것이 모두 중요하다고 말하고 싶다. 예를 들어, 여러분이 국토 횡단 여행을 계획하고 있다면 모든 종류의 잠재적인 장애물을 미리 예상할 것이다. 하지만 예상하지 못한 장애물을 만나게 될 수도 있고, 예상했던 장애물을 만나더라도 계획한 해결책이 무용지물이거나, 해 보기는 하지만 빨리 가기 위한 최선의 방법이 아니라는 것을 깨달을 수도 있다. 따라서 장애물을 극복하기 위해 무엇이 효과가 있고 없는지 평가할 때 '호기심의 사고방식'(또는 정비사의 사고방식)을 갖는 연습이 필요하다.

현실적인 장벽에 대한 문제 해결을 위해 칼이 처음으로 경험한 이야기를 읽어 보면, '교훈을 얻는' 태도와 새로운 문제 해결 방식을 개발하는 데 있어 개방적이고 창의적인 프로세스를 길러 나가는 방식이 돋보인다.

칼은 웨이트 리프트를 통해 신체 컨디션을 회복하려는 목표를 가지고 있다. 그는 PTSD와 관련된 몇 가지 TRAP(예: 체육관의 혼잡한 시간 때문에 '경계'가 있는 느낌)에 마주했고, 이에 대처하는 대안적인 방법(예: '쉬는 시간'에 체육관에 가고, 역도를 하는 동안 마음챙김을 연습하고, 평온함을 느끼기 위해 자신이 만든 편안한 음악 목록을 듣는 것)을 찾아냈다. 하지만 왼쪽 어깨가 어깨 운동에 사용하는 바벨의 무게를 견디지 못했고, 허리 부상으로 인해 파병 전에 늘 해 오던 상체 근력 운동을 더 이상 할 수 없다는 점을 깨달았다.

칼은 어깨와 허리에 가해지는 충격을 더 잘 조절할 수 있도록 웨이트 대신 저항 밴드를 사용하는 문제 해결 계획을 수립했다. 이 방법은 기존에 사용하던 프리 웨이트보다는 효과가 좋았지만, 만족감이 떨어지고 근력 목표를 달성하는 데 한계가 있다고 느꼈다. 그래서 칼은 더 넓은 범위의 가능한 대안을 개발하기 시작했고, 각각의 가능한 솔루션을 고려하는 데 너무 많은 시간을 소비하지 않고 다음 목록을 만들었다.

① 물리 치료사에게 가서 어깨와 허리 통증을 해결하고 개선하기 위한 운동 요청하기
② 상체를 단련하기 위해 시도해 볼 수 있는 다른 웨이트 리프트 운동 알아보기 위해 개인 트레이너와 약속 잡기

⑬ 어깨와 허리 근력을 키우기 위해 수영 시작하기
⑭ '파워 요가' 수업 참여하기
⑮ 조정운동기구 사용하기
⑯ 체중 저항 훈련을 알아보고 시도해 보기
⑰ 통증과 불편함을 관리하는 데 도움이 되는 보충제나 중독성이 없는 진통제에 대해 주치의와 상담하기(물리 치료사가 운동을 승인했다는 가정하에)

비록 칼은 처음 시도한 웨이트 트레이닝으로 인해 좌절했지만, 어깨와 허리 부상을 극복하면서 목표를 달성할 수 있는 다른 방법을 찾기 위한 호기심을 유지하고자 열심히 노력했다. 그는 낙담할 때마다 군대에서의 구호인 '적응하고 극복해라!'를 되뇌었다.

5. 해결책 개발을 도와줄 사회적 지지망 활용하기

제9장에서는 실천 단계로 나아가서 행동활성화 목표를 달성하고 유지하는 것을 도와줄 사회적 지지원(예: 가족, 친구, 동료)을 활용하는 것의 이점에 대해서 좀 더 이야기해 볼 것이다. 하지만 여러분 주변의 사람들이 여러분이 맞닥뜨릴 실질적인 장벽들을 둘러싼 문제를 해결하도록 도울 수 있게 하라고 권유하고도 싶다. 예를 들어, 교통과 관련된 장벽이 발생하면 '가야 할 곳에 갈 수 있도록 도움을 줄 수 있는 사람이 있는가?' '그들은 나를 이따금 도와주는 사람들인가, 아니면 정기적으로 의지할 수 있는 사람들인가?'라고 자문해 볼 수 있다. 가까운 사람들은 현실적 장벽을 극복하도록 직접적인 도움을 줄 수도 있고, 혹은 당신이 맞닥뜨린 구체적인 문제를 어떻게 해결할 수 있는지에 대한 아이디어를 내는 데 도움을 줄 수도 있다. 가족이나 친구에게 전화를 걸어 해결책을 고안하는 것을 도와 달라는 요청을 한다고 상상해 보자. 이러한 유형의 지지는 시간이 지나면서 지지체계를 구축하고, 현실적 장벽을 극복하기 위한 해결 방법을 찾는 데 있어 개방성과 창의성을 유지하는 데 매우 도움이 된다.

다음은 애니가 실천 단계에서 맞닥뜨릴 현실적 장벽들을 극복하는 데 도움을 얻기 위해 사회적 지지망을 어떻게 활용했는지 보여 주는 사례이다.

애니는 직장과 가정 모두의 삶의 질을 개선하기 위한 실천 단계를 밟고 있었다. 그녀는 자신이 과로하는 경향이 있고(애니는 이것을 TRAP으로 파악하고 있다), 업무 외 시간은 두 딸을 돌보는 일로 채운다는 것을 알고 있었다. 그녀는 최근 직장 동료나 언니와 함께하는 시간을 늘리기 위한 단계를 밟아 갔고, 친한 친구에게 육아를 부탁해서 외출하는 동안에도 자녀들이 안전하게 돌봄을 받는다고 느낄 수 있었다. 하지만 그녀는 온전히 자신만을 위한 시간을 찾는 데에 어려움이 있었다. 직장에서의 요구, 자녀에 대한 책임감, 새로운 우정을 쌓는 일 등을 모두 충족시키려다 보니 하루 중 '자기 관리'에 할애할 시간이 부족해 보였다. 그녀는 도움과 조언을 구할 수 있는 사람들의 목록을 만들기로 결심했다. 직장의 직속 상사 역시 일과 관련된 중요한 책임을 지고 있으면서 동시에 남편 없이 홀로 아이를 돌보고 있다는 점에서 자신의 어려움을 이해할 수 있다고 생각했다. 또한 친한 친구에게 브레인스토밍으로 다양한 해결책을 찾는 것을 도와 달라고 요청할 수 있다는 점도 알고 있었다.

애니는 개인적인 시간을 마련하는 것을 도와 달라는 부탁을 하려고 상사에게 다가갔을 때 기쁨을 감출 수 없었다. 그녀는 애니의 '일 중독' 성향을 알아보았고, 병원 업무에 대한 애니의 헌신을 신뢰하나, 훌륭한 한 명의 직원이 소진되지 않기를 바랐다. 애니와 상사는 함께 업무 목록을 작성하고 회사의 필요와 애니의 선호도를 고려하여 업무의 우선순위를 정했다. 그런 다음 애니가 대부분의 요일에 정시에 퇴근할 수 있도록 애니의 업무 중 일부를 다른 사회복지사 직원에게 위임하는 계획을 세웠다. 그 결과 애니는 방과 후 활동에서 아이들을 데리러 오기 전까지 90분 동안 운동이나 독서를 하거나 휴식할 수 있는 시간이 생겼다. 애니는 출퇴근 시간에 테이프로 책을 듣고, 아침 일찍 일어나 간단한 명상 시간을 갖고, 딸들과 함께 소파에 앉아 따로 책을 읽는 등 '나만의 시간'을 만드는 창의적인 방법을 찾아낸 가까운 친구와 이야기를 나누기도 했다. 애니는 이런 것들이 전혀 떠오르지 않았지만, 창의적이고 도움이 되는 친구가 있다는 사실에 감사를 느꼈다!

활동 7-4 나의 지지원

이제 잠시 시간을 내어 직접 도움을 요청할 수 있거나, 어려움에 대한 조언을 구하고 문제 해결을 도와줄 수 있는 사람들로 두 가지 목록을 작성하라.

1. 실질적인 도움을 요청할 수 있는 사람(예: 여행, 육아)

1) ______________________

2) ______________________

3) ______________________

4) ______________________

5) ______________________

2. 조언을 구하거나 가능한 해결책을 찾는 데 도움을 줄 수 있는 사람

1) ______________________

2) ______________________

3) ______________________

4) ______________________

5) ______________________

신뢰에 대한 코멘트: 혹시 여러분이 다른 사람에게 도움을 요청하는 것을 주저하고 있는지 스스로 알아차려 보자. PTSD를 겪고 나면 마음을 열고 다른 사람을 신뢰하는 것이 어렵다. 아마도 혼자서 해결해야 한다고 생각하고, 도움을 받고 싶다는 의사를 알리기 어려울 수도 있다. 다른 사람들을 신뢰하고 의지하기 위한 연습에는 PTSD와 관련해 TRAP에 몰두하게 할 수도 있다. 우리는 제9장에서 이 주제에 대해 더 많이 논의하겠지만, 지금은 제5장에서 배운 TRAC 전략을 적용하여 조언과 도움을 요청할 수 있는 대안을 시도하고 개발하기를 권장한다.

6. 행복을 높이기 위한 대안적인 목표와 실천 단계 찾기

앞서 행동활성화 목표를 달성할 수 있는 여러 가지 방법에 대해 언급했다. 미리 계획을 세우고 실제적인 장벽을 파악하고 극복하기 위한 다양한 방법을 브레인스토밍하고, 다른 사람들의 지원과 조언을 구하고, 도전으로부터 배우고 그에 따라 조정할 수 있도록 '호기심의 사고방식'의 관점을 갖는 등 앞서 설명한 기술을 사용할 것을 권장한다. 또한 그 과정에서 목표를 필요로 하거나 원할 때 바꿀 수도 있다는 가능성을 열어 두는 것도 좋다. 행동활성화 목표를 재설정하거나 조정할 때는 처음 목표를 세우게 된 본래의 가치를 아는 것이 매우 유용하다. 그리고 특정 목표가 처음에 왜 다가왔는지 분석하는 것도 도움이 될 수 있다.

칼의 문제 해결 전략 중 일부는 이러한 접근법을 보여 준다. 비록 처음부터 칼은 역도를 다시 시작하려고 했지만, 부상이 현실적인 장애물이었다. 그는 역도를 다시 시작할 수 있는 다양한 방법(예: 트레이너에게 조언을 구하는 것)을 브레인스토밍하는 한편, 체력 향상을 위한 다른 경로(예: 수영)도 모색했다. 이 두 가지 대안은 그가 체력과 건강이라는 가치로 나아가기 위해 한 행동이다. 또한 칼은 체력과 건강이라는 가치 뒤에 숨어 있는 '이유'를 알아보는 것이, 이 가치를 반영하는 다른 잠재적 목표를 개발하는 데 도움이 된다는 것을 알게 되었다. 건강과 피트니스 루틴에 대한 자신의 가치관에 따라, 웨이트 트레이닝 목표를 다시 평가한 칼의 경험을 읽어 보자.

칼은 역도를 다시 시작할 때, 계속해서 심각한 통증을 느껴, 물리치료사를 찾아가 부상에 도움이 되는 몇 가지 중요한 새로운 운동을 배웠지만 추가 부상 위험 때문에 안전하게 웨이트 리프트를 하기는 불가능할 수 있을 것 같다는 말을 들었다. 그는 수영과 요가를 포함하여 건강을 유지하는 다른 방법을 찾기 위해 노력했다. 이러한 운동은 확실히 그의 건강에 도움이 되었다. 하지만 두 가지 활동 모두 만족감을 주지 못한다는 것을 알게 되었다. 그래서 그는 자신이 웨이트 리프트의 어떤 면을 그토록 좋아하는지 분석해 보기로 결정했다.

첫째, 그는 들 수 있는 무게를 늘려 가며 도전하는 것을 좋아했다. 수영이나 요가에는 이런 종류의 '자기 테스트' 측면이 없었다. 둘째, 그는 웨이트 룸에서 다른 사람들과 나누는 농담도 즐겼고 웨이트 리프트를 통해 좋은 친구들을 많이 사귀었다. 이것은 수영이나 요가가 제공하지 못하는 사교적인 활동이었다. 마지막으로, 역도는 자신과 사랑하는 사람들을 보호하는 능력 면에서 자신감을 얻는 데 도움이 되었다. 어깨와 허리 부상으로 인해 그는 자신을 방어하는 능력 면에서 이전보다 자신감이 떨어져 있었다.

칼은 웨이트 리프트와 공통된 요소를 공유하는 다른 유형의 활동을 생각해 보았다. 군대에 가기 전에는 칼은 주변에 총이 없었고 사격이나 사냥을 해 본 적도 없었다. 그러나 그는 훈련 과정에서 이러한 부분을 즐기게 되었다. 칼의 트라우마 중 일부는 부상과 죽음을 목격하는 것과 관련이 있었기 때문에, 칼은 자신이 사냥을 즐기지 못할 것을 알고 있었다. 하지만 그는 표적 사격이 자신의 능력을 시험할 수 있는 또 다른 유형의 활동이 될 수 있지 않을까 궁금했다. 칼은 이 지역에 군인 친구가 몇 명 있었기 때문에 사격장에서 함께할 다른 친구들을 찾을 수 있을 것이라고 생각했다. 칼은 이것이 자신에게 사회적 관계망을 개선하려는 목표를 향한 실천 단계이자, 자기 도전이라는 가치를 실천할 수 있는 '일석이조'의 방법이 될 수 있을 것으로 생각했다. 마지막으로, 칼은 총기 숙련도를 유지하기 위해 노력하는 것이 필요할 때 자신을 방어할 수 있는 준비가 되었다고 느끼게 할 뿐 아니라 안전하다고 느끼게 하는 또 다른 방법이라고 느꼈다.

활동 7-5 대안 목표와 실천 단계

앞서 작성한 목표들의 목록, 발생할 가능성이 있는 현실적 장벽, 그리고 문제 해결 전략들을 검토하라. 여러분이 목록에 적어 둔 현실적인 장벽을 극복하는 데 난관에 맞닥뜨리게 된다면, 여러분의 행동활성화 목표와 공통된 특징을 가진 다른 활동이 있는지 생각해 볼 필요가 있다. 삶의 만족도를 높이는 데 도움이 될 수 있는 다른 대안적 목표를 찾아보자.

1. 원래 목표

2. 목표가 가진 가장 매력적인 측면

3. 앞에서 나열한 측면을 가진 또 다른 목표 또는 활동

7. 요약

이 장에서 우리는 행동활성화 목표를 달성하기 위해 나아가는 것을 방해하는 현실적인 장벽과 관련된 문제 해결을 위한 아이디어를 소개했다. 현실적 장벽은 TRAP과 유사하지만 현실적 장벽은 PTSD와 관련되어 나타나는 회피 증상들과 무관하게 나타날 수도 있다. 현실적인 장벽을 예상하고 미리 계획을 세우면, 발생할 수 있는 어려움을 극복하기 위해 준비를 더 잘할 수 있다. 여러 가지 해결책을 브레인스토밍하고, 시행착오 과정에 대한 호기심을 유지하는 것이 중요함을 명심하기 바란다. 이러한 과정이 미래의 문제 해결에 도움이 될 것이다. 실질적인 도움을 얻고 브레인스토밍에 도움을 얻기 위해 사회적 지지원에 의지하면, 현실적인 장벽을 극복할 가능성이 높아질 것이다. 마지막으로, 형태는 달라도 원래의 행동활성화 목표와 중요한 특징을 공유하는 다른 유형의 목표와 활동을 찾기 위해 개방적인 태도를 유지하기 바란다. 다음 장에서는 회복을 위해 행동을 활성화해 가면서 동시에 현재의 경험에 주의를 기울이는 방법에 관해 이야기할 것이다. '마음챙김'으로 종종 언급되기도 하는, 경험에 대한 주의 집중 기술은 활성화 노력으로부터 최대한 많은 것을 얻어 갈 수 있도록 도움을 줄 것이다. 또한 그 과정에서 자신도 모르게 TRAP에 빠지게 되는 것을 피하는 데에도 도움이 될 것이다.

제 8 장

활성화를 극대화하기 위한 마음챙김 적용

우리는 모두 때때로 집중력을 잃는 잘못을 저지른다. 사실 우리가 살면서 효율적으로 기능할 수 있는 이유 중 한 가지는, 우리에게는 설거지, 빨래 개기, 걷는 것과 같은 간단한 작업을 하는 동안 일종의 자동 조종 장치를 따라가는 능력이 있다는 것이다. 만약 우리가 ("이제 접시를 물에 넣고, 접시 표면을 솔로 문지르고, 깨끗한 물로 접시를 헹궈야지."와 같이) 이러한 활동의 매 순간 집중력을 온전히 다 쏟아야 한다면, 일을 제대로 처리하기 어려울 것이다.

그러나 이렇듯이 (매 순간 집중하지 않고) 자동 조종 장치에 기대어 기능하는 데에는 상당한 대가가 수반될 수 있다. 당면한 순간에 집중하지 않으면, 전혀 다른 쪽에 정신을 빼앗기게 될 수도 있고, 특별한 경험을 '기억'할 수 있는 기회를 잃게 될 수도 있다. 이 장에서는 어떤 일을 경험하는 동안 그 경험에 주의를 기울이는 기술을 소개하려고 한다. 어떤 경험은 기대한 것 이상일 수도 있지만, 어떤 경험은 기대에 못 미칠 수도 있다. 순간에 집중하는 방법을 배우면, 회복을 향해 나아가는 여러분의 발전 과정을 좀 더 잘 평가할 수 있게 되어 열심히 노력한 만큼의 성과를 거두어들일 수 있게 될 것이다.

1. 경험에 주의 기울이기

장거리 횡단 여행을 떠나는데, 출발하는 순간 여행에 중요한 무언가를 놓고 온 것은 아닌지 걱정하기 시작하는 상황을 가정해 보겠다. 여러분은 꾸려져 있는 짐과 필수품 목록을 반복해서 확인해 보게 된다. 마침내 중요한 짐을 모두 챙겼다는 것을 확인하고 안심하게 되고, 첫 번째 여정을 위해 이전에 미리 녹음해서 준비해 둔 특별한 음악을 켜게 된다.

하지만 교통 체증으로 인해 그리고 계획한 목적지까지의 이동 시간을 잘못 계산했다는 생각에 불안해진다. 갑자기 전체 여정에 차질이 생길 수 있다는 생각에 걱정을 하기 시작한다. 계획대로 진행되지 않았던 다른 여행을 떠올리며, 그때 즐기지 못했던 이유를 모두 반추하기 시작한다. 운전하며 시간이 흐르자, 문득 여행을 위해 준비해 둔 음악과 경치에 주의를 기울이지 못했다는 것을 깨닫게 된다. 경험하려고 준비해 둔 바로 그 순간들을 놓치고야 만 것이다!

여러분에게도 이 상황이 친숙하게 느껴지는가? 그렇다면, 도전하기 위해 여기에 오신 여러분을 환영한다. 우리는 과거를 돌아보고 미래를 상상할 수 있는 놀라운 능력을 타고났다. 이러한 능력은 과거로부터 배우고, 미래를 미리 계획할 수 있게 해 주는 유용한 능력이다. 하지만 우리는 반추(과거의 동일한 사건을 반복적으로 생각하는 것)나, 걱정(인생에서 닥칠 모든 잠재적 상황을 불안하게 상상하는 것)의 패턴이 현재 순간의 집중을 방해한다는 점 역시 잘 알고 있다. 경험에 주의를 기울이지 않게 되면, 바로 우리가 마주하고 있는 것들로부터 배우고 혜택을 얻을 기회를 잃어버리게 된다.

게다가 연구들에 따르면 PTSD가 있는 사람들은 위협 신호를 감지하고 알아차리는 경향이 많고, 그러한 위협 신호로부터 회피하는 경향성도 더 크기 때문에, 집중력 문제를 겪기 쉽다(예: Iacoviello et al., 2014). 주의력과 집중력 문제는 살면서 그대로 '하게 되는' 활동 경험에 큰 영향을 줄 수 있다. 이러한 위협 신호에 대한 주의 혹은 위협 신호로부터 회피하는 주의 패턴으로 인해, 여러분은 가치에 기반한 활동의 장점을 충분히 경험하기 위해서는 일상의 모든 측면에 주의를 집중하는 추가적인 노력이 필요할 수 있다.

우리는 여러분에게 자신의 가치를 평가하고, 행동활성화 목표를 설정하며, 이를 향한 실천 단계를 밟아 가기 위해 많은 노력을 기울여야 한다고 말한 바 있다. 이 모든 과정을 다 마치고 난 뒤 그렇게 많은 시간과 노력을 투자하며 얻은 경험들로부터 얻을 수 있는 것들을 놓친다면 이 얼마나 안타까운 일인가. 그것은 여행을 위해 알아봤던 관광지를 모두 지나쳐 가면서도, 실제로 그것들을 직접 보기 위해 차에서 내리지 않는 것과 비슷하다!

경험에 대한 주의를 높이기 위한 첫 번째 단계는 과거의 사건(트라우마 기억 등), 미래의 걱정(예: 안전 위협에 대한 두려움이나 우려), 현재의 선택적 위협(예: 공포 신호) 등 현재에서 벗어나 다른 것들로 마음이 이동하는 경향성에 대한 자각을 늘리는 것이다. 여러분의 마음이 현재의 순간에서 벗어나려는 순간을 더 잘 감지하기 위해 다음의 연습을 완성해 보길 바란다.

활동 8-1 나의 방황하는 마음

비교적 조용하고 편안한 공간에 앉는다. 펜과 종이를 가까이 두고 5분 또는 10분 동안 타이머를 설정한다. 이런 흐름이 편안하다면 눈을 감는다. 이 시간 동안 어떠한 생각이든 따라가고, 다양한 생각의 내용과 그 생각에 대한 감정적 반응을 간단한 메모에 기록한다(작성하는 동안 타이머를 일시 정지할 수 있다). 생각을 '통제'하거나 특정한 주제로 방향을 바꾸려 하지 말라. 그저 생각의 순서를 관찰하고 따라가며 마음이 어떻게 흘러가는지 관찰하는 데 도움이 될 수 있게 간단한 메모를 작성하라.

연결된 생각	생각과 연결되어 있는 감정

무엇을 알아차렸는가? 생각에 어떤 패턴이 있는가? 그리고 그 생각들이 서로 간에 어떻게 연결되어 있는가? 어떤 특정한 생각에 부착 혹은 연결된 강렬한 감정을 찾았는가? 연습하는 동안 여러분의 생각이나 감정 어디에선가 PTSD가 '드러나지'는 않았는가? 회복을 향해 행동을 활성화하는 여러분의 노력이 이러한 생각의 방황으로 인해 치러야 하는 대가는 무엇인가?

자신의 경험과 노력에 주의를 기울이기 위한 칼의 첫 번째 노력에 대해 알아보자.

> 칼이 전쟁터에서 보낸 시간을 통해 얻은 가장 심오한 깨달음 중 하나는 바로 '작은 것'에 대한 감사와 관련되어 있다. 파병 기간 동안 그는 에어컨, 깨끗한 옷, 신선한 음식 등 고향에서 누린 일상의 안락함을 자신이 얼마나 당연하게 여겨 왔는지 깨달았다. 때때로 전투가 끔찍하게 격렬했었음에도, 그것은 오히려 간단한 문제처럼 보였다. 그는 그저 즉각적으로 주어진 일에만 집중하면 되었고, 교통, 청구서, 정원일 등 다른 일상적인 스트레스에 대해서는 걱정할 필요가 없었던 것이다. 그는 파병에서 돌아온 후에도 인생의 소박한 즐거움에 감사하는 마음을 유지하고 '사소한 일로 마음 쓰지' 않기로 다짐했다. 하지만 민간인으로 사는 삶에 적응하느라 겪는 스트레스로 인해 이러한 단순한 삶에 대한 마음가짐과 일상의 즐거움에 대한 감사를 유지하기 어렵다는 것을 금방 깨달았다.
>
> 이제 그는 행동활성화를 위해 노력하며 새로운 활동을 일상에서 해 나가면서, 자신이 주의가 종종 산만해진다는 것을 깨닫게 되었다. 공공장소에 있을 때는 (회복을 위한 실천 단계를 밟아 나갈 때) 그 일에 집중하지 못하면서, 여전히 주변 환경을 탐색하며 안전을 위협하는 요소가 없는지 살피고 있었다. 때로는 냄새나 소음으로 인해 파병 당시의 강렬한 기억이 떠오르기도 하였고, 이전 기억에 빠져 있기도 했다. 어떤 때는 여러 가지 시나리오를 실행하고, 머릿속으로 '행동 계획'을 세우며 공격에 대비하는 자신을 발견하곤 했다. 한 주 동안의 행동활성화 목표를 달성하긴 했음에도, 이런 목표를 달성했을 당시의 기분이 어땠는지 제대로 알아차리거나 기억하지 못했다. 대신 긴장이 고조되고 스트레스받는 느낌만 알아차릴 뿐이었다.

경험에 대한 주의는 여러분이 의도적으로 참여하는 활동에 초점을 두며 이와 관련된 경험에 집중하는 것을 의미한다. 이는 당신의 감각 경험(보고, 듣고, 만지고, 냄새 맡고, 맛보는 것)에 주의를 기울이는 것뿐 아니라, 경험에 반응하는 생각과 감정에 주의를 기울이는 것도 포함한다. 경험에 대한 주의는 (또한) 현재 경험에 집중하지 않는 순간을 알아차리고 서서히 다시 주의를 여러분의 경험으로 되돌려 오는 것을 포함한다.

파트너와 함께 저녁에 외식 약속을 잡았다고 가정해 보자. 여러분은 시간을 함께 보내기를 기대하면서 그동안 가 보고 싶었던 레스토랑을 한 군데 골랐다. 레스토랑에 도착했을 때 긴장감이 고조되는 것을 느낀다. 자리에 앉으면서, 홀 안을 훑어보고, 다른 손님들을 확인하며, 출구를 찾는 자신을 발견하게 된다. 파트너와의 저녁 식사하는 경험에 좀 더 몰입하려면 여러분의 주의의 초점을 어디로 옮기는 것이 좋을까? 방법은 다음과 같다. 지금, 이 순간 파트너의 모습을 알아차리고, 파트너가 하는 말에 주의를 기울이고, 방 안의 냄새를 알아차리며(맡기), 음식을 실제로 맛보고, 주변을 살피거나 과거의 기억이 떠올라 주의가 산만해지면 그 산만함을 알아차리고 서서히 파트너와의 식사에 주의를 돌리는 것이다.

다음은 칼이 경험에 집중하기 위해 노력한 방법들이다.

칼은 자신이 하고 있는 일에 더 세심한 주의를 기울이기 시작했다. 그는 새로운 활동을 시작하기 전에 잠시 멈추고 그 순간으로 다시 주의를 집중했다. 때때로 현재에 집중하며 위협을 찾기 위해 주변 환경을 스캔하지 않는 데는 많은 노력이 필요했다. 실제로 그는 자신의 경계 패턴으로 인해 금방 다시 주의가 산만해지는 것을 종종 깨달았으나, 자신의 마음이 다시 주변을 스캔하며 방황하는 것을 알아차릴 때마다 조심스럽게 그 순간으로 다시 주의를 기울이자고 속으로 되뇌었다. 가끔은 자신에게 좌절감을 느꼈지만, 이것은 새로운 기술이기 때문에 익숙해질 때까지 연습이 필요하다는 점을 스스로에게 상기시켰다.

활동 8-2 경험에 대한 나의 집중력 키우기

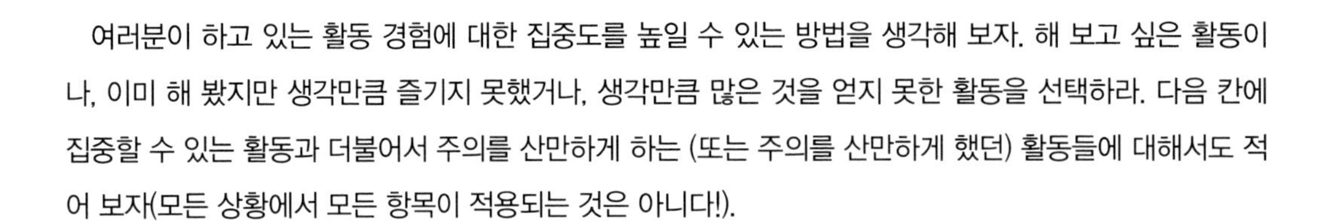

여러분이 하고 있는 활동 경험에 대한 집중도를 높일 수 있는 방법을 생각해 보자. 해 보고 싶은 활동이나, 이미 해 봤지만 생각만큼 즐기지 못했거나, 생각만큼 많은 것을 얻지 못한 활동을 선택하라. 다음 칸에 집중할 수 있는 활동과 더불어서 주의를 산만하게 하는 (또는 주의를 산만하게 했던) 활동들에 대해서도 적어 보자(모든 상황에서 모든 항목이 적용되는 것은 아니다!).

- 활동: ____________________
- 시선을 집중할 수 있는 것

____

- 들을 수 있는 것

____

- 냄새를 맡을 수 있는 것

____

- 촉감으로 느낄 수 있는 것

____

- 맛볼 수 있는 것

____

- 신체에서 주의를 기울일 수 있는 것

____

- 무엇이 내 주의를 끄는가(시각, 생각, 감정 등의 측면에서 생각해 보라)?

____

- 현재의 경험에 대해 집중하지 못한다면, 나는 어떤 것에 다시 주의를 집중할 수 있을까?

____

이것은 충분히 이해하기 쉬운 개념처럼 보일 수 있지만, 실제 이런 식으로 집중을 유지하는 것은 쉽지 않은 일이다. 특히 여러분이 하는 생각의 내용이 어떤 강력한 감정과 연관되어 있다는 것을 알게 될 수 있다. 특히 여러분을 둘러싼 환경 속 어떤 것에 의해 트라우마가 촉발되어 이와 관련된 생각과 감정을 다시 떠올리게 되는 경우 더욱 그러하다. 게다가 일단 PTSD가 촉발되면 두려움, 분노, 슬픔과 같은 강력한 감정을 분리하기 어려울 수 있다. 강한 감정은 더 많은 생각으로 이어지고, 이는 다시금 더 많은 감정으로 연결될 수 있다.

운전 중 빙판 도로에서 브레이크를 밟게 되는 것과 마찬가지로, 이러한 곤란한 감정들을 멈추게 하려는 본능은 강력하다. 하지만 빙판 위를 미끄러지면서 급제동을 밟으면 자동차를 제어하지 못하고, 오히려 피하려고 하는 사고의 원인이 될 수 있는 것과 마찬가지로 강력한 감정을 억누르려고 하면 통제 불능 상태가 되어 생각과 감정에 대한 통제력을 잃을 수 있다. 이러한 생각이나 감정을 과도하게 통제하거나 피하려고 하는 대신에, 원하는 곳에 집중하면서(도로를 주시하면서) 이러한 강력한 감정의 순간을 '큰 힘을 쓰지 않고 지나가도록' 하는 연습을 하는 것이 좋다.

2. 마음챙김

경험에 주의를 기울이는 것은 마음챙김과 유사하다. 마음챙김은 '의도적으로, 현재 순간에 판단하지 않고 주의를 기울이는 것'이다(Kabat-Zinn, 1994: 4). 따라서 명상, 요가, 무술 등 마음챙김을 향상시키는 모든 수련은 현재의 경험에 주의를 기울이는 능력을 강화하는 데 도움이 될 수 있다.

중요한 것은 마음챙김이 PTSD가 촉발되어서, 도망가고 회피하고 싶은 강한 충동을 경험하는 순간(앞에서 설명한 대로)을 알아차리는 데 도움이 된다는 점이다. 마음챙김의 핵심은 비판단적 관점을 취하는 것이라는 점을 기억하라. 즉, 자신의 생각이나 감정에 대해 '좋다' 또는 '나쁘다'는 평가를 내려놓고, 대신 이러한 생각과 감정에 반응하는 모든 충동을 단지 알아차리는 것을 의미한다. 이것을 행하는 것 역시 말처럼 쉽지는 않지만, 마음챙김이 PTSD를 겪는 사람들의 회복을 위한 노력을 하는 데 매우 유용한 기술이 될 수 있는 몇 가지 이유가 있다.

첫째, 여러분의 생각과 감정의 경험에 대하여 비판단적인 자세를 취하는 것은 더 큰 그림에 집중하고 TRAP에 빠지지 않도록 돕는다. 예를 들어, 친한 친구들과 시간을 보내며 사회적 유대감을 높이고자 하는 실천 단계를 수행한다고 가정해 보자. 만약 친구 중 한 명이 의도치 않게 PTSD를 겪는 인물에 대한 영화를 이야기하면, 당신은 촉발되어서 그 상황에서 벗어나고 싶은 충동을 경험할 수 있다(아마도 떠나야 하는 이유에 대한 변명을 만들어 낼 수도 있다). 마음챙김의 태도와 호기심을 가지는 태도, 그리고 평가하지 않는 태도로 자신의 경험에 주의를 기울이면, 철수하고 싶은 충동을 알아차릴 수 있게 되고, 그로 인해 TRAC 대처 전략을 적용할지 말지 결정할 수 있는 어느 정도의 여지를 남겨 둘 수 있게 된다. '아, 흥미로운걸……. 나는 소중히 여기는 사람과 시간을 보내고 있었어. 그런데 사람들이 PTSD와 관련된 이야기를 하자, 내게 회피 증상이 나타나 갑자기 뇌에 탈출구를 찾으라고 자극하는군……. 내가 방금 그 주제에 대해 반응을 보였다는 사실을 알려 주는 것이, 그 자리에 계속 머물 수 있게 해서 그 사람과의 관계를 더 깊어지게 하는 데 도움이 될 수 있을지 궁금하네.'라고 스스로에게 말할 수도 있다.

둘째, 마음챙김에서는 지금 생각하거나 느끼고 있는 것이 무엇이든, 그것이 현재 또는 미래에 다시 나타날 것이라는 예상을 하지 않고 현재의 순간에 머물도록 한다. 이 관점이 중요한 이유는 단순히 생각과 감정을 관찰하기만 해도, 생각과 감정들이 매우 빠르게 변하는 것을 관찰하게 되기 때문이다. 반면, '바퀴를 잡고' 감정들을 통제하려고 하면 그 감정들은 더 오래 머물러서 더 큰 영향을 미치는 경향이 있기 때문이다. 우리 자신을 그 순간에 머무르게 함으로써, PTSD로 인해 촉발된 어떤 반응도 그것을 피하고자 방향을 바꾸거나, 몇 시간씩 씨름할 필요 없이 스스로 왔다가 사라질 것이라는 것을 믿게 된다. 대신에 회복을 향한 여정에서 몇몇 어려운 순간(빙판길)을 큰 힘을 쓰지 않고 잘 헤쳐 나가게 되면, 과도한 조치를 취하지 않아도 통제력을 되찾을 수 있다는 것을 알게 될 것이다.

셋째, 외상에 노출된 사람들은 행복한 기억을 포함해서 외상과 관련되지 않는 기억까지 '덮어 버리는' 경향이 있어서, 긍정적인 삶에서의 경험과 관련된 구체적인 사항을 회상하는 데에 어려움을 겪기 때문이다(Ono, Devilly, & Shum, 2016). 마음챙김은 경험의 세부사항에 주의를 기울이도록 장려하기 때문에, 긍정적인 경험에 의도적으로 주의를 기울이면 이러한 순간을 더 잘 기억하고 나중에 긍정적인 경험의 세부사항을 회상하는 데 도움이 될 수 있다.

지금까지 우리는 왜 경험에 주의를 기울이는 것이 행동활성화를 위해 중요한지와, 판단하지 않는 마음챙김과, 생각과 감정을 관찰하여 얻을 수 있는 구체적인 이점에 대해 설명했다. 하지만 마음챙김은 연습이 필요한 기술이다. 다른 모든 것과 마찬가지로, 마음챙김을 더 많이 연습할수록 시간이 지남에 따라 더 쉬워지고 자동화될 것이다. 일상생활에서 마음을 주의 깊게 관찰하고 알아차리는 능력을 기르도록 도와주는 몇 가지 마음챙김 연습 방법을 제시하고자 한다.

나의 호흡에 주목하기. 호흡에 주의를 기울이는 것은 현재에 집중하는 좋은 방법이다. 예를 들어, 5분 동안 타이머를 설정하고 조용한 공간에 앉아 보자. 숨을 천천히 들이마시고 내쉬는 신체 감각에 주의를 기울이는 연습을 해 보자(배와 가슴의 오르내림 또는 코로 들어오고 나가는 공기의 감각에 주의 기울이기). 생각, 감정 또는 다른 산만한 생각으로 마음이 분산될 때, 그러한 생각, 감정들의 존재를 알아차리고(예를 들어, 비판단적이고, 호기심 어린 태도로, 오늘 아침 남편과 나눈 대화에 대한 생각이 방금 떠올랐어!) 다시 호흡에 집중할 수 있다.

마음챙김 걷기 연습하기. 10분 정도 걷는다(가급적 실외에서). 각 발을 들었다 놓을 때 느끼는 신체적 감각에 주의를 기울인다. 밖에서 걷는 경우, 공기 온도, 지나가는 자연 풍경이나 식물, 소리, 자동차, 집, 다른 사람, 동물 등 주변 환경의 다른 것에 주목해 본다. 걷는 동안 마음이 어디에 '착지(land)'하는지 알아차린다. 생각에 대해 아무것도 하려고 하지 말고 호기심을 갖고 어떤 유형의 생각이나 감정이 떠오르는지 관찰하자. 그 생각들이 얼마나 빨리 다른 주제로 바뀌는지(또는 다시 돌아오는지) 주목하자.

마음챙김 방식으로 식사하기. 자주 먹는 음식을 선택하고 먹으면서 냄새를 맡고, 맛을 보고, 씹고, 삼키는 경험에 주의를 기울이자. 음식을 먹는 동안 느껴지는 그 맛에 주목하자. 이 음식을 먹는 동안 떠오르는 기억이나 다른 연상에 관심을 기울이자.

좋아하는 음악 듣기. 좋아하는 노래나 음악을 골라 여러 악기나 목소리에 귀를 기울이며 주의 깊게 들어 보자. 가사와 생각이나 감정에 영향을 미치는 모든 방식을 느껴 보자. 음악을 듣는 동안 주변의 다른 환경과 소리에 주목하자.

따뜻한 물로 목욕이나 샤워하기. 피부에 닿는 물의 감각을 느껴 보자. 욕조나 샤워 부스에 몸이 닿는 느낌에 주의를 기울이자. 비누나 샴푸를 사용할 때 거품을 내면서 비누의 냄새와 질감을 기록해 보자. 어떤 생각이나 감정이 떠오르는지 관찰하고 피부에 닿는 물에 부드럽게 빠져 보자.

나만의 마음챙김 연습 개발하기. 마음챙김 연습을 살펴보면 몇 가지 유사점이 있다는 것을 알게 된다. 각 연습은 광범위한 계획, 조직 또는 유지하려는 노력이 필요 없는 간단한 활동이다. 또한 마음챙김은 현재 순간으로 돌아오기 위해서 마음을 다시 돌아오게 하기 위한 반복 혹은 초점 훈련을 포함하고 있다. 이런 마음챙김을 연습하는 데 활용할 수 있는, 어쩌면 이미 여러분이 하고 있는 것일 수도 있는 다른 활동들도 떠올려 보자.

여러분이 여기에 제안된 마음챙김 연습을 시도해 보거나, 혹은 자기 자신만의 것을 개발해서 시도해 보기를 바란다. 어떤 것이 여러분에게 좀 더 쉽게 여겨지는지 혹은 현재에 집중하고 판단하지 않는 관점을 찾는 데 도움이 되는지 관찰하자. 하루 중 각기 다른 시간대에 서로 다른 연습법을 시도해 보면서 어떤 것이 언제 가장 효과를 보이는지 알아볼 수도 있다.

3. 마음챙김을 일상에서 실천하기

어떤 사람들은 마음챙김을 기르기 위해 매일 몇 시간을 할애하기도 한다. 우리는 마음챙김 기술을 개발하기 위해 최대한 많은 연습을 해 보도록 격려하지만 일상에서 시간과 공간을 확보하는 것이 쉽지 않다는 것도 잘 알고 있다. 마음챙김을 실천하려면 긴 시간을 따로 떼어 내서 할애하는 것보다 매일매일 하는 의례적인 일처럼 적용해 보는 것이 더 중요하다고 생각한다. 따라서 아침과 저녁에 최소 5분씩 따로 할애하여, 그 순간 일어나는 내적 · 외적 경험을 관찰하는 방법을 배우고, 판단하지 않는 호기심 어린 태도로 생각과 감정을 관찰하는 법을 배우는 등 마음챙김 관점을 기르는 연습을 해 보기 바란다.

하루 동안의 일상적인 활동을 하거나 회복을 향한 실천 단계를 밟아 가는 동안에 마음챙김의 관점으로 돌아가도록 스스로에게 상기시키는 것 역시 도움이 될 수 있다. 이러한 관점으로 돌아가야 한다는 것을 기억하는 것은 어려울 수 있다. 하지만 우리와 함께 작업했던 몇몇 사람들에 따르면, 하루 내내 스마트폰에 알림을 예약해 놓으면 현재 시점으로 돌아오는 시간을 갖는 데 도움이 된다고 하였다. 또 다른 사람들은 특정한 일상의 활동이 마음챙김 연습을 위한 좋은 알림 역할을 할 수 있다는 것을 발견했다(예: 식사 때마다 마음챙김 식사 연습을 하거나, 매일 아침 샤워할 때 마음챙김 연습을 하는 것).

활동 8-3 마음챙김 워크시트

다음 워크시트에 하루 중 마음챙김 연습 시간을 계획하고 회복을 향해 활동하는 동안 기술들을 적용하는 데 도움을 받아 보자.

1. 마음챙김을 실천하기 위해 하루 동안 할 수 있는 일들(자신에게 효과가 있다고 생각되는 모든 항목에 동그라미를 치고, 나만의 마음챙김 의식을 만들어 보자.)

마음챙김으로 식사하기 마음챙김으로 걷기

마음챙김 샤워/목욕하기 전화 알림 설정하기

빨간 신호등이 켜져 있을 때 마음챙김 연습하기

TV/컴퓨터/라디오를 켜기 전에 3분 동안 마음챙김 연습하기

2. 나만의 일상적인 마음챙김 의식

1) ____________________

2) ____________________

3) ____________________

나는 매일 아침 최소 5분 동안 마음챙김을 하기 위해 ________(앞의 특정 활동)을/를 실천하겠다. 나는 이 수행을 오전 ________에 하기로 예약하겠다.

나는 매일 저녁 최소 5분 동안 마음챙김을 하기 위해 ________ 연습을 선택하겠다. 나는 이 연습을 오후 ________(으)로 하기로 예약하겠다.

PTSD 회복을 향한 행동활성화의 효과를 극대화하기 위한 도구로서 마음챙김을 사용한 애니의 사례를 잠시 읽어 보자.

애니는 매일 아침 조용히 앉아 호흡에 집중하는 것으로 하루를 시작했다. 그러자 그녀는 매일 자신이 하는 두려움이나 위협과 관련된 생각의 빈도에 대한 자각이 증가하게 되었다. 처음에는 이러한 관찰에 대해 어리둥절했다('세상에, 내 마음은 항상 도토리가 떨어지는 것을 보고 하늘이 항상 무너지고 있다고 생각하는 치킨리틀(미국 동화책 인물로 늘 과장되게 생각하며 걱정하는 캐릭터) 같아!']. 하지만 그녀는 가혹한 자기 판단을 그만두려고 노력하면서, 처음 몇 주 동안 어떠한 자기 연민(자기 자비)의 감정을 느끼기 시작했다('아. 내가 집중력으로 그토록 고생한 게 놀랍지도 않다. 내 마음은 끊임없이 적색경보를 발령하고 있구나!').

애니는 매일 아침과 저녁 각각 5분씩 조용히 앉아 호흡을 관찰하면서, 하루 중 이 '시간'을 진심으로 감사하게 여기게 되었다. 그녀는 어떤 일정이 없었음에도 불구하고, 단순히 '앞서가기 위해' 매일 아침 급하게 서두르고 있다는 사실을 발견했다. 그녀는 호흡하면서 느껴지는 감각으로 생각을 돌리려는 연습을 하면서, 이렇게 하는 것이 스트레스를 다소 낮춰 준다는 것을 알게 되었다. 이 방법은 하루 일과에 쫓겨 서두르기 전에, 속도를 늦출 수 있는 좋은 방법이었다. 마찬가지로 저녁에 마음챙김 수련을 하는 동안에는 하루를 차근히 되돌아보곤 했다. 하지만 호흡에 주의를 집중함으로써, 애니는 자신이 호흡을 늦추고 피곤함을 느끼며 잠이 드는 (종종 기분 좋은) 느낌으로 돌아갈 수 있다는 것을 알게 되었다.

애니는 새로운 활동으로 주의를 전환하기 전에 자신의 생각과 감정이 어디에 있는지 기록해 가면서, 잠시 동안 자신을 다시 되돌려 현재의 순간에 착지(grounding)하였다. 몇 주 동안 매일 이 연습을 한 후에, 친구나 딸과 시간을 보내는 것처럼 가치 있는 활동에 참여할 때 집중력을 유지하는 능력이 향상되었다는 것을 깨닫게 되었다. 또한 이러한 활동이 진행되는 동안 정말 '그 순간에 머물러 있었기' 때문에 그 활동을 더 즐길 수 있었다. 이렇게 하루 그리고 몇 주 동안 안 좋은 상황에서도 '긍정적인 부분'에 더 많은 관심을 기울인 것이 애니의 삶에 대한 전반적인 감각까지 바꾸어 놓았다. 애니는 자신의 많은 일이 잘 풀리고 있다는 사실에 감사했고, 비록 자주 PTSD를 촉발하는 반응이 일어나긴 했지만, 이러한 순간은 다른 행복과 사랑의 순간들 속에서 발생하는 일임을 깨닫게 되었다. PTSD가 완벽하게 사라지진 않았음에도 그녀는 PTSD가 그녀의 경험을 지배하지 않는 '중간 영역'의 순간들을 알아차릴 수 있게 되었고, 그녀의 남은 삶이 한 걸음 더 나아간다고 느껴졌다.

4. 요약

경험에 주의를 기울이면, 회복을 위한 행동활성화가 가져다주는 보상을 거두어들일 수 있다. 판단하지 않고 현재에 집중하는 마음챙김을 연습하면 일상의 긍정적인 경험에 대한 감사가 깊어지고, 어려운 감정을 과도하게 통제하거나 바꿀 필요 없이 일상의 어려운 순간을 더 잘 헤쳐 나갈 수 있다. 이러한 기술을 통해, 모든 생각과 감정이 일시적이고 끊임없이 변화한다는 것을 발견하고, PTSD 증상의 '바퀴를 잡고' 방향을 틀려고 노력하지 않으면 오히려 그 감정들이 더 빨리 지나가고 여러분의 삶을 덜 방해하리라는 것을 발견하게 될 것이다.

다음 장에서는 PTSD로부터 회복하기 위한 행동활성화에 다른 사람들을 참여시키는 주제로 돌아가겠다. 한 장 전체를 다른 사람을 회복에 참여시키는 주제에 할애하는 이유는, 자신의 목표를 달성하기 위해 다른 사람에게 도움을 청할 때 잠재적 이득을 얻을 수 있음을 확인했기 때문이다. 사회적 지지망을 사용할 때, 역시 자신의 마음과 그 마음이 여러분에게 알려 주는 모든 것을 관찰하고 주의를 기울이는 것을 잊지 말기를 바란다.

제 9 장

활성화를 촉진하기 위한 사회적 지지 활용

인간은 사회적 창조물이다. 고독한 수도승이나 은둔자들과 별개로, 대부분의 사람은 매일 다른 사람들과 관계를 맺으며 살아가고 좋은 관계를 맺을 때 삶이 더 의미 있다고 느낀다. PTSD가 있는 사람들에게 관계는 종종 복잡한 의미를 가지며 PTSD와 관련된 촉발된 반응을 유발하기도 한다. 이는 PTSD가 있는 사람들이 세상과 관계로부터 철수하려고 하는 원인이 된다. 이러한 패턴은 충분히 이해 가능한 것이기는 하나, PTSD의 회복에 있어서 가장 중요한 예측 인자로 밝혀진 사회적 지지 기반을 약화시키는 문제를 낳는다(Brewin, Andrews, & Valentine, 2000; Ozer, Best, Lipsey, & Weiss, 2003).

사회적 지지는 친구와 가족이 제공하는 정서적이고 실제적인 도움의 정도를 의미한다. 긍정적이고 도움이 되는 관계는 스트레스로부터 받게 되는 충격으로부터 우리를 보호하는 기능을 하며, 트라우마 사건을 경험한 이후에 회복해 가는 데에도 도움이 된다. 여기서 말하는 트라우마란, 아동 학대, 전쟁, 위험한 사고, 자연재해, 대인관계 및 성폭력을 포함한 모든 유형의 트라우마 노출을 포함한다(Charuvasta & Cloitre, 2008). 안타깝게도 PTSD는 시간이 지남에 따라 사회적 지지의 질을 손상시키는 것으로 나타나고 있는데, 이는 부분적으로는 고립, 회피, 사람에 대한 불신, 정서적 마비뿐만 아니라 과민함과 분노와 같은 PTSD 증상으로 인한 것이다(예: Benotsch et al., 2000; Ray & Vanstone, 2009). 이러한 이유 때문에 행동활성화를 통해 PTSD로부터 회복하는 방법을 찾기 위해 우리는 여러분이 삶에서 맺고 있는 관계에 집중하고, 사회적 지지망을 보호하고 지지망으로부터 도움을 받는 방법을 찾길 바란다. 만약 여러분에게 강한 사회적 지지망이 없다면, 지지망을 확보하는 것이 행동활성화를 위한 중요한 목표가 될 수 있다.

1. 당신의 지지원은 누구인가

여러분은 자신의 사회적 지지의 현 수준을 어떻게 평가하는가? 트라우마를 겪기 전의 지지 수준과 비교했을 때 달라진 점이 있는가? 만약 여러분이 사람들로부터 상당히 고립되고 단절되었다고 느꼈더라도, 당신은 혼자가 아니다. 먼저, 주변에 누가 있는지 살펴본 다음, 여러분의 사회적 지지 수준을 향상할 수 있는 방법에 대해 이야기해 보자.

활동 9-1 나의 현재 사회적 지지망

현재 주변에서 정서적 지지나 실질적인 도움(예: 집안일 돕기)을 제공할 수 있는 사람 혹은 필요한 경우에 도전적인 상황에서 여러분에게 도움을 줄 수 있고 의지할 수 있는 사람들의 목록을 작성해 보자. 먼저, 가장 자주 의지할 수 있는 사람 또는 중요한 방법으로 의지할 수 있는 사람들의 순위를 매기는 것부터 시작해 보자.

• 나에게 도움을 줄 수 있는 사람들

1. ______________________________
2. ______________________________
3. ______________________________
4. ______________________________
5. ______________________________
6. ______________________________
7. ______________________________
8. ______________________________
9. ______________________________
10. ______________________________

이제 여러 상황에 걸쳐 다양한 유형의 도움을 여러분에게 제공해 줄 수 있는 사람 5명을 잠시 생각해 보자. 다음 예시를 참조하라.

• 그 사람의 이름과 나와의 관계: 나의 가장 친한 친구 수잔(Susan)
• 정서적 지지를 제공하거나 제공해 줄 수 있는가? (하나를 체크) 예 아니요
  – '예'인 경우, 어떻게 정서적 지지를 제공하는가? '아니요'인 경우, 그 이유는 무엇인가?
    수잔은 내가 속상할 때 가장 먼저 찾는 사람이다. 그녀는 항상 시간내서 이야기를 들어주고 힘든 시기를 극복할 수 있도록 용기를 북돋아 준다.

- 내게 실질적인 도움을 주거나 줄 수 있는가? 예 아니요
  - '예'인 경우, 어떻게 도움을 줄 수 있는가? '아니요'인 경우, 그 이유는 무엇인가?

    수잔은 다른 지역에 살고 있기 때문에 사소한 일에 대해 도움을 요청하기는 어려울 것이다. 하지만 내가 '큰' 도움이 필요하다면 수잔은 곧바로 비행기를 탈 것이다.

- 그 사람의 이름과 나와의 관계: 마이크(Mike), 나의 동생
- 정서적 지지를 제공하거나 제공할 수 있는가? 예 아니요
  - '예'인 경우, 어떻게 정서적 지지를 줄 수 있는가? '아니요'인 경우, 그 이유는 무엇인가?

    마이크는 나를 사랑하지만 제가 정서적 지원을 받기 위해 가장 먼저 찾는 사람은 아니다. 그는 '다른 사람의 도움을 받지 않고 스스로 상황을 극복하려는' 사람이다.

- 실질적인 도움을 주거나 줄 수 있는가? 예 아니요
  - '예'인 경우, 어떻게 도움을 줄 수 있는가? '아니요'인 경우, 그 이유는 무엇인가?

    마이크는 내가 일할 때 아이들을 학교에서 데려다주거나 자동차 정비하는 것 등의 일을 항상 도와준다. 배관 문제와 같이 집에 문제가 생기면 언제든지 마이크가 와서 살펴봐 줄 준비가 되어 있다.

이제 여러분의 경우를 써 보자.

1. 그 사람의 이름과 나와의 관계: ______________________________

- 정서적 지지를 제공하거나 제공해 줄 수 있는가? 예 아니요
  - '예'인 경우, 어떻게 정서적 지지를 줄 수 있는가? '아니요'인 경우, 그 이유는 무엇인가?

    ____

  - 내게 실질적인 도움을 주거나 줄 수 있는가?

    ____

    ____

  - 그렇다면 어떻게 도움을 줄 수 있는가? 그렇지 않다면 그 이유는 무엇인가?

    ____

    ____

    ____

2. 그 사람의 이름과 나와의 관계: ______________________________

- 정서적 지지를 제공하거나 제공해 줄 수 있는가? 예 아니요
  - '예'인 경우, 어떻게 정서적 지지를 줄 수 있는가? '아니요'인 경우, 그 이유는 무엇인가?

  ____

  - 내게 실질적인 도움을 주거나 줄 수 있는가?

  ____

  ____

  - 그렇다면 어떻게 도움을 줄 수 있는가? 그렇지 않다면 그 이유는 무엇인가?

  ____

  ____

  ____

3. 그 사람의 이름과 나와의 관계: ______________________________

- 정서적 지지를 제공하거나 제공해 줄 수 있는가? 예 아니요
  - '예'인 경우, 어떻게 정서적 지지를 줄 수 있는가? '아니요'인 경우, 그 이유는 무엇인가?

  ____

  - 내게 실질적인 도움을 주거나 줄 수 있는가?

  ____

  ____

  - 그렇다면 어떻게 도움을 줄 수 있는가? 그렇지 않다면 그 이유는 무엇인가?

  ____

  ____

  ____

4. 그 사람의 이름과 나와의 관계: ____________________

• 정서적 지지를 제공하거나 제공해 줄 수 있는가? 예 아니요

– '예'인 경우, 어떻게 정서적 지지를 줄 수 있는가? '아니요'인 경우, 그 이유는 무엇인가?

____

– 내게 실질적인 도움을 주거나 줄 수 있는가?

____

____

– 그렇다면 어떻게 도움을 줄 수 있는가? 그렇지 않다면 그 이유는 무엇인가?

____

____

____

5. 그 사람의 이름과 나와의 관계: ____________________

• 정서적 지지를 제공하거나 제공해 줄 수 있는가? 예 아니요

– '예'인 경우, 어떻게 정서적 지지를 줄 수 있는가? '아니요'인 경우, 그 이유는 무엇인가?

____

– 내게 실질적인 도움을 주거나 줄 수 있는가?

____

____

– 그렇다면 어떻게 도움을 줄 수 있는가? 그렇지 않다면 그 이유는 무엇인가?

____

____

____

2. 도움을 요청하는 데 따르는 어려움

우리는 (PTSD를 겪든 겪지 않든) 많은 사람이 일상에서 누군가에게 도움을 요청하는 데 어려움을 겪는다는 사실을 발견했다. 개인주의적이고 자립적인 문화는 '스스로 해결하라'는 방식을 옹호하는 경향이 있다. 이런 경향은, 특히 남성적이거나 직업적인 규범 때문에 정신건강 문제에 대해서 나약함을 드러내거나 도움을 요청하지 말라고 배워 온 많은 남성, 군인, 응급 구조대원(예: 경찰 또는 소방관)들에게 더욱 해당된다(Addis & Mahalik, 2003; Haguen, McGrills, Smid, & Nijdam, 2017 참조). 실제로 일부 연구에 따르면 '강인함' 혹은 혼자 해결하려는 사고방식을 고수하는 남성들은, 보다 개방적인 태도로 도움을 요청하고 취약성을 드러내는 남성보다 일반적으로 더 심각한 PTSD를 경험하는 것으로 나타났다(Jakupcak, Blais, Grossbard, Garcia, & Okiishi, 2014). 또한 자기 스스로 해결할 수 있어야 한다고 생각하거나 어려움을 '겪어서는 안 된다.'라고 생각한다면 PTSD와 관련된 도움을 요청하기 어려울 수 있다.

삶에서 다른 사람들의 도움과 지원 없이 성공을 이루는 경우는 거의 없다. 특히 PTSD의 회복과 같이 어렵고 복잡한 과제의 경우는 더욱 그러하다. 다른 사람에게 도움을 요청하는 데에는 물론 '위험'이 있을 수도 있지만, 그렇게 함으로써 주변 사람들은 여러분의 회복 탄력성과 PTSD를 극복하고자 하는 용기를 알아볼 수 있게 된다. 도움을 요청하는 데 어려움을 겪었던 애니의 고민을 읽어 보자.

애니는 대학 시절 처음 성폭행 트라우마를 겪은 후 오랜 시간 혼자 있는 것에 적응하는 법을 배웠다. 그녀는 대부분의 시간을 혼자 공부하고, 수업 시간에 어려움을 겪을 때만 겨우 교수님에게 도움을 요청했다. 마찬가지로 그녀는 대학원에서도 주로 혼자 일했고, 직장에서 직급이 전문가급으로 올라가면서, 그녀는 더욱더 도움이나 지지를 요청하는 사람이기보다는 다른 사람에게 도움을 주는 사람이었다.

자신을 돌아보면서 애니는 자신의 자립 성향이 자신의 PTSD 그리고 가족 문화 모두와 관련이 있다는 것을 깨달았다. 애니는 신뢰하는 데의 어려움으로 인해 도움을 요청하는 것보다 스스로 문제를 해결하는 것이 더 쉬웠다(다른 사람이 대가를 바라지 않고 그녀를 기꺼이 도와줄 것이라는 믿음이 없었기 때문이다). 하지만 애니는 부모님이 자신에게 독립과 금욕주의를 높게 평가하도록 영향을 미쳤다는 사실도 깨달았다. 그녀의 가족은 독일계였고, 시골 농

촌 공동체의 가치관과 결합되어, 타인에게 '지나치게 의존하게 되는 것'에 대한 부정적인 문화적 낙인이 강하게 느껴졌다. 애니는 스트레스를 받는 시기에 가족 내에서 정서적인 지지를 못 받는다고 느껴 왔기 때문에, 이러한 가치관의 단점을 직접적으로 경험해 왔다. 하지만 그녀는 어찌 된 일인지 자신도 이와 똑같은 가치관을 취해 왔다. 그리고 이러한 자신의 치열한 독립성이 PTSD의 회복에 장애가 된다는 사실을 깨닫게 되었다.

활동 9-2
도움을 요청하는 데 있어 나의 어려움 살펴보기

도움을 요청할 때 어떤 어려움이 있는지, 그리고 그것의 원인은 무엇인지 잠시 생각해 보자.

1. 도움을 요청하는 것이 어려운가?

2. 그 이유는 무엇이라고 생각하는가?

3. 다른 사람에게 도움을 요청하는 것에 대한 두려움이나 걱정은 무엇인가?

4. 도움을 요청함으로써 얻을 수 있는 긍정적인 면을 생각해 볼 수 있는가?

3. 사회적 지지원은 어떻게 도움이 되는가

PTSD로부터 회복하는 데 있어 사회적 지지원의 중요성과 다른 사람에게 도움을 구할 때 겪을 수 있는 어려움에 대해 살펴보았다. 이제 행동활성화의 효과를 높이기 위해 사회적 지원을 어떻게 활용할 수 있는지 구체적으로 살펴보자.

1) 행동활성화 목표 개선을 도움

우선 앞서 제3장에서 설명한 것처럼 행동활성화 목표를 설정하는 것에 대하여 주변의 지지원이 되어 줄 수 있는 사람들과 대화하기를 바란다. 행동활성화 초기뿐만 아니라 회복 기간 내내 사회적 지지원이 되는 사람들의 참여, 이를테면 자신에게 가장 중요한 것(가치)과 이러한 가치를 반영하는 목표와 활동을 위해 어떻게 노력하고 있는지에 대해서 논의하는 것을 이끌어 내는 것이 중요하다. 다음은 사회적 지지원이 되는 사람들을 여러분의 목표 설정에 참여시키기 위해 사용할 수 있는 몇 가지 언어와 질문의 예이다.

- "이전에 PTSD를 겪게 된 것에 대해 이야기했던 것 기억하세요? 이 일이 가족관계에 영향을 주었다는 것을 알게 되었어요. 가족과의 관계를 회복하기 위해 제가 첫 번째로 할 수 있는 좋은 방법이 뭐가 있을까요?"
- "제 인생의 스트레스 사건들 때문에 규칙적인 운동을 계속하는 게 이전보다 더 어려워졌다는 것을 깨달았어요. 건강을 유지하기 위해 제 자신을 동기부여하려면 어떤 노력을 해야 할까요?"
- "제 식습관을 개선하기 위한 몇 가지 목표를 세우려고 노력 중이에요. 만약 제 입장이라면, 어디서부터 시작하시겠어요?"

사회적 지지원이 되는 사람들로부터 PTSD와 관련해 도움을 얻고자 할 때, 사용하는 자기 개방의 수준이 각기 다를 것이다. 이를테면 가까운 친구와 PTSD에 대하여 이야기할 때는 편안함을 느끼는 반면에, 헬스장 트레이너에게는 PTSD와 관련된 과거를 공유하기를 꺼릴 수 있는 것이다. 다 괜찮다. 여러분의 주변 사람들이 모두 PTSD의 영향에 대해 알아야 할 필요는 없다(또는 이해할 수도 없다). 중요한 것은 여러분이 목표 설정 과정에 다른 사람들을 참여시킴으로써 사회적 지지를 강화하며 목표 달성에 성공할 확률을 더욱 높여 가고 있다는 점이다.

2) 행동활성화 목표 이행에 대한 지지

사회적 지지는 행동 초기 활성화 목표를 선택하고 단계를 밟아 가는 데 도움이 된다. 하지만 그것보다 더 중요한 것은 지속적으로 발전을 이루어 가는 과정에 다른 사람을 참여시키는 것이다. 특히 일상생활에서 가깝게 지내는 사람들은 여러분이 살아가는 과정마다 지지를 제공해 줄 수 있는 좋은 위치에 있는 사람들이다. 여러분의 사회적 지지원이 되는 사람들을 행동활성화 목표를 수립하는 과정에 참여시키고자 애니가 어떻게 노력했는지 잠시 살펴보자.

애니는 다른 사람들을 자신의 삶에 '들어오게' 하는 데 어려움이 있다는 것을 알고 있었다. 애니는 딸들을 매우 사랑했지만, 적어도 딸들이 이해하고 받아들일 수 있을 만큼의 나이가 될 때까지는 자신의 PTSD에 대해 자세한 이야기를 공유하고 싶지 않았다. 애니는 언니와 가깝다고 느꼈지만, 언니에게 자신의 외상 사건에 대한 구체적인 내용들을 이야기하지 않았다. 애니의 언니는 그 사건이 성적 트라우마라는 것을 알고 있었다. 하지만 애니 스스로도 이야기하지 않으려고 하였을 뿐 아니라 애니의 언니 역시 애니에게 무슨 일이 일어났는지 더 이상 물어보지 않았다. 애니는 먼저 이야기를 꺼내지 않았고, 마찬가지로 언니도 자세하게 묻지 않았다. 하지만 애니는 자신의 PTSD 증상이 (심지어 아이들로부터도) 자신을 고립시킨다는 것을 알고 있었는데, 이렇게 사람들로부터 멀어지는 상황에 '굴복'하고 싶지는 않았다. 그래서 그녀는 삶에서 만들어 갈 몇 가지 변화들에 대해 딸들과 이야기하기로 결심했다.

애니는 자신의 삶에서 일과 즐거움의 균형을 유지하기 힘들 정도로 '스트레스를 받는 일들'을 많이 경험해 왔다는 사실을 털어놓았다. 그녀는 이제 앞으로 딸들이 주변에 있을 때는 집안일을 떠나 더 자주 휴식 시간을 갖고 딸들과 즐거운 시간을 보내기로 결심했다고 말하며, 딸들에게 혹시 휴식 시간에 함께 지낼 수 있는지 물어보았다. 그녀는 딸들을 '재미있는 코치'로 정하고 일상에서 즐거움을 더할 수 있고 딸들이 제안해 주는 것에 귀를 열어 두겠다고 말했다. 딸들은 이 과제를 좋아했다. 딸들은 함께 볼링을 치고, 영화를 보러 가고, 근처 공원에서 산책하자고 제안했다. 이런 제안은 애니가 주말에 즐거운 시간을 보내고 우선순위를 정하는 데 도움이 되었다. 애니는 딸들에게 주말마다 한 가지씩 '재미있는' 활동을 제안해 보라고 했다. 비록 딸들이 자신들의 제안이 애니의 삶에 어떻게 긍정적인 영향을 미쳤는지 충분히 이해하지는 못했을 수 있지만, PTSD로부터 회복하는 과정에서 딸들이 하나의 중요한 부분이었다는 데 큰 만족감을 느꼈다.

주변 사람들로 하여금 여러분이 의미 있고 즐거운 활동을 하는 데 도움을 줄 수 있는 방법을 생각해 볼 수 있겠는가? 다음 [활동 9-3]의 문제를 완성하면서, 여러분의 활성화 노력에 당신을 지지해 주는 주변 사람들을 참여시키는 방법을 연습해 보도록 하자.

활동 9-3 행동활성화 목표에 사회적 지지원 참여시키기

다음 두 가지의 목록을 채우고 다음 질문에 답을 해 보자.

1. 이번 주의 행동활성화 목표

1) ______________________________

2) ______________________________

3) ______________________________

2. 이러한 과제를 달성하는 데 도움을 줄 수 있는 사람들

1) ______________________________

2) ______________________________

3) ______________________________

3. 어떻게 그들이 도움을 줄 수 있는가(정서적 지지, 실질적 지지, 두 가지 모두)?

____

____

____

____

4. 피드백 및 긍정적 강화

사회적 지지원이 되는 사람들이 행동활성화 목표를 달성하는 데 도움을 줄 수 있는 또 다른 방법은, 필요한 경우 수정하는 것을 돕고 노력에 대한 격려(긍정적 강화)를 제공하는 것이다. 여러분 스스로는 삶에서 만들어 내는 변화가 어떤 결과를 가져왔는지 알아차리지 못할 수도 있지만, 가까운 사람들은 행동활성화가 여러분에게 어떤 영향을 미쳤는지 돌아볼 기회를 줄 수 있다. 당연해 보일 수도 있지만, 누군가 긍정적인 피드백을 주는 것은 삶의 변화를 위한 동기를 유지하는 데 엄청나게 큰 도움이 된다.

우리 삶 속에 함께하는 사람들이 자연스럽게 우리의 노력을 알아보고 그 과정에서 주기적으로 격려를 제공해 준다면, 이보다 더 좋은 일이 있을까? 하지만 그들이 여러분이 하는 것만큼 가까이에서 여러분의 노력을 추적하지 않을 수도 있고, 여러분이 구하고자 하는 피드백을 주기 위해서는 여러분의 도움이 필요로 할 수도 있다. 피드백을 요청할 때 사용할 수 있는 몇 가지 예를 참조해 보자.

- "저는 소중한 사람들과 더 잘 지내고 더 좋은 관계를 유지하기 위해 당신이나 다른 친구들에게 더 많이 다가가려고 노력하고 있어요. 당신이 볼 때 이런 시도가 우리 관계에 도움이 되었나요? 우리가 더 가까워지기 위해 제가 할 수 있는 다른 방법이 있을까요?"
- "제가 온라인 대학 수업에 등록하여 교육 목표를 달성하려 한다고 말했던 것을 기억하나요? 목표 달성을 위한 노력은 잘 진행되고 있지만, 많은 노력이 필요해요. 이번 학기를 마칠 때까지 계속 저와 연락하며 격려해 주시면 정말 감사하겠습니다."
- "주중에 저와 함께 산책을 해 주셔서 정말 감사해요. 규칙적으로 운동하기 시작한 후 제 에너지나 기분에 어떤 변화가 있었나요?"

5. 자기 개방

도움을 요청하다 보면 때때로 자신의 어려움을 다른 사람들과 자세히 공유해야 하는 상황에 놓이게 된다. 자기 개방은 다양한 수준에서 일어날 수 있다. 자기 개방은 자신에 대한 정보(사실, 생각, 감정, 경험)를 나누는 것으로, 대개 더 큰 친밀감으로 이어진다. PTSD로부터 회복하는 과정에서, 여러분은 자신의 PTSD 증상뿐만 아니라 어쩌면 트라우마 경험과 관련된 정보들까지도 가장 친밀하다고 느끼는 사람들에게 공개하는 것을 고려하게 될 수 있다.

우리의 많은 내담자는 다른 사람들이 자신을 어떻게 볼지 그리고 PTSD 증상을 드러내는 것의 '위험'에 대하여 걱정한다. 이들은 사람들에게 자신의 PTSD에 대하여 이야기하는 것이 자신을 뭔가 다르게 생각하고, 어쩌면 자신을 '나약한 사람'으로 볼 수도 있으며, 혹은 함께 시간을 보내는 것도 꺼려 하거나 불편하게 만들 수 있다고 생각한다. 분명 PTSD와 관련된 고정관념이 있는 것은 사실이다. 어떤 사람들은 정신과적 문제를 진단받는 것을 '미쳤다'는 것과 동일시하기 때문에 이러한 꼬리표를 떼고 싶어 하는데, 이것은 이해 가능하기는 하나 맞는 것은 아니다. 어떤 사람들은 PTSD를 겪은 사람들은 위험하며 회상이나 분노에 휩싸여 다른 사람을 해칠 수 있다고 생각한다. 하지만 이러한 고정관념은 트라우마를 경험한 대다수의 사람을 설명하지 못한다. 게다가 대부분의 경우 내담자들은 가까운 친구나 가족에게 PTSD를 털어놓는 데 두려움을 갖지만, 우리가 확실히 알게 된 것은, 내담자들의 두려움은 내담자들의 이야기에 대한 사람들의 반응을 제대로 예측하지 못한다는 것이다. 고정관념이 존재하는 것은 사실이지만, 여러분을 알고 아끼는 사람들 중 대부분은 이러한 고정관념으로 여러분의 경험을 설명하지 않을 것이다.

여러분이 PTSD에 대해 알게 된 것을 여러분의 사회적 지지망에 있는 가장 가까운 사람들과 공유하기를 바란다. 외상 사건들의 세부사항까지 자세하게 설명할 필요는 없지만, 여러분이 현재 PTSD를 극복하기 위해 노력하고 있다는 점과 이 증상에는 과민성, 분노, 감정적 분리, 그리고 고립 경향이 포함되어 있다는 것을 알려 주는 것이, 다른 사람들이 여러분을 더 잘 이해하는 데(여러분이 보이는 PTSD 증상을 개인적으로 받아들이지 않게 하는 데) 도움이 될 것이다. 이를 통해 다른 사람들이 여러분을 더 잘 이해하게 되고, 삶을 다시 정상화시키기 위해 노력하는 여러분에 대해 인내심을 가질 수 있기를 바란다.

PTSD에 대해 공개하고 싶지 않은 누군가가 여러분의 사회망에 있을 수 있는데, 이 역시 괜찮다. 소중한 사람들과 증상을 공유할 때 '모 아니면 도'라는 원칙은 피하기를 바란다. 함께 시간을 보내는 사람들 중에는 내 정신건강에 대해 알 필요가 없는 사람이 있을 수 있다. 어떤 사람들은 여러분이 '스트레스'를 많이 받는다는 사실만 알아도 된다. 반면, 어떤 사람들은 트라우마가 미치는 영향력을 잘 이해하고 여러분이 PTSD로부터 회복하는 데 도움을 줄 수 있는 위치에 있는 사람들도 있을 수 있다.

다음에서는 신뢰와 PTSD에 대해 구체적으로 설명하고 있다. PTSD로 인한 고립감에서 벗어나기 위한 시도로, 먼저 다른 사람에게 PTSD의 하향 나선형에 대한 정보를 알리는 것부터 생각해 보자. 우선, 사회적 지지망에 있는 다양한 관계에서 자기 공개라는 방법을 사용하는 데 도움이 될 만한 연습들이 다음에 제시되어 있다.

활동 9-4 주변 사람들에게 자기 개방하기

다양한 수준으로 자기 개방을 할 수 있는 대상자를 분별하는 데 도움을 얻기 위해 다음 목록을 작성해 보자.

1. '이해'할 수 있는 사람들(내가 트라우마 사건에 대한 세부 정보를 공유했거나 공유할 수 있는 사람들)
   1) ______________________________
   2) ______________________________
   3) ______________________________

2. PTSD를 겪고 있다고 말할 수 있는 사람들(나의 트라우마에 대해 이야기하지는 않을 것이지만, 내가 PTSD가 있다고 털어놓으면 이해하고 지지해 줄 수 있는 사람이다.)
   1) ______________________________
   2) ______________________________
   3) ______________________________

3. PTSD를 겪고 있다는 것을 말하지는 않을 사람이지만, 스트레스를 받을 때 나를 지지해 줄 수 있는 사람들
   1) ______________________________
   2) ______________________________
   3) ______________________________

4. 나의 감정을 공유하지는 않을 것이지만, 나의 머리를 식혀 주거나 실질적인 도움을 줄 수 있는 사람들
   1) ______________________________
   2) ______________________________
   3) ______________________________

6. 사회적 지지망 확장하기

여러분의 회복을 도와줄 수 있는 새로운 사람들을 찾아내고 사회적 지지망을 확장하는 것이 도움이 될 수 있다. 하지만 PTSD를 겪는 많은 사람에게 이렇게 하는 것은 말처럼 쉽지 않다는 것을 우리도 잘 알고 있다. 여러분 역시 그렇다면 타인과 함께 있는 경험에 대한 참여도를 높이기 위해, 제8장에서 논의한 마음챙김 기술을 적용해 보기 바란다.

PTSD를 겪고 있는 사람, 특히 트라우마가 대인관계에서 비롯된 경우(즉, 누군가가 자신에게 해를 입히려고 했거나 실제로 해를 입힌 경우), 새로운 사람들과 신뢰와 개방성을 형성하는 것은 매우 어려운 일이다. 과거의 배신과 상처의 경험으로 인해 '다시는 사람들이 나에게 상처를 줄 만큼 가까이 다가오지 못하게 하겠다.'라는 결론을 내리게 될 수도 있다. 이는 충분히 이해 가능한 일이지만, 사람들을 가두고 고립시키며 삶의 목표를 향해 나아가지 못하게 하는 것이 바로 PTSD의 핵심적인 특징 중 하나이다. 다음은 새로운 사람을 신뢰하여 여러분의 삶에 들어오게 하는 것과 관련해 고려해야 할 몇 가지 사항이다.

- 주변 사람들로부터 상처를 받았을 수도 있지만, 모든 사람이 나를 상처 주려고 하는 것은 아니다.
- 사람들이 나를 얼마나 많이, 빠르게 알게 할지는 내가 결정할 수 있다.
- 신뢰를 쌓는 것은 한 번의 결정이 아니라 하나의 과정이다.
- 만약 타인에 대한 신뢰를 느끼기까지 기다렸다가 다른 사람을 내 삶에 받아들이고자 한다면 PTSD 증상으로 인해 당신은 오랫동안 기다려야 할 수 있다. 행동활성화의 다른 특징과 마찬가지로, 처음에는 조금씩 신뢰를 확장해 가면서 그것이 어떤 느낌이 드는지 살펴보자.
- 인생의 모든 관계가 '깊은' 관계일 필요는 없다. 가볍게 알고 지내면서도 함께 무언가를 하는 것을 즐길 수 있다.
- 다른 사람에 대한 신뢰를 확장해 가면서 그들을 자신의 삶으로 받아들이면, PTSD의 악순환에서 벗어날 수 있다.

사회적 지지망을 확장하려는 시도를 한다면 어디서부터 시작하겠는가? 새로운 사람들을 만날 가능성이 있으면서 즐기며 할 수 있는 커뮤니티 내의 활동이 있는가? 새로운 사람을 만날 기회를 제공해 줄 수 있을 만한(예: 친구의 친구를 만나는 등) 기존의 친구 관계가 있는가?

사회망을 확장하는 방법

나와 같은 관심사와 가치관을 공유하는 새로운 사람들을 소개받을 수 있는 방법을 잠시 생각해 보자.

1. 내가 갈 수 있으며, 나와 연결될 수 있는 사람들을 만날 수 있는 장소

1) ____________________

2) ____________________

3) ____________________

4) ____________________

5) ____________________

2. 내가 즐길 수 있으며 새로운 사람들을 만날 수 있는 활동

1) ____________________

2) ____________________

3) ____________________

4) ____________________

5) ____________________

3. 내가 맺고 있는 관계이면서 나를 더 넓은 범위의 사람들에게 소개해 줄 수 있는 관계

1) ____________________

2) ____________________

3) ____________________

4) ____________________

5) ____________________

7. 현재의 사회적 지지망을 보호하고 강화하기

앞서 언급한 바와 같이, PTSD는 시간이 지남에 따라 관계 형성을 방해하고 사회적 지지를 훼손한다는 연구 결과가 있다(Benotsch et al., 2000; Ray & Vanstone, 2009). PTSD 증상은 관계에서 긴장감(예: 과민성)을 유발하거나 거리감(예: 불신, 고립, 위축)을 조성하여 사회적 지지망을 위협할 수 있다. PTSD의 가장 교묘한 측면 중 하나는, 친밀한 관계에서 멀어지라고 말하거나 다른 사람이 멀어지게 만들어 PTSD로부터 회복하기 위한 최고의 자원들을 빼앗아 간다는 것이다.

사회적 지지 없이 PTSD로부터 회복하려고 하는 것은 마치 GPS나 지도를 보지 않고, 길을 묻지도 않고 여행을 하는 것 같아서 도착은 할 수 있을지라도 도중에 길을 잃을 위험이 매우 높다. 그렇다면 사회적 네트워크를 강화하고 관계를 보호해서 PTSD 증상으로 부정적인 영향을 받지 않을 수 있는 방법은 무엇일까?

첫째, PTSD 증상으로 인해 다른 사람들과 마찰이 생기거나 거리를 두게 되는 순간을 파악한다. 바로 이 순간에 TRAP이 숨겨져 있을 가능성이 높다. 마찰을 피하고 싶은 것은 당연한 일이다. 하지만 안타깝게도 대인관계 마찰이나 갈등을 회피로 대처하는 것은 관계를 해치는 습관이 된다. PTSD로 인해 촉발된 반응에 대처하는 다른 방법으로, 현재의 관계를 깊어지게 하거나 강화하는 데 도움이 되는 방법을 찾아보도록 하라. 우리가 경험한 바에 따르면, 많은 사람의 행동활성화 목표는 대개 친밀한 관계에 대한 가치와 중요성을 담고 있는 경우가 많기 때문에, 이미 여러분은 관계와 관련된 TRAP/TRAC 전략을 사용하고 있을 수도 있다.

둘째, 관계 기술을 향상하는 데 도움이 되는 다른 자원들, 이를테면 효과적인 자기주장 혹은 분노 관리 기술에 관한 책을 읽거나 수업을 듣는 것을 개발할 필요가 있다. 또한 관계 문제를 해결하기 위해 전문가의 도움을 받을 수도 있다. 어떤 경우든 간에, 사회적 지지 네트워크에 투자하는 것은 PTSD로부터 회복하는 데 도움이 되는 가장 좋은 방법 중 하나라는 점을 기억하라.

가장 친밀한 관계를 보호하고 개선하기 위해 TRAP/TRAC 전략을 적용한 칼의 경험을 살펴보자.

칼은 자신의 핵심 가치 중 하나이자, PTSD로 인해 두드러지게 바뀐 삶의 한 영역인 관계를 개선시키기 위해 노력하고 있다. 그는 자신의 짜증이 약혼녀와의 관계를 '차단'시키는 방식이라는 것을 알아냈다. 그는 이 패턴을 지속 관찰하기 시작하면서 약혼녀에게 자신이 알아차린 것을 말해 주었다. 약혼녀는 이 패턴을 해결하기 위한 그의 적극성을 높이 평가했고, 두 사람은 짜증이 언제, 왜 발생하는지 알아내려고 함께 노력했다. 몇 주 후, 그들은 칼이 사교 행사 전날에 과민해진다는 것을 발견했다.

칼은 TRAP 워크시트(제4장 참조)를 사용하여, 사회적 상황이 되면 사람이 북적이던 광장에서 자신이 속한 부대가 공격을 받았던 구체적인 전쟁 기억이 떠오른다는 것을 알아냈다. 또한 사람들이 북적이는 사회적 상황에서 보이는 자신의 과민 반응이 트라우마와 관련된 감정(안전에 대한 걱정과 불안)에 대한 가면(일종의 회피)으로 작용한다는 것도 알게 되었다. 그리고 과민해지는 것이 취약한 느낌을 감소시켜 주고 언제 발생할지도 모를 위협에 좀 더 잘 준비되어 있다는 느낌을 주게 된다는 것도 알게 되었다.

칼은 이런 류의 일이 현실적으로 일어날 가능성이 없다는 것도 알고 있었지만(집들이에서 습격을 당할 일은 없다고 확신한다), 촉발 반응이 일어나면 그에 대처할 수 있는 대안적 방법을 찾아야만 했다. 칼과 약혼녀는 트라우마의 촉발 요인으로 인해 과민 반응이 나타난다는 것을 알게 된 후에 촉발 요인이 원인이라는 사실을 알게 되고 나서, 사회적 상황에서 더 안전하게 느낄 수 있는 몇 가지 전략을 생각해 냈다.

그들은 칼이 예민해지면 이를 약혼녀에게 알려 주기 위한 '암호'를 만들었다. 모임에 가게 될 경우에는 누가 참석하는지에 대해서도 이야기를 나누었다(칼은 이것이 자신의 안전에 대한 염려를 줄이는 데 도움이 된다는 것을 알게 되었다). 그리고 칼은 사교 모임 한 시간 전에 운동을 하면 긴장할 가능성이 줄어든다는 사실도 알게 되었다. 칼이 짜증에 초점을 맞추다가 문제 해결과 지지적인 대처를 공유하는 것으로 전환하면서, 사교 모임에 나가는 방식이 바뀌었고, 둘은 마치 하나의 팀처럼 느끼게 되었다.

8. 요약

PTSD의 회복과 행동활성화에 있어 사회적 지지가 가지는 가치는 아무리 강조해도 지나치지 않다. 트라우마로부터의 회복을 예측하는 가장 좋은 지표는 정서적 지지, 실질적인 도움, 또는 이 모든 것을 제공할 수 있는 사람들과의 긍정적인 관계이다. PTSD 증상은 사회적 지지를 훼손시킬 수 있으므로, 자신에게 가장 중요한 사람들이 회복 과정의 일부가 되도록 적극적으로 사회적 네트워크를 복구, 개선, 확장하기를 바란다. 행동활성화의 목표를 설정하는 과정 초기부터 다른 사람들을 참여시키고, 과정 전반에 걸쳐 지지를 요청하라. 과정에 대한 피드백을 통해 여러분의 노력이 인정받고 강화받을 수 있다는 것 역시 명심하기 바란다.

다음 장에서는 PTSD를 위한 행동활성화 전략을 사용할 때 겪을 수 있는 어려움에 대해 설명할 것이다. 사회적 지지망은 어려움을 극복하는 데 도움이 되는 좋은 방법이라는 점을 잊지 말자!

제 10 장

PTSD를 위한 행동활성화 적용 시 특별하게 고려해야 할 점

우리는 앞서 우울증 치료를 위해 행동활성화가 어떻게 개발되었는지, 그리고 트라우마를 겪고 난 사람들의 삶에 행동활성화가 도움이 될 것이라고 생각한 이유가 무엇인지 대해 설명했다. 하지만 우리는 여러 연구와 임상 경험을 통해, 행동활성화를 PTSD에 적용하는 것이 행동활성화를 우울증에 적용하는 것과는 다소 다를 수 있음을 알게 되었다. 이번 장에서는 이러한 몇 가지 사항을 주목해 보고, PTSD와 관련된 여러 어려운 문제를 해결하기 위해 어떤 방법을 찾아야 하고 어떻게 행동활성화 전략들을 적용해 가야 하는지에 대해 다루고자 한다.

1. PTSD 과각성

『정신질환 진단 및 통계편람 제5판(DSM-5)』(APA, 2013)(역자 주: 2024년 『DSM-5-TR』 번역본이 학지사에서 출간되었다.)에서는 PTSD 및 기타 외상 관련 장애를 우울증 및 불안 장애와 구별하여 분류한다. 그러나 이전에 PTSD는 불안 장애로 분류(APA, 2000)되었는데, 이는 PTSD의 회피 및 과각성 증상이 부분적으로 불안 장애의 단서에 대한 공포와 회피, 위험에 대한 과도한 평가를 포함하는 등 많은 특징을 공유했기 때문이다. 이것은 생활에서 낮은 에너지와 저하된 의욕이 주요 증상인 우울증과는 대조적이다. 마치 우울증은 기름이 부족해서 몇 주 동안 차를 주차해 두는 것이라면, PTSD는 차를 도로에 가지고 나갔다가, 무언가와 충돌하거나 엔진이 폭발할까 봐 두려워서 차를 주차해 두는 것과 같다.

이러한 차이 때문에 PTSD의 개입에 비해 우울증에 대한 행동활성화는 상대적으로 복잡하지 않아 보일 수 있다. 이를테면 우울증을 위한 행동활성화는 작은 활성화 단계부터 시작하여 추진력을 모으고, 즐겁고 의미 있는 경험을 찾아 '탱크를 채우며', 격려와 강화를 제공하여 계속적으로 삶의 목표를 향해 나아갈 수 있도록 한다. 물론 우울증에 대처하기란 그리 쉬운 일이 아니고 나아가는 길목에는 여러 장벽과 어려움이 있기 마련이다. PTSD에 행동활성화를 적용하는 것은 과각성(자신이 인지하지 못하더라도 항상 위협이나 위험을 경계하는 상태)으로 인해 훨씬 더 복잡할 수 있다. 때로 이것은 세상에서 어떤 촉발된 반응이 나올지 예상해야 한다는 것을 의미하며, 나아가 이러한 촉발된 반응에 대처하는 방법을 배워서, 삶의 목표를 향해 나아가기 위한 대안적 경로를 개발할 필요가 있다는 것을 의미한다.

또한 PTSD 과민성의 특징에는 분노와 공격성과 관련된 문제와 더불어 충동적이며 위험을 추구하는 행동 등이 포함된다. 그렇기 때문에 PTSD 증상은 위험에 대한 지각을 높이는 것 외에도, 위험한(그리고 잠재적 외상) 사건에 노출될 가능성을 높이기도 한다. 우리는 분노, 공격성, 위험 추구 패턴이 실제로는 TRAPs이기 때문에, 무엇이 이런 행동을 발생시키는지 명확히 이해하고 이에 대처하는 추가적인 대처 방략을 개발할 필요가 있다는 것도 알게 되었다.

마지막으로, 우리는 PTSD를 겪는 사람들이 자신의 과각성 증상을 가지고 세상 속에서 '과도하게 기능하는' 결과를 초래한다는 것에 주목했다. 이들은 보통 일종의 건강한 습관을 선택할 수도 있으나, 문제가 되고 트라우마의 회복에 장벽이 될 정도로 과기능이라는 습관을 취한다. 장시간 과도한 업무를 하거나, 극단적인 레벨로 운동을 하거나, 혹은 집안일(예: 집 청소)을 하면서 시간을 때우는 것은, 해야 할 일을 미루고 안 하거나 일상의 업무를 쌓아 두는 것과 마찬가지로 삶에 여러 가지 문제를 일으킬 수 있다. 이러한 패턴은 우울증의 행동활성화와는 다른 방식으로 이해하고 해결해야 하는 PTSD 관련 TRAPs인 경우가 대부분이다.

애니와 칼 모두 삶을 활성화하기 위해 노력하는 과정에서 맞닥뜨리게 된 몇 가지 어려움들을 발견하게 되었다. 이 어려움들은 과각성 및 PTSD 관련 증상을 다루면서 맞닥뜨린 어려움들이다.

칼: 가끔 직장에서 제 분노가 너무 빠르고 강하게 끓어올라 저를 포함해서 방에 있던 모든 사람이 깜짝 놀랄 때가 있었어요. 이로 인해 승진 및 리더십과 관련된 일부 행동활성화 목표를 달성하기가 더 어려워졌어요. 왜냐하면 저의 행동화 문제로 인해 상사의 신임을 잃을까 봐 걱정이 되었거든요.

애니: 제가 다른 동료들보다 장시간 근무한다는 것은 알고 있었지만, 무엇이 그런 패턴을 유발하는지 잘 몰랐어요. 하지만 몇 주 동안 제 활동과 기분을 모니터링한 결과 제가 PTSD를 겪을 가능성이 높은 바깥 활동을 피하려고 장시간 일하는 경향이 있다는 것을 알게 되었지요. 항상 경계 태세를 유지하는 것이 너무 지쳐서 아이러니하게도 일하러 가는 것이 휴식을 취하는 방법이 된 거죠.

활동 10-1 과각성의 영향 파악하기

1. 여러분도 혹시 삶에서 이러한 어려움을 겪고 있는가? 두려움과 불안 때문에 (혹은 동기가 부족해서) 무언가를 회피하는가? 밖에 있을 때면 (언어적 또는 신체적) 갈등에 연루되곤 하는가? 긍정적인 것처럼 보이지만 사실은 삶의 다른 중요한 부분에 방해가 될 정도로 지나치게 하고 있는 극단적인 습관이 있는가? 이러한 각성과 관련된 TRAPs를 파악하는 데 도움이 되는 내용을 작성해 보자.

2. 밖에 있을 때 공포와 관련된 반응을 보이는 경향이 있는가? 이러한 공포와 관련된 반응들이 밖으로는 어떻게 나타나는가? 그런 반응들이 내적으로는 어떻게 느껴지는가? 그런 반응들은 업무와 개인 목표를 달성하려는 동기에 어떤 영향을 미치는가?

3. 짜증, 분노, 또는 공격성으로 인해 고군분투하고 있는가? 이로 인해 언어적이고 신체적인 공격 행동(예: 소리 지르기, 물건 던지기, 신체적 충돌)을 한 적이 있는가? 두려움이나 취약성을 감추고 회피하려고 분노를 사용한 적이 있는가?

4. 간혹 위험한 행동(예: 과속 운전, 안전하지 않거나 과도한 성행위, 약물 또는 알코올 과다 사용)을 하는 경우가 있는가? 위험을 감수하는 행동이 업무 및 개인적인 목표 달성의 동기부여에 어떤 영향을 미치는가?

5. 보통의 경우 건강하거나 긍정적이지만 당신은 극단적인 수준으로 하게 되는 행동이 있는가? 스스로 워커홀릭처럼 행동하고 있다고 걱정해 본 적이 있는가? 가만히 있기 어려워서 혹은 고통스러운 기억을 잊기 위해 '바쁜 일'로 시간을 채우는 경향이 있는가?

2. 과각성 탐색을 위해 '안쪽(내면)' 활성화하기

우리가 내담자에게 행동활성화에 대해 설명하면, 그들은 우리가 주로 운동, 사교 활동 또는 직업적 목표를 향한 노력과 같이 외부적으로 무언가를 해내도록 하는 것에 관심을 가지고 있을 거라고 가정하는 경향이 있다. 물론 이러한 목표가 행동활성화의 중요한 지향점인 것은 분명하다. 하지만 앞에서 설명한 이런 도전들은 단순히 더 많이 한다고 해서 직접적으로 도움이 되지 않을 수 있다. 때로는 가만히 앉아 내면의 경험(생각이나 감정)에 주의를 기울이는 것은 개인적인 성찰, 감정, 영성이나 신앙과의 연결 등 삶의 보다 사적인 부분을 활성화하는 방식이다.

우리는 PTSD를 겪는 사람들로 하여금 내면에 집중하는 활동을 선택하도록 하는 것이, PTSD로 인한 과각성으로 당기는 힘 사이에서 균형을 맞출 수 있게 하는 데 도움이 된다는 것을 알게 되었다. 어떤 면에서 내면을 활성화하면 경험에 대한 포용력을 키울 수 있을 뿐만 아니라, 이완과 평온함을 훈련하게 해서 그런 기분 상태로 보다 쉽게 돌아갈 수 있게 한다. 다음은 PTSD로부터 회복하는 사람들을 도울 때 도움이 된다고 알려진, 내면에 초점을 둔 활성화 전략의 일부 목록이다.

- 일기 쓰기
- 기도
- 하이킹
- 태극권
- 그림/그림 그리기/성인용 컬러링북
- 자연 속에서 조용히 앉아 있기
- 요가
- 앉아서 명상하기
- 편안한 음악 듣기
- 차분한 음악 연주하기

내면을 깨우는(Inward-Acting) 전략에 대한 칼과 애니의 설명이다.

애니: 나는 달리기나 헬스장에서 운동을 즐기는 사람이 아니었어요. 그래서 신체 건강에 집중하기 시작했을 때, 체력 증진에 도움이 될 뿐 아니라 일하지 않을 때 긴장을 푸는 데에도 도움이 될 수 있는 활동을 찾게 되었어요. 그러던 중 제가 일하는 병원에서 제공하는 정오 요가 수업을 듣기 시작했어요. 처음에는 제가 무얼 하고 있는지 몰라서 조금 당황스러웠어요. 하지만 몇 달이 지나자 정오 요가 수업이 정말 기다려진다는 것을 알았죠. 수업에 빠지는 날에는 오후와 저녁에 스트레스 지수가 더 높아진다는 것을 알

수 있었어요. 또한 조용하고 부드럽게 몸을 움직이는 느낌이 좋았어요. 밖에서 달리기를 했더라면 느꼈을 불안감도 없었고 체육관에서의 과도한 자극도 없었고요.

칼: 내게 신앙은 매우 중요하지만 진쟁에 파견되었다가 돌아온 이후로는 교회 출석률이 떨어지고 있는 것을 알게 되었어요. 교회에 사람이 많아서인지 아니면 트라우마 이후 신앙에 대한 거대한 물음을 해결하지 못했다고 느꼈기 때문인지는 잘 모르겠어요. 하지만 매일 아침 하루 일과를 시작하기 전에 10분 동안 성경 구절을 읽고 기도하면 나머지 하루가 더 순조롭게 흘러가는 경향이 있다는 것을 알게 되었어요. 성경 구절을 읽고 기도하는 것은, 다른 사람들 사이에 그리고 제가 해야 할 일들 사이에 놓이기 전에 나 자신과 접촉하고 하나님과 접촉하는 하나의 방법이 되었어요.

활동 10-2 나의 내면을 깨우는 행동

당신이 하고 있는 내면을 깨우는(inward-acting) 행동들을 잠시 탐색해 보자.

1. 내면을 깨우는 행동으로 어떤 것을 시도해 본 적이 있는가?

2. 여러분의 가치관과 일치하는 내면을 깨우는 행동에는 무엇이 있는가?

3. 앞으로 전념하여 시도해 볼 수 있는 내면을 깨우는 행동에는 어떤 것이 있는가?

3. PTSD에 흔히 나타나는 다른 도전적 패턴들

이러한 패턴들은 다양한 형태로 나타날 수 있지만, 대부분 회피라는 같은 기능을 한다. 우리는 몇 개의 임상현장에서 접하게 되는, 과각성과 종종 관련되는 회피의 구체적인 모습에 대하여 설명한 바 있다. 다음의 특정한 행동들을 보고 어떤 행동이 PTSD와 관련되어 회복을 방해하는 장애물인지 판단해 보자.

1) 분노에 대한 두려움

PTSD 환자는 공격적이고 불안정하다는 부정적인 고정관념이 존재하지만 사실 그들 대부분은 공격성이나 폭력의 과거력을 가지고 있지 않다. 그러나 우리의 많은 내담자는 분노라는 강렬한 경험에 대한 두려움과 공격적인 행동과 연관되어 있는 생각이나 충동에 대한 통제력을 잃어버릴지도 모른다는 걱정에 대해 말한다. 이런 사람들의 대다수에게 분노에 대한 통제력 상실에 대한 두려움은 회복에 이르는 여정에서 주요한 장벽이 되는데, 그 이유는 화나는 생각을 행동화할지 모른다는 공포로 인해 사회적 상황으로부터 철수하거나 고립되기 때문이다. 그렇기 때문에 기본적인 분노 관리 기술뿐 아니라 화나는 순간에도 공격적으로 행동하지 않기 위해 마음챙김과 명확한 의사소통을 하는 방법을 알아 두는 것이 도움이 된다.

흔히들 분노 관리 기법은 간단하다고 알려져 있다(그러나 실천하기는 쉽지 않다). 여기에는 좌절하거나 화가 났을 때 몸을 진정시키는 심호흡 운동, 열띤 논쟁에서 잠시 벗어나 할 말을 정리하거나 생각하는 '타임아웃'을 갖는 것, 사소한 불만이 쌓여 격하게 치닫기 전에 조기에 해결하는 것 등이 포함된다. 또한 분노에 대한 경험을 글로 써 보고 자신의 생각과 행동을 검토하여 건강하고 효과적인 방식으로 분노를 표현하는 연습도 유용하다.

경험에 대한 주의 또는 마음챙김(제8장에서 설명한 대로)도 분노를 관리하는 데 효과적인 도구가 될 수 있다. 단순히 자신의 감정과 신체 상태에 주의를 기울이는 것만으로도 분노(또는 분노에 대한 두려움)와 여러분의 기분과 행동에 영향을 미치는 분노에 대한 알아차림이 증가한다. 또한 마음챙김을 사용해서 자신을 가혹하게 판단하거나 행동을 취하지 않으면서 분노와 관련된 생각을 '바라보는' 연습을 할 수도 있다.

또한 자기 주장적 의사소통의 원칙들을 배워 볼 수 있다. 이를테면 주장적 의사소통 전략은 자신의 감정적 반응을 특정 행동이나 상황과 연결시키고, 화를 내는 이유와 좌절감을 해결하기 위해 여러분이 원하는 것이 무엇인지 다른 사람에게 말하도록 돕는 것을 목표로 둔다. 분노에 관해 침착하게 말하는 연습을 함으로써, 공격적이거나 자제하지 못할 정도로 흥분하지 않고, 혹은 분노를 무시하려고 애쓰면서 분함이 쌓이지 않게 하면서, 그 순간에 효과적으로 짜증과 분노를 편안하게 표현할 수 있게 된다.

분노 관리 기술은 행동활성화의 정식 내용이 아니므로 이러한 기술을 개발하는 데 도움이 되는 추가 자료(책, 워크숍 또는 치료)를 찾아보고 싶을 수 있다. PTSD 치료를 받는 도중에 분노 조절의 어려움으로 인해 자신이나 타인을 해칠 위험이 있다고 느낀다면, 여러분 자신과 사랑하는 사람들의 안전을 지키기 위해 전문가의 도움을 구해야 한다.

활동 10-3 분노에 대한 두려움

잠시 여러분의 분노로 인한 두려움의 정도를 평가해 보자.

1. 분노를 통제하지 못할까 봐 걱정이 되는가? 화를 내지 않기 위해 갖은 애를 다 쓰는가? 자제력을 잃는 것에 대한 두려움에 대해 적어 보자. 이를테면 자제력을 잃을 경우 어떤 일이 일어날까 봐 두려워하는지, 그리고 자제력을 잃지 않기 위해 어떤 일을 하는지 적어 보자.

2. 분노에 대한 자제력을 잃는 것의 두려움 때문에 자신의 삶을 제한하고 있는가(예: 사회적 상황을 피하는 것)? 그렇다면 어떻게 제한하고 있는가?

2) 무기 및 재난에 대한 대비

PTSD를 겪는 사람들에게 안전에 대한 우려는 흔한 문제로, 이들 중 상당수는 자신의 안전과 사랑하는 사람의 안전을 확인하고 향상하기 위해 적극적인 행동을 취한다. 여기에는 자연재해 또는 생명을 위협하는 사건에 대비하는 계획을 세우거나 무기를 소지하는 것도 포함된다. 우리는 자신이나 가족의 안전을 확보하기 위해 기본적인 조치를 취하는 것에 대해 당연히 지지하는 입장이다. 그럼에도 불구하고 이제껏 우리와 함께 작업해 왔던 PTSD를 겪는 많은 사람이 안전과 재난에 대한 염려에 과도하게 집중한 나머지, 재난에 대해 대비하는 것이 오히려 삶의 소중한 다른 영역을 갉아먹기 시작한다는 것을 확인할 수 있었다. 이러한 극단적인 안전 행동은 종종 회피(예: 취약성이나 두려움의 경험을 회피하는 것)로 작용한다. 따라서 어떤 요인이 생활에서 이러한 패턴을 유발하는지 이해하는 것이 필요하다.

일상적인 활동과 기분을 평가하여 기록할 때는 안전에 대한 생각이나 행동을 얼마나 자주 하는지, 그리고 이러한 행동이 여러분의 전반적인 기분과 웰빙에 어떤 영향을 미치는지 살펴봐야 한다. 만약 기본적인 수준에서 안전에 대한 계획과 대비책을 세우고 삶의 다른 부분에도 주의를 돌릴 수 있다면, 안전에 대해 걱정하는 것은 큰 문제가 아닐 수 있다. 하지만 시간이 지나면서 준비 과정이 점점 더 복잡해지고, 기분이나 인간관계에 부정적인 영향을 미치거나, 가치 있는 활동에 참여하는 데 장애가 되면, 촉발된 반응(예: 노출 또는 취약한 느낌)에 대처할 수 있는 대안적 방법을 모색하기 위해서 TRAP/TRAC 기술을 적용해 보고 싶을 것이다.

활동 10-4 나의 안전 관련 행동

자신의 안전 관련 행동을 잠시 떠올려 보자.

1. 집이나 주변을 반복적으로 자주 확인하는가(예: 자물쇠를 여러 번 잠그고 다시 확인)? 그 패턴을 설명해 보자.

____

____

____

2. 집에 위험한 상황에 대비하기 위해 준비해 놓은 무기가 있는가? 그렇다면 잘 보관하고 있는가? 안전감을 느끼기 위해 무기를 집 밖으로 가지고 다니는가? 무기를 소유하는 것이 생활에서 어떤 갈등이나 어려움을 유발하는가?

____

____

____

3. 여러분이 지속적으로 발생 가능한 재난에 계속해서 대비하거나 재난에 대하여 조사하는 데 지나치게 많은 시간을 할애하는 등 재난에 지나치게 집중하는 경향이 있는가? 그렇다면 어떤 패턴으로 나타나는지 설명해 보자.

____

____

____

3) 도박과 과도한 지출

많은 사람이 '큰돈을 벌 수 있다.'는 기회에 흥분하여 오락으로 도박을 즐긴다. 그러나 문제성 도박과 PTSD 증상 사이의 관련성을 시사하는 연구(예: Green, Nahhas, Scoglio, & Elman, 2017)에 따르면, PTSD를 겪는 몇몇 사람들은 승리의 '아드레날린의 방출(adrenaline rush)'을 얻기 위해 도박을 하는 경향이 있다는 점을 발견했다. 또한 도박을 하는 PTSD가 있는 사람들은 도박행위가 공공장소에 있게 하는 동시에 사회적 상호작용을 최소화하게 해 주기 때문에 도박을 한다(예: 슬롯머신을 하는 것). 여러분이 도박을 하고 있다면, 이러한 도박 행동을 유발하는 원인이 무엇인지 주의 깊게 살펴야 한다. 그리고 도박으로 인해 발생할 수 있는 부정적인 결과(예: 큰돈을 잃은 후 죄책감이나 분노, 재정적 어려움, 관계 문제)가 발생하지 않는지 지속적으로 관찰해야 한다.

1. 만약 도박을 한다면, 도박에 소비하는 시간과 돈의 양에 만족하는가? 도박으로 이기는 순간의 짜릿한 기분(adrenaline high)을 쫓고 있는가? 도박으로 인해 인간관계나 바깥 생활에 어려움을 겪은 적이 있는가?

---

2. 우리 대부분은 종종 혹은 충동적으로 돈을 쓰고는 죄책감을 느끼곤 하는데, 때로는 내가 산 물건이 무엇이든지 나를 행복하게 해 줄 것이라는 기대를 가지고 소비하기도 한다. 하지만 PTSD를 겪는 많은 사람은 때로는 불쾌한 감정을 피하기 위한 수단으로 소비를 하고, 균형 잡힌 소비 활동을 하는 데 어려움을 겪는다. 이에 대해 어떻게 생각하는가?

활동 10-6 지출 행동

여러분의 지출 행동은 어떠한가? 새로운 물건을 구매하려는 '충동' 때문에 돈을 쓴 적이 있는가? 감당할 수 있는 수준보다 더 많이 지출한다고 느끼고 있는가? 지출과 PTSD 증상 사이에는 어떤 관계가 있는가?

____

____

____

____

____

____

4) 비디오 게임과 소셜 미디어

지난 20년 동안 비디오 게임과 소셜 미디어 플랫폼의 인기는 폭발적이었다. 우리 사회의 많은 사람은 이러한 형태의 엔터테인먼트와 소셜 커뮤니케이션의 과도한 사용에 대하여 우려를 표현하고 있다. 현재의 문화나 사회적 규범을 굳이 논의하지 않더라도, PTSD가 있는 사람들이 이러한 매체를 과도하게 사용할 수밖에 없는 위험에 대하여 강조하지 않을 수 없다. PTSD가 있는 많은 사람은 안절부절못하는 감정을 해소하기 위해 이런 식의 상호작용하는 방법에 이끌리게 된다. 이 방법은 집 밖으로 나가야 하거나 낯선 상황에서 모르는 사람과 교류할 필요가 없기 때문이다.

만약 여러분이 비디오 게임을 자주 하거나 여가 시간의 상당 부분을 소셜 미디어를 하는 데 보낸다면, 여러분의 습관에 대한 정보를 담고 있는 TRAPs들을 살펴보기 바란다. 혹시 불안하거나 안절부절못할 때 이러한 배출구에 손을 뻗는 경향이 있는가? 활동 및 기분 모니터링 워크시트를 작성할 때, 장시간 온라인에 접속하거나 인터넷에 연결되어 있는 상태에서 생길 수 있는 감정적 '비용'에 주목하라.

활동 10-7 나의 비디오 게임 및 소셜 미디어 사용

비디오 게임이나 소셜 미디어를 얼마나 자주 사용하는가? 전자기기를 활용한 여가 활동으로 인해 인간 관계나 직장에서 어떤 문제가 발생하는가?

5) 음란물 및 섹스 '중독'

『DSM-5』(APA, 2013)에서는 포르노나 섹스 '중독'을 정식 장애로 인정하지 않는다. 그러나 PTSD가 있는 사람들은 강박적으로 음란물이나 성관계를 찾을 위험성이 높다. 이러한 경향은 PTSD와 관련된 위험한 행동을 감수하거나 아드레날린을 찾는 행동과 관련된다. 우리와 함께 작업했던 많은 사람은 이러한 강박적 성적 행동을 다른 감정을 '무감각하게' 만드는 하나의 전략으로 묘사했기 때문에, 음란물이나 성행위를 하는 것도 TRAPs에 해당할 수 있다.

자신의 성행위가 건강한 성적 표현인지, 아니면 PTSD 회복에의 걸림돌인지는 본인이 가장 잘 알겠지만, 음란물이나 성행위가 기분(예: 죄책감이나 수치심), 관계 또는 신체 건강에 가져올 수 있는 부정적인 결과에 대해 조심해야 한다. 이러한 강박적인 패턴으로 어려움을 겪고 있다면, 건강한 균형을 찾고 PTSD가 이러한 패턴을 주도하지 않도록 도와주는 특정 도서나 지원 단체를 찾는 것이 도움이 될 수 있다.

활동 10-8 성 관련 행동

음란물을 보거나 섹스를 찾는 빈도나 그것으로 허비하는 시간에 대해 걱정하는가? 어떤 PTSD와 관련된 TRAP이 이런 성 관련 행동과 연결되어 있는가?

____

____

____

____

____

____

6) 강박적 사고와 행동

긍정적으로 보이는 많은 행동이 사실은 PTSD 회피의 수단으로 행해질 경우 삶의 문제를 일으킬 수 있음을 이미 앞서 언급한 바 있다. 몇몇의 내담자들은 청소를 과하게 하려 하거나, 혹은 질서 정연하게 정리하는 것에 대해 엄격하다. 이것은 언뜻 보기에는 좋아 보일 수 있지만, 깨끗하고 정돈된 환경을 유지하는 데 너무 집중한 나머지 삶의 다른 부분(그리고 가족과 친구들의 삶)에는 부정적인 영향을 끼치기 때문에 그들의 삶은 어려워진다.

자신의 행동 패턴과 기분을 기록해 보자고 제안했던 것과 똑같은 방식으로 자신이 언제 어떻게 청소나 정리하기 행동을 하고 있는지 관찰해 보기를 권한다. 청소나 정리하기 행동이 불안하거나 화가 나는 감정과 관련되는지, 혹은 인간관계나 다른 활동에 부정적인 영향을 주는지 말이다. 여러분은 기억이나 불편한 감정을 억누르기 위해 청소를 회피 전략으로 사용하는가? 그렇다면 촉발 반응을 관리하기 위해 다른 대처 전략을 개발해야 할 수도 있다. 청소 행동을 바꾸거나 고칠 수 없다고 생각되면, 강박 장애를 전문으로 하는 숙련된 정신건강 전문가에게 인지행동치료(CBT)를 받는 것도 도움이 된다.

활동 10-9 청소 및 정리 행동

습관에 대해 강박을 갖게 된 것에 대해 고민한 적 있는가? 청소나 정리가 되어 있기를 예상하고 기대해서 인간관계나 직장에서 긴장이 유발된 적이 있는가?

____

____

____

____

____

____

7) 과도한 운동

연구와 임상 경험을 하면서 우리가 알게 된 것은, PTSD와 우울증을 회복하기 위해 행동활성화를 적용하는 많은 사람이 규칙적인 운동으로 건강을 개선하려고 노력한다는 것이었다. 실제로 규칙적인 신체 운동이 PTSD 증상 완화에 도움이 된다는 증거가 있다(Rosenbaum et al., 2015). 하지만 우리가 만난 사람들 중 몇몇 사람들은 외상 사건을 겪은 이후 생긴 '극단적' 운동 패턴에 대해 이야기하였다.

이 중 한 사람은 하루에 3~4시간씩 운동을 했는데, 전투 복무에 대한 생각을 억누르기 위한 일종의 회피 방법으로 운동을 하고 있다는 것을 그 자신도 잘 알고 있었다. 이러한 무리한 운동 루틴의 결과로 그는 주기적으로 부상을 입었고 이런 잦은 부상은 그가 체력 관련 목표를 달성하는 것을 방해하곤 했다. 예를 들자면, 대회에 출전하고 싶은 바람에도 불구하고 부상으로 인해 피트니스 대회에 참가하지 못하는 경우가 잦았다. 우리가 만난 또 다른 사람은 트라우마 사건 이후 울트라 마라톤(50마일 및 100마일)에 참가하기 시작했는데, 그녀 역시 달리기가 사회적으로 고립되거나 성적 트라우마의 기억을 억제하려는 회피 전략으로 작동된다는 점을 너무나도 잘 알고 있었다.

규칙적인 운동이 갖는 일반적인 건강상의 유익과 규칙적 운동이 PTSD의 증상을 줄이는 데 도움이 된다는 증거를 고려하여, 우리 역시 건강 및 웰빙 관련 목표를 행동활성화 계획의 일부로 삼도록 한다. 하지만 극단적인 운동 패턴은 주의해야 한다. 격렬한 운동만 단독으로 하는 것, 혹은 건강에 해로운 식단 또는 식사 제한과 운동을 결합하는 것 모두 섭식 장애로 발전할 수 있으며 전문적인 치료를 필요로 할 수 있다.

활동 10-10 운동 패턴

만약 정기적으로 운동을 하고 있다면, 빈도나 시간과 관련해서 스스로 통제할 수 없다고 느끼고 있는가? 건강함을 느끼기 위한 운동과, 힘든 생각과 감정에서 '탈출'하기 위한 운동의 차이를 어떻게 구분할 수 있는가?

____

____

____

____

____

____

8) 약물 및 알코올

PTSD 환자는 니코틴, 마리화나, 알코올 또는 아편과 같은 물질에 중독되기 쉽다는 강력하고 일관된 증거가 있다(McCauley, Killeen, Gros, Brady, & Back, 2012). PTSD가 있는 사람들은 악몽을 억제하고 수면을 취하려는 자가 치료 목적으로 약물이나 알코올을 시작할 수 있다. 어떤 이들은 공공장소나 사회적 상황에서의 과각성을 잠재우려고 약물이나 알코올에 의존하게 된다. 또 약물을 사용하지 않고서는 사랑이나 행복과 같은 긍정적인 감정을 느끼는 데 어려움을 겪는 이들도 있다. 안타까운 점은, 이러한 자가 치료 패턴은 빠른 속도로 본격적인 중독으로 진화해 간다는 것이다.

활동 10-11 약물 사용 패턴

1. 음주를 하는 경우, 무엇이 음주를 유발하는지 잘 살펴봐야 한다. 불안할 때 '진정'하기 위해서인가? 사람들과 함께 술을 마실 때, 긍정적인 경험을 하기 위해 마시는가? 혹은 모임에 참가하려고 술에 의존하는가? 당신은 음주에 대한 통제감을 느끼는가?

2. 불법 약물을 사용하는 경우 PTSD와 약물 사용 사이의 관계는 무엇인가? 예를 들어, 이러한 약물을 사용해서 PTSD를 자가 치료하고 있는가?

4. 요약

PTSD에 대한 회피로 기능하는 행동, PTSD로부터의 회복을 방해하는 행동, 그리고 삶에 문제를 일으키는 행동들은 많다. 과식 또는 과소 섭취, 과도한 수면이나 불면, 잦은 이사('지리적 재배치') 등이 그러하다. 자신의 행동을 돌아보면서 여러분이 해결해야 할 추가적인 TRAP이 있는지 생각해 보길 바란다.

행동활성화에서는 일반적으로 회피 행동을 줄이고 삶의 질을 개선하기 위해 증가시키고자 하는 행동에 초점을 맞춘다. 그러나 PTSD를 겪는 많은 사람은 증상에 대처하기 위해 혹은 증상을 줄이기 위해(즉, 회피하기 위해) 행동하는 경우가 있는 것도 사실이다. 따라서 PTSD 행동활성화의 목표가 감소시키고자 하는 행동이 될 수도 있다. 이 장에서는 PTSD 환자들이 각성 및 트라우마와 관련된 증상에 대처하고자 애쓸 때 나타날 수 있는 여러 일반적인 문제들을 살펴봤다. 회피의 형태는 사람마다 다르지만, 그 기저에 깔린 기능, 즉 트라우마 사건과 연관된 부정적인 기억, 감정, 경험을 회피는 동일한 경우가 많다.

PTSD를 치료하기 위한 행동활성화는 문제 행동을 촉발하는 요인이 무엇인지 이해하는 것에서 시작하여, 덜 적응적인 패턴을 대체할 만한 긍정적인 대안을 촉진하는 데 중점을 둔다. 앞에서 설명한 행동(또는 목록에 없지만 본인에게 알려진 패턴)을 성공적으로 바꾸기 위해 TRAP/TRAC 전략을 사용하기 어렵다면, 책을 참고하거나, 워크숍에 참가하거나, 자격을 갖춘 정신건강 전문가로부터 직접적인 치료를 받는 등 추가적인 자원을 찾아보길 바란다.

제 11 장

♦

요약 및 재발 방지

♦

『PTSD를 위한 행동활성화 치료 워크북』을 성공적으로 완수해 낸 것을 축하한다! 이 책을 통해 PTSD의 하향 나선형 패턴에서 벗어나 의미와 가치가 있는 삶을 재건할 수 있다는 것을 깨달았기를 바란다. 하지만 지금 당장 여러분의 삶이 원하는 대로 되거나 PTSD가 완전히 해결되기를 기대하지는 않는다. 다만 여러분이 PTSD로부터 회복하고 개인적인 목표를 달성하기 위한 길로 다시 돌아서기를 희망한다.

사실 PTSD를 위한 행동활성화의 핵심 가정은 지금까지 배운 기술을 계속 개발하고 연마하면서 현재의 목표를 향해 나아가고 미래를 위한 새로운 목표를 설정하는 데에 있다. 이 책은 PTSD 회복을 향한 초기 방향 설정을 위한 것일 뿐, 인생 전체를 위한 완전하고 완벽한 해결책을 제시하는 것은 아니라는 것을 잊지 말라. 남은 시간 동안 행동활성화의 핵심 기술을 연습하여 끊임없이 새로운 목표를 향해 정진하고 삶의 질이 나아지기를 기대한다. 다시 한번 PTSD를 위한 행동활성화의 핵심 기술을 살펴보면 다음과 같다.

- 개인적 가치를 파악하고 미래를 위한 구체적 목표를 설정한다.
- 큰 목표를 작은 하위 목표로 나눈다.
- 목표를 향해 한 걸음 내딛는다.
- 목표에서 벗어나게 할 수 있는 TRAP(촉발 요인, 반응, 회피 패턴)을 식별한다.
- 목표를 향해 나아가기 위해 TRAC(촉발 요인, 반응, 대안적 대처)을 시도한다.
- 목표를 향해 나아간다.
- 목표를 향해 나아가는 과정에서의 실질적인 장벽을 극복하기 위해 창의적인 문제 해결 기술을 사용한다.
- 현재 순간에 있는 그대로의 경험을 비판단적으로 수용하는 능력을 키우기 위해 '경험에 대한 주의 집중'과 '마음챙김 기술'을 연습한다.
- 목표를 설정하고 달성하는 데 도움이 될 수 있는 사회적 지지망을 활용한다.

이러한 핵심 기술을 적용하는 방법을 배우며, 책을 여러 번 다시 읽는 것이 도움이 될 수 있다. 행동활성화를 사용하는 데 어렵게 느껴지는 장 혹은 특히 효과적이라고 생각되는 주제를 다루는 특정 장으로 돌아가 보자. 각 장의 연습 문제에서 자신이 이전에는 어떤 반응을 했는지 검토하고, 현재에는 자신이 어떻게 반응하는지 생각하면서 변화를 살펴보는 것이 특히 도움이 될 수 있다.

이제 이전 장에서 배운 것들을 복습하며 각 장에서 눈에 띄는 점을 한 가지씩 메모해 보자. 특히 자신과 관련이 있고 삶에 적용하는 데 도움이 되었던 아이디어, 전략 또는 실천을 생각해 보자. 이를 이 장의 '핵심 요점'으로 부르겠다.

활동 11-1 핵심 요점

여기에 각 장의 요점을 하나씩 나열해 보자.

- 제1장: ______________________________

____

____

- 제2장: ______________________________

____

____

- 제3장: ______________________________

____

____

- 제4상: ______________________________

____

____

- 제5장: ______________________________

____

____

- 제6장: ______________________________

____

____

- 제7장: ______________________________

____

____

- 제8장: ______________________________

____

____

- 제9장: ______________________________

____

____

- 제10장: ______________________________

____

____

- 제11장: ______________________________

____

____

이러한 행동활성화 기술을 매일 연습하도록 권하고 싶다. 특정 기술을 언제, 어떤 상황에서 사용하는지 기록해 두자. 행동활성화 기술의 사용과 생활에 미치는 영향을 모두 잘 기록해 두면 PTSD로부터 회복하기 위해 행동활성화를 더 잘 활용하는 데 도움이 된다.

1. 매일 '행동'으로 옮기기

행동활성화는 많이 사용할수록 익숙해진다. 우리는 여러분이 회피 패턴을 모니터링하고 대안적인 대처 방법을 모색하는 데 도움을 주기 위해 TRAP과 TRAC이라는 약어를 사용하도록 제안해 왔다. 생활에서 새로운 활성화 습관을 확립하고 삶에 다시 관여(engagement)할 때 적용하면 도움이 될 약어가 하나 더 있다. 바로 ACTION(Jacobson et al., 2001)이다. 이는 PTSD에 대해 행동활성화를 사용하는 과정에서 직면하게 되는 장점(그리고 잠재적 도전 과제)을 평가하기 위해, 매일 사용할 수 있는 행동 단계를 의미한다. 그 단계는 다음과 같다.

- A(Assess): 평가하기. 특정 상황에 대한 평가를 한다. 현재 PTSD 증상이 나타나고 있는지, 또 그 PTSD 증상이 회복 목표에서 벗어나게 하는 회피 증상을 이끌어 내는지 주목하라.
- C(Choose): 선택하기. 특정 상황에 어떻게 반응하고 있는지 생각해 보자. 이때 여러 가지 대안적인 대처 전략을 사용하는 상황일 수도 있고 회피를 선택하는 상황일 수도 있다. 명심할 것은 여러분 자신의 선택에 주의를 기울여야 한다는 것이다(즉, 자동으로 선택하는 것이 아니라 특정 반응을 선택한다는 사실을 기억하라).
- T(Try): 시도해 보기. 반응하기를 시도해 보자. 그 반응이 기분에 도움이 되는지 아니면 기분이 나빠지는지 살펴보자. 특정 반응을 사용하는 것이 어떤 기분이 드는지 살펴보자. 여러분의 선택이 어떤 단기적인 결과와 관련이 있는지 확인하자. 스트레스를 받는다면(PTSD에 대한 행동활성화로 인해 발생할 수 있음) 그 스트레스가 장기적인 목표에 더 가까워지게 하는지도 살펴본다.
- I(Integrate): 통합하기. 어떤 상황에서 특정한 반응을 한 것이 긍정적으로 느껴진다면, 이를 일상화하자. 그렇게 함으로써 다양한 상황에서 시간이 지남에 따라 이런 대처를 연습할 수 있는 기회가 생길 것이다.

- O(Observe): 관찰하기. 이제 상황에 대한 특정 대처를 시도해 보았으니 한 걸음 물러나서 이러한 유형의 대처가 미치는 포괄적인 영향을 살펴보자. 결과에 대해 만족하는가? 이러한 반응이 여러분의 일상의 일부분이 된다고 상상한다면, 이것이 가져올 수 있는 장기적인 결과에 대해 긍정적이라고 느껴지는가?
- N(Never give up): 절대 포기하지 않기. 선택한 대응 방식에서 긍정적인 결과가 관찰되었다면 계속 실천하라. 자신의 대처 방식과 그 결과가 만족스럽지 않다면 평가 단계로 돌아가서 다른 대처 방식을 선택하여 시도하고 일상에 도입한 다음 두 번째 선택의 결과를 관찰하라.

일상생활에 ACTION 과정을 적용하면, 행동활성화 기술을 다양한 순간순간에 적용하고 확장함으로써 행동활성화라는 하나의 새로운 습관을 만드는 데 도움이 될 수 있다.

2. 정기적으로 '큰 그림'의 자기 평가 실시하기

행동활성화를 장기적이고 지속적으로 적용하기 위해서는 자신의 삶과 PTSD의 즉각적인 경험에서 한 걸음 물러나, 자신의 행동활성화 목표를 향해 여러분이 이룬 개인적 진전 혹은 성과를 주기적으로 평가하는 습관을 갖는 것이 좋다. 일부 내담자들은 자신의 증상, 가치관, 특정 목표에 대한 진전 상황 그리고 문제 해결 전략 사용 정도를 한 달에 한 번씩 검토하는 연습을 통해서 PTSD 회복의 다음 단계로 나아가는 데 도움을 받고 있다. 다음은 행동활성화를 평생 습관으로 만들기 위해 적용해 볼 수 있는 월별 평가의 예를 제공하고 있다.

활동 11-2 PTSD 자기 평가를 위한 월간 행동활성화

PTSD 증상 검토

지난달 나는 행동활성화를 시작했을 때와 비교해 보니 PTSD 증상의 빈도나 강도가 다음과 같이 변화하는 것을 발견했다(가장 적합한 답변에 동그라미를 표시하라).

- 악몽

  증가 감소 변화 없음

- 침습적 사고

  증가 감소 변화 없음

- 촉발 요인에 대한 정서적 반응성

  증가 감소 변화 없음

- 촉발 요인에 대한 생리적(신체) 반응성

  증가 감소 변화 없음

- 플래시백

  증가 감소 변화 없음

- 트라우마와 관련된 생각, 기억 또는 감정의 회피

  증가 감소 변화 없음

- 트라우마를 떠올리는 외부 단서(촉발 요인)의 회피

  증가 감소 변화 없음

- 외상 사건의 중요한 측면을 기억하지 못함

  증가 감소 변화 없음

- 나 자신 또는 세상에 대한 부정적인 견해

  증가 감소 변화 없음

• 트라우마와 관련된 나 자신 또는 타인에 대해 비현실적인 비난하기

증가 감소 변화 없음

• 지속적인 부정적 감정(예: 수치심, 죄책감, 분노, 두려움)

증가 감소 변화 없음

• 활동에 대한 낮은 수준의 흥미나 즐거움

증가 감소 변화 없음

• 사회적 고립 및 타인으로부터 정서적 분리감

증가 감소 변화 없음

• 긍정적인 감정(예: 사랑, 기쁨)을 느끼기 어려움

증가 감소 변화 없음

• 과민성 또는 공격성

증가 감소 변화 없음

• 자기 파괴적이거나 위험한 행동

증가 감소 변화 없음

• 안전과 관련된 과잉 경계

증가 감소 변화 없음

• 놀람(안절부절못하는) 반응

증가 감소 변화 없음

• 집중력 문제

증가 감소 변화 없음

• 잠들기 또는 수면 문제

증가 감소 변화 없음

• PTSD 증상 변화와 관련된 참고 사항

___

___

___

___

TRAPs 리뷰

1. 이번 달에 나는 일상에서 다음과 같은 TRAPs를 발견했다.

1) ___

2) ___

3) ___

• 내가 파악한 TRAPs과 관련된 메모

___

___

___

___

2. 이번 달 나는 다음과 같은 TRAC 전략을 사용하려고 노력했다.

1) ___

2) ___

3) ___

• 내가 파악한 TRAC 전략과 관련된 메모

___

___

___

___

가치와 목표 검토

1. 지난 한 달 동안, 제 개인적인 목표는 다음과 같은 개인적 가치와 관련이 있었다.

1) ______________________________

2) ______________________________

3) ______________________________

2. 구체적인 목표는 다음과 같다.

1) ______________________________

2) ______________________________

3) ______________________________

진행 상황에 대한 만족도

1. 목표 1의 진행 상황에 대한 만족도

매우 만족 　 만족 　 중간 　 불만족 　 매우 불만족

– 목표 1의 진행 상황에 대한 만족도에 대한 참고 사항

____

____

____

2. 목표 2의 진행 상황에 대한 만족도

매우 만족 　 만족 　 중간 　 불만족 　 매우 불만족

– 목표 2의 진행 상황에 대한 만족도에 대한 참고 사항

____

____

____

3. 목표 3의 진행 상황에 대한 만족도

매우 만족 만족 중간 불만족 매우 불만족

– 목표 3의 진행 상황에 대한 만족도에 대한 참고 사항

어려움 및 장벽들에 대한 검토

1. 목표 1의 달성 과정에서 다음과 같은 어려움을 경험했다.

2. 목표 2의 달성 과정에서 다음과 같은 어려움을 경험했다.

3. 목표 3의 달성 과정에서 다음과 같은 어려움을 경험했다.

문제 해결 전략 검토

1. 이번 달에 나는 목표에 대한 실질적인 장벽을 극복하기 위해 다음과 같은 문제 해결 전략을 시도했다.

1)

2)

3)

2 다음 달 나의 상위 세 가지 목표는 다음과 같다(이전 목표를 계속 달성하거나 새로운 목표를 설정할 수 있다).

1) ______________________________

2) ______________________________

3) ______________________________

우리는 방금 여러분에게 검토하고 작성해야 할 여러 가지 사항을 제공했다. 항상 염두에 두어야 하는 것은, 여러 가지 일을 실행 가능한 단계 또는 작업으로 세분화하는 전략이다. 모든 작업을 한꺼번에 하기 부담스럽게 느껴진다면 다음 단계로 넘어가기 전에 '큰 그림' 활동 중 하나만 가지고 작업해도 된다. 서두를 필요는 없다. 이 책은 자동차와 여행에 대한 비유를 곳곳에 사용했으며, 마치 자동차 사용 설명서 사용하듯이 사용할 수 있다(서비스 영수증 더미 아래 글러브박스에 넣어 두지 않기를 바라지만!). 자동차 사용 설명서를 읽고 외우는 사람은 아무도 없지만, 대부분 설명서의 여러 항목에 대해서 숙지하고 있다. 그러다가 문제가 발생했을 때, 예를 들어 워셔액을 채워야 할 때가 되었을 때 워셔액을 넣는 위치 찾는 법을 찾아보듯이 일상적으로 발생하지 않는 자동차 관리법을 확인하기 위해, 혹은 발생한 문제를 해결하기 위해 자동차 사용 설명서를 꺼내 해당 필요한 항목을 찾아보는 것이다. 행동활성화를 실천해 갈 때 이 책을 가지고 다니면서, 기억을 떠올려야 할 때마다 다시 꺼내 찾아보자.

3. 정체와 후퇴를 예상하고 대응하기

우리는 여러분의 진척 과정이 그대로 유지되고 계속해서 앞으로 나아가기를 바라지만, PTSD의 회복을 향한 과정은 진보와 퇴보를 반복하는 '갈 지(之)'자 모양의 경로일 수 있는 상황에 대해서도 각오하고 있기를 바란다. 회복을 향해 나아지는 과정에서 교착상태에 빠진 것처럼 느껴지는 순간들도 종종 있을 수 있다. 그 시기는 의욕이 떨어진 시기처럼 보일 수도 있고, 기대했던 만큼 성과가 없는 것처럼 느껴져 시작과 중단을 몇 번이나 하는 과정일 수도 있다. 이 모든 것은 변화 과정의 정상적인 부분이라는 점을 명심해야 한다. 실제로 지속적이고 일관적인 진전을 경험할 수 있을 만한 충분한 추진력을 얻기까지, 삶의 한 가지 혹은 여러 영역에서 행동활성화를 하기 위해 수차례의 시도를 하게 될 수 있다는 사실을 충분히 예상하고 있다.

게다가 한 가지 혹은 그 이상의 영역에서 큰 진전을 이루고도 어떤 이유로 다시 TRAPs에 이끌려 돌아가게 될 수도 있을 것이다. 때로는 외부의 스트레스 사건(예: 업무, 재정, 건강 문제, 인간관계 문제)이 일어나 새로운 일상을 방해하고 다시 여러분을 PTSD의 하향 나선형 위에 올려놓을 수도 있다. 이것은 실패라기보다는 변화의 자연스러운 과정으로 받아들이는 것이 좋다. 우리 대부분은 새롭고 긍정적인 습관과 일상을 만들기까지 여러 번의 행동 변화를 시도할 필요가 있다.

때때로 행동활성화를 위한 노력이 심한 공황발작을 일으키거나 분노폭발로 인한 다툼 같은 부정적인 결과를 초래할 수도 있다. 드물지만 이런 일이 일어나면 다시 TRAPs에 빠지기 쉽다. 그러나 자비심(compassion)을 갖고 자신에게 다가가 이를 유용한 하나의 정보로 받아들이는 것이 중요하다. 즉, 실패의 증거로 받아들이기보다는 한 걸음 물러나서 어떤 일이 일어났는지 평가해 볼 필요가 있다. 단계가 너무 거창하거나 예상 못한 상황이 발생했을 수도 있다. 그렇다면 이제 앞으로는 이러한 경험을 바탕으로 앞으로 비슷한 상황을 더 효과적으로 극복하는 방법을 미리 계획하고 해결할 수 있다. 이를 성공적으로 수행하려면, 먼저 정체와 후퇴를 확인한 다음 대응할 준비를 해야 한다. 단계를 좀 더 자세히 살펴보자.

1) 정체와 후퇴를 확인하기

다른 행동활성화 전략과 마찬가지로, 변화 과정에서 중요한 부분은 진전 과정에서 언제 멈춰진 것 같은지, 또는 언제 목표로부터 후퇴하는 것 같은 기분을 경험하는지에 대한 자각을 증진시키는 것이다. 하지만 진전이 멈춘 순간 혹은 이전 패턴으로 되돌아가는 순간을 알기란 쉬운 일이 아니다. 평소에 회복을 향해 나아가는 행동활성화의 여정에서 정체되거나 뒤처지는 순간을 깨닫기 위해 주기적으로 자문해 볼 수 있는 질문들을 다음에 제시하였다.

① 지난 한 주 동안 목표를 향한 새로운 발걸음을 내디뎠는가? 그렇지 않다면, 그것은 낮은 동기 때문인가? 아니면 다른 실질적인 장벽 때문인가? 이러한 정적 패턴으로 인해 기분이나 자존감에 변화가 있는가?

② 새로운 TRAC 전략을 시도하는 대신 TRAP을 선택하고 있는가? 개인적인 가치와 목표를 향해 나아가기보다 스트레스(또는 유발된 반응)에 대한 회피를 우선적으로 고려하는가?

③ 일상적인 활동에서 '자동 조종 장치'에 따라 움직이고 있는 것처럼 느꼈거나 혹은 일상적인 활동으로부터 '체크아웃(checked out)'을 한 것 같이 느껴졌는가? 이는 현재 활동에 관심을 덜 갖거나 가치를 덜 부여하기 때문인가?

정체와 후퇴를 파악하는 데 도움이 되는 좋은 질문들은 많지만, 아마도 여러분은 이미 자신과 PTSD에 대해 특정적으로 나타나는 신호들을 어느 정도 인식하고 있을 것이다. 회복을 향해 나가는 과정에서 애니가 스스로 자신이 정체 혹은 후퇴를 경험하고 있다는 징후로 파악한 증거들을 살펴보자.

- "지루함을 경험할 때, 무언가 내가 난관에 부딪혔다는 것을 알게 돼요."
- "나의 활동과 기분과의 연관성을 추적하기를 멈출 때, 나의 행동활성화가 정체되어 있다는 것을 알게 돼요."
- "2주 이상 새로운 목표를 세우지 않고 있을 때, 내가 지금 제자리걸음을 하고 있다는 것을 알 수 있어요."
- "짜증이 나거나 부정적인 생각이 드는 것이 행동활성화 목표에 집중하지 못한다는 신호예요."
- "2주 이상 어느 새로운 곳에 가지 않았거나 가족이나 친구 이외의 사람과 만난 적이 없다면, 이건 내가 회복 과정에서 정체되고 있다는 것을 알려 주는 좋은 신호예요."

애니는 다음과 같은 정체 혹은 오래된 TRAP 패턴으로의 재이탈을 알려 주는 신호들을 확인했다.

- "공공장소로 나가자는 초대를 반복해서 거절할 때, 제가 고립되기 시작했다는 것을 알아요."
- "일주일에 하루나 이틀 이상 야근을 하기 시작하면 일을 회피 전략으로 사용하기 시작했다는 점을 알아차리죠."
- "나의 하루 동안 어디를 가고 무엇을 할지에 대한 나의 가치보다 불안이나 공황에 대한 두려움이 더 클 때, 정체되어 있는 상태라는 것을 알 수 있어요."
- "하루에 2시간 이상 TV를 시청하면 회피 패턴에 빠져 있는 거예요."
- "한 번에 몇 분 이상 미래의 일에 대해 걱정하기 시작하면, 현재에 머물면서 지금 내 앞에 있는 것에 집중하기 위한 마음챙김 기술을 사용하지 않고 있는 거예요."

물론 여러분에게 나타나는 정체 혹은 오래된 TRAP으로 다시 빠져나가는 신호는 애니와 다를 수도 있다. 다음 연습을 통해 자신의 신호를 파악해 보자.

활동 11-3 나의 정체 또는 후퇴 징후

진도의 정체 혹은 후퇴 시기를 식별하는 데 도움이 되는 신호 목록을 작성해 보자.

1. 진도가 정체되었다는 신호

1) ______________________________

2) ______________________________

3) ______________________________

4) ______________________________

5) ______________________________

2. 오래된 TRAPs로 다시 빠져나가고 있다는 신호

1) ______________________________

2) ______________________________

3) ______________________________

4) ______________________________

5) ______________________________

행동활성화의 정체 또는 후퇴 패턴을 파악하는 것은 중요한 첫 단계이다. 하지만 정체와 후퇴에 어떻게 대응할지에 대한 계획을 세워서, 이러한 상황이 발생했을 때 그에 준비하는 것 역시 중요한 일이다.

2) 정체와 후퇴에 대한 대응 준비

며칠, 몇 주, 심지어 몇 달 동안 정체기에 부딪히거나 예전의 TRAP에 다시 빠진 것처럼 느껴지더라도, 몇 가지 준비만 한다면 회복 과정으로부터 완전히 이탈하지 않을 것이라는 확신을 가질 수 있다. PTSD에 대한 행동활성화를 사용하다가 정체되거나 좌절을 경험했을 때 다음과 같은 전략이 원동력을 유지하거나 회복하는 데 도움이 됨이 입증되었다.

- 목표를 향한 진전 상황을 정기적으로 확인한다(예: 앞의 월간 평가 같은 것). 이를 통해 정체와 좌절을 초기에 파악하고 행동활성화 목표의 방향을 재설정할 수 있다.
- 기존에 사용하던 TRAPs 중 일부를 시도해 보되, 회피가 기분과 조망에 어떤 영향을 미치는지 자세히 기록해 보자. 때로는 회피를 일부러 사용해 보는 것이 회피로 인해 발생하는 '비용'을 더 잘 이해하게 되어, 회복의 여정을 다시 시작하는 데 도움이 될 수 있다.
- 회복이 더디다고 느껴지거나 다시 TRAP의 순환고리에 다시 빠지고 있다면, 주변의 지지원 한 명 혹은 그 이상의 사람들에게 이야기해 보라. 그들에게 앞으로 나아갈 원동력을 잃었다는 사실을 알리고, 조언이나 TRAC으로 다시 돌아올 수 있게 도와달라고 요청해 보라.
- PTSD를 위한 행동활성화를 적용하는 데에서 맞닥뜨리는 각각의 어려움은 배움과 연습의 기회라는 것을 기억하라. 정비공의 '궁금한 마음'을 가지고 어디서 문제가 발생했는지 살펴보자. 특정 목표에 대한 행동활성화 전략을 다시 시작할 때는 지난번에 효과가 있었던 것과 그렇지 않았던 것에 주의를 기울이고 메모하라.
- 만약 삶의 한 영역에서 정체되어 있거나 후퇴된 상태이며 특정 목표를 위한 행동활성화 단계를 다시 시작하는 데 어려움을 겪고 있다면, 삶의 또 다른 중요한 영역에 다시 집중하고 새로운 목표를 설정하는 것도 고려해 보자. 다른 시점에서 원래의 행동활성화 목표로 언제든지 돌아갈 수 있다는 점을 명심하라.

애니는 정체 또는 좌절의 신호들에 대응하기 위해 사용할 수 있는 구체적인 전략 목록을 마련했다. 다음은 애니의 전략 중 일부이다.

- "지루하거나 짜증이 나면 저는 이것을 정체되었다는 신호로 인식하고 다시 처음으로 돌아가서 제 개인적 가치 목록을 읽어 봐요. 이렇게 하는 것이 때로는 저에게 다시 동기부여하는 데 도움이 되어서, 다음 주에는 새로운 목표를 향한 하나 혹은 그 이상의 새로운 실천 단계를 밟아 나가는 데 집중하려고 노력하죠."
- "몇 주 동안 새로운 곳에 가 보지 못했거나 지인 외의 누구와도 어울리지 못했다면, 저는 억지로라도 공공장소에 나가요. 한 번도 가 보지 않은 곳에 가거나 혹은 익숙한 곳에 가게 되면 최소한 두 명 이상의 다른 사람과 대화를 나누려고 노력하죠. 매장에서 일하는 사람에게 '안녕하세요'라고 인사만 해도 고립에서 벗어나는 데 도움이 됩니다."
- "제 TV에는 매일매일 제가 TV를 시청한 시간을 기록해 주는 프로그램이 있어요. TV 시청 시간이 2시간이 넘을 때마다 이제는 다른 활동을 해야 한다고 스스로에게 말해요. 이상적으로는 행동활성화 목표와 관련된 활동을 선택해요."

이제 자신만의 정체 또는 후퇴 신호에 대한 전략을 만들어 볼 시간이다.

활동 11-4 정체 또는 후퇴에 대응하기 위한 전략

이 연습을 완료하기 위해서 정체 및 후퇴를 다루는 방법에 대해서 배운 것을 적용해 보라. 위에 나열한 정체 또는 후퇴의 신호 중 하나 혹은 그 이상을 발견했다면, TRAC으로 다시 돌아오기 위해 다음과 같은 전략을 시도해 볼 수 있다.

1) ______________________________

2) ______________________________

3) ______________________________

4) ______________________________

5) ______________________________

4. 장기적으로 생각하기

우리는 구체적인 목표를 설정하고(개인의 가치관과 일치하는) 이를 향한 일련의 실천 단계를 추진해 가며 삶의 질을 높여나가도록 제안했다. 대체로 내담자들은 향후 6개월에서 1년 이내에 개인적인 목표를 달성하기 위해 이러한 실천 단계를 몇 주나 개월 동안 계획한다. PTSD에 대한 행동활성화를 배우고 적용하기 시작할 때는 보다 즉각적인 행동 단계와 목표에 집중할 것을 강력히 권한다. 하지만 진전이 보이고 행동활성화 전략이 익숙해지면 장기적인 목표를 설정할 수 있는 여건이 만들어진다. 다음은 당면한 목표를 점검하고 장기적인 성공을 위한 계획에 도움이 되는 질문이다.

활동 11-5 나의 장기 목표

1. 지난 한 달 동안 다음과 같은 목표를 세웠다.

1) ______

2) ______

3) ______

2. 향후 6개월 안에 이러한 목표를 향한 상당한 진전을 이루고 싶다.

1) ______

2) ______

3) ______

3. 내년에는 이 목표들을 향한 의미 있는 진전을 이루고 싶다.

1) ______

2) ______

3) ______

4. 지금부터 5년 안에 이 목표들을 달성하거나 목표들을 향한 의미 있는 진전을 이루고 싶다.

1) ______

2) ______

3) ______

더 장기적인 목표를 세우는 것이 도움이 된다고 생각한다면, 이 연습을 계속하라(예: '향후 10년 안에……'). 하지만 시간이 지남에 따라 가치관과 목표가 바뀔 수 있다는 점을 명심하라.

이러한 목표를 다시 살펴보고 도중에 변경하는 것은 얼마든지 가능하다. 다만 이러한 목표의 변화가 PTSD 회피와 관련이 있는지(아니면 삶의 질을 추구하기 위한 변화인지) 스스로에게 물어보자.

5. 미래의 스트레스 요인을 예측하고 대비하기

자동차 문제, 관계 문제 또는 건강 문제와 같은 일상적인 스트레스 사건들은 여러분의 PTSD 증상을 악화시킬 가능성이 있다. 따라서 PTSD 행동활성화를 사용하는 데 상당한 성과가 있다 하더라도, 다른 문제가 발목을 잡고 정체와 후퇴 상태를 불러올 수 있다. 스스로 의미 있고 긍정적인 삶을 만들기 위해 아무리 잘 해낸다 하더라도, 사랑하는 사람을 잃거나, 건강이 악화되거나, 혹은 새로운 트라우마를 겪을 가능성은 존재한다. 언뜻 보면 비관적이고도 의욕을 꺾는 관점처럼 보일 수 있다. 그럼에도 우리가 여기서 이 문제를 꺼내는 이유는, 대부분의 사람이 조만간 이러한 어려움을 겪게 될 것이라는 것을 경험을 통해 알고 있기 때문이다. PTSD가 있든 없든, 이런 일은 우리를 후퇴하여 회피하게 만들기도 하고 혹은 역경을 극복하며, 회복력을 증명하는 방법을 배우도록 안내하기도 한다. 분명한 것은 우리는 행동활성화에 대한 지식과 연습이 이러한 유형의 미래의 스트레스 요인에 대한 훌륭한 대비책이 되기를 바라고 기대한다는 점이다. 우리가 PTSD 치료를 위한 행동활성화를 처음으로 적용하게 된 이유는 바로 행동활성화의 기술들이 사람들이 트라우마를 극복하는 데 필요한 적응적이고 건강한 대처 전략과 유사하기 때문이다.

따라서 행동활성화 기술이 과거의 트라우마를 극복하고 미래의 스트레스 요인, 특히 외상 사건에 직면하고 이를 이겨 낼 수 있는 자원으로 마련되어 있다는 것을 기억하라. 여러분 자신의 개인적인 가치관에 늘 연결되어 있고, 미래의 목표를 지향하고, 일상적인 활동에 주의를 기울이고, 그러한 일상적 활동이 어떻게 여러분의 기분을 향상시키는지(혹은 향상시키지 않는지)에 대해 주의를 기울인다면, 어떤 일이 닥치더라도 올바른 방향을 유지하는 데 도움이 될 것이다.

6. 최종 생각

이 책을 쓴 이유는 여러분이 PTSD의 하향 나선형에서 벗어나는 방법을 배우고 여러분의 가치를 반영한 의미 있는 삶을 다시 쌓아 나가기 시작하며 PTSD로부터 회복을 향해 나아갈 수 있기를 바라는 마음에서였다. 우리는 PTSD가 얼마나 강력한 영향력을 발휘할 수 있는지, 그리고 삶에서 반복적으로 발생할 수 있는 회피가 '당기는' 힘이 얼마나 강력한지도 잘 알고 있다. 그래서 여러분이 트라우마의 영향으로부터 삶을 되찾는 과정에서 자기 자신에 대한 연민, 유머, 인내심을 가지고 의미 있는 이 여정을 시작하기 바란다. 또한 비록 셀프 가이드(가이드북을 통한) 회복이 PTSD를 극복하는 데 가능한 하나의 강력한 방법일 수 있음에도, 우리는 정신건강 서비스를 찾는 것이 여러분의 노력을 강화해 줄 뿐 아니라 여러분에게 중요한 지원과 안내를 제공할 수 있다고 믿고 있기도 하다. 이미 치료를 받고 있거나 가까운 시일 내에 치료를 받을 계획이라면 이 전략들을 치료사에게 공유하고, PTSD를 해결하기 위해 행동활성화를 사용하는 데 그들의 도움을 받고 싶다는 의사를 전달하라. 또한 PTSD 행동활성화와 함께 사용할 수 있는 다른 심리치료 및 치료 접근 방식에 대해서도 열린 자세로 임하기를 권한다. 이 책의 서두에서 설명했듯이 트라우마 기억을 처리하는 심리치료가 도움이 될 수 있고, PTSD 증상을 유의하게 감소시킬 수 있다는 강력한 증거가 있다. 트라우마 치료에 대한 전문성과 증거 기반 접근법에 대한 교육과 경험을 갖추고 있어서 트라우마 경험을 처리하는 과정 내내 여러분을 가이드할 만한 전문성을 가졌다고 확신할 수 있는 PTSD 치료사를 찾기를 바란다. 또한 수면의 질을 향상시키고 PTSD로 인한 극단적인 감정을 관리하는 데 도움이 될 수 있는 특정 약물에 대해 자격을 갖춘 의료진과 상담하는 것도 고려하기를 권한다.

마지막으로, PTSD로부터의 회복에 대한 희망적인 생각을 공유하고 싶다. 우리와 다른 학자들의 연구들은 이러한 복잡하지 않은 간단한 접근 방식이 PTSD를 변화시키고 삶의 질을 개선하는 데 강력한 효과를 가져올 수 있음을 시사하고 있다. 실제로 우리는 처음 만났을 때 노숙자이자 법적 문제에 연루된 사람들과 함께 일한 적이 있는데, 이 사람들은 행동활성화를 통해 PTSD에서 회복의 여정을 시작하더니 대학원 학위까지 취득했다(한 사람은 변호사가 되었고, 다른 사람은 의과대학에 진학했다). 일부는 전투 중 팔다리를 잃었지만 행동활성화를 통해 신체 건강을 되찾고 마라톤 대회에 출전하기도 했다. 다른 이들은 행동활성화 전략을 사용하여 사업을 육성했다. 이들은 행동활성화를 통해 건강하고 보상적 관계를 발전시키고 더 나은 부모가 되었으며, 몇몇은 사회 서비스 분야에 진출하여 치료사나 사회운동가가 되어 트라우마와 PTSD를 경험한 다른 사람들을 돕고 있다.

이 사람들 중 단 몇 달 만에 성과를 거둔 사람은 아무도 없지만, 모두 이 책에서 설명한 전략을 사용하여 PTSD로부터의 회복을 시작했다. 새로운 생활 습관을 기르고 PTSD의 TRAP을 피할 수 있는 방법을 찾을 때까지 단계별로 실천함으로써 스스로를 위해 여러분 자신이 설정한 중요한 목표를 달성할 수 있을 것이라고 확신한다.

회복을 향한 'ACTION'을 시도하라. 일이 중단되거나 후퇴를 경험한다면 한발 물러서서 무엇이 효과적인지 혹은 효과적이지 않은지 호기심 어린 마음으로 바라보자. 목표를 달성하기 위해 다양한 접근을 일단 시도해 보자. 발생하는 모든 문제를 해결할 때는 창의적이어야 한다. 회복에 다른 사람들을 참여시키고, 회복의 어려운 순간에도 자기 연민을 유지하고 유머를 찾으려고 노력하라. 마지막으로, 포기하지 말고 PTSD에 굴복하지 말라. 원하는 삶을 선택하고 그것을 추구하라!

[부록]

♦

일일 활동 및 기분 모니터링 차트

♦

시간	월요일	화요일	수요일	목요일	금요일	토요일	일요일
오전 6~8시	활동: 기분:	활동: 기분:	활동: 기분:	활동: 기분:	활동: 기분:	활동: 기분:	활동: 기분:
오전 8~10시	활동: 기분:	활동: 기분:	활동: 기분:	활동: 기분:	활동: 기분:	활동: 기분:	활동: 기분:
오전 10시~ 오후 12시	활동: 기분:	활동: 기분:	활동: 기분:	활동: 기분:	활동: 기분:	활동: 기분:	활동: 기분:
오후 12~2시	활동: 기분:	활동: 기분:	활동: 기분:	활동: 기분:	활동: 기분:	활동: 기분:	활동: 기분:
오후 2~4시	활동: 기분:	활동: 기분:	활동: 기분:	활동: 기분:	활동: 기분:	활동: 기분:	활동: 기분:
오후 4~6시	활동: 기분:	활동: 기분:	활동: 기분:	활동: 기분:	활동: 기분:	활동: 기분:	활동: 기분:

〈계속〉

오후 6~8시	활동: 기분:	활동: 기분:	활동: 기분:	활동: 기분:	활동: 기분:	활동: 기분:	활동: 기분:
오후 8~10시	활동: 기분:	활동: 기분:	활동: 기분:	활동: 기분:	활동: 기분:	활동: 기분:	활동: 기분:
오후 10시~ 오전 12시	활동: 기분:	활동: 기분:	활동: 기분:	활동: 기분:	활동: 기분:	활동: 기분:	활동: 기분:
오전 12~2시	활동: 기분:	활동: 기분:	활동: 기분:	활동: 기분:	활동: 기분:	활동: 기분:	활동: 기분:
하루 동안의 TRAPs	1. 2. 3.	1. 2. 3.	1. 2. 3.	1. 2. 3.	1. 2. 3.	1. 2. 3.	1. 2. 3.
회피 비용							

참고문헌

Addis, M. E., & Mahalik, J. R. (2003). Men, masculinity, and the context of help seeking. *The American Psychologist, 58*(1), 5-14.

American Psychiatric Association. (2000). *Diagnostic and statistical manual of mental disorders* (4th ed., text rev.). Author.

American Psychiatric Association. (2013). *Diagnostic and statistical manual of mental disorders* (5th ed.). Author.

Asmundson, G. J. G., Coons, M. J., Taylor, S., & Katz, J. (2002). PTSD and the experience of pain: Research and clinical implications of shared vulnerability and mutual maintenance models. *Canadian Journal of Psychiatry, 47*(10), 930-937.

Benotsch, E. G., Brailey, K., Vasterling, J. J., Uddo, M., Constans, J. I., & Sutker, P. B. (2000). War zone stress, personal and environmental resources, and PTSD symptoms in Gulf War veterans: A longitudinal study. *Journal of Abnormal Psychology, 109*(2), 205-213.

Boyd, J. E., Lanius, R. A., & McKinnon, M. C. (2018). Mindfulness-based treatments for posttraumatic stress disorder: A review of the treatment literature and neurobiological evidence. *Journal of Psychiatry & Neuroscience, 43*(1), 7-25.

Brewin, C. R., Andrews, B., & Valentine, J. D. (2000). Meta-analysis of risk factors for posttraumatic stress disorder in trauma-exposed adults. *Journal of Consulting and Clinical Psychology, 68*(5), 748-766.

Charuvastra, A., & Cloitre, M. (2008). Social bonds and posttraumatic stress disorder. *Annual Review of Psychology, 59*, 301-328.

Craske, M. G. (2012). Transdiagnostic treatment for anxiety and depression. *Depression and Anxiety, 29*(9), 749-753.

Dimidjian, S., Barrera, M., Jr., Martell, C., Muñoz, R. F., & Lewinsohn, P. M. (2011). The origins and current status of behavioral activation treatments for depression. *Annual Review of Clinical Psychology, 7*, 1-38.

Goldberg, S. B., Tucker, R. P., Greene, P. A., Davidson, R. J., Wampold, B. E., Kearney, D. J., & Simpson, T. L. (2018). Mindfulness-based interventions for psychiatric disorders: A systematic review and meta-analysis. *Clinical Psychology Review, 59*, 52-60.

Green, C. L., Nahhas, R. W., Scoglio, A. A., & Elman, I. (2017). Post-traumatic stress symptoms in pathological gambling: Potential evidence of anti-reward processes. *Journal of Addictive Behaviors, 6*, 98-101.

Haugen, P. T., McGrillis, A. M., Smid, G. E., & Nijdam, M. J. (2017). Mental health stigma and barriers to mental health care for first responders: A systematic review and meta-analysis. *Journal of Psychiatric Research, 94*, 218-229.

Hoge, C. W., & Chard, K. M. (2018). A window into the evolution of trauma-focused psychotherapies for posttraumatic stress disorder. *Journal of the American Medical Association, 319*(4), 343-345.

Iacoviello, B. M., Wu, G., Abend, R., Murrough, J. W., Feder, A., Fruchter, E., Levenstein, Y., et al. (2014). Attention bias variability and symptoms of posttraumatic stress disorder. *Journal of Traumatic Stress, 27*(2), 232-239.

Imel, Z. E., Laska, K., Jakupcak, M., & Simpson, T. L. (2013). Meta-analysis of dropout in treatments for posttraumatic stress disorder. *Journal of Consulting and Clinical Psychology, 81*(3), 394-404. https://doi.org/10.1037/a0031474

Jacobson, N. S., Martell, C. R., & Dimidjian, S. (2001). Behavioral activation treatment for depression: Returning to contextual roots. *Clinical Psychology: Science and Practice, 8*(3), 255-270.

Jakupcak, M., Blais, R. K., Grossbard, J., Garcia, H., & Okiishi, J. (2014). "Toughness" in association with mental health symptoms among Iraq and Afghanistan war veterans seeking veteran affairs health care. *Psychology of Men and Masculinity, 15*(1), 100-104.

Jakupcak, M., Wagner, A., Paulson, A., Varra, A., & McFall, M. (2010). Behavioral activation as a primary care-based treatment for PTSD and depression among returning veterans. *Journal of Traumatic Stress, 23*(4), 491-495.

Kabat-Zinn, J. (1994). *Wherever you go, there you are: Mindfulness meditation in everyday life*. Hyperion.

McCauley, J. L., Killeen, T., Gros, D. F., Brady, K. T., & Back, S. E. (2012). Posttraumatic stress disorder and co-occurring substance use disorders: Advances in assessment and treatment. *Clinical Psychology, 19*(3), 283-304.

Ono, M., Devilly, G. J., & Shum, D. (2016). A meta-analytic review of overgeneral memory: The role of trauma, mood, and the presence of posttraumatic stress disorder. *Psychological Trauma: Theory, Research, Practice, and Policy, 8*(2), 157-164.

Ozer, E. J., Best, S. R., Lipsey, T. L., & Weiss, D. S. (2003). Predictors of posttraumatic stress disorder and symptoms in adults: A meta-analysis. *Psychological Bulletin, 129*(1), 52-73.

Ray, S. L., & Vanstone, M. (2009). The impact of PTSD on veterans' family relationships: An interpretive phenomenological inquiry. *International Journal of Nursing Studies, 46*(6), 838-847.

Rosenbaum, S., Vancampfort, D., Steel, Z., Newby, J., Ward, P. B., & Stubbs, B. (2015). Physical activity in the treatment of post-traumatic stress disorder: A systematic review and meta-analysis. *Psychiatry Research, 230*(2), 130-136.

Schottenbauer, M. A., Glass, C. R., Arnkoff, D. B., Tendick, V., & Gray, S. H. (2008). Nonresponse and dropout rates in outcome studies on PTSD: Review and methodological considerations. *Psychiatry, 71*(2), 134-168. https://doi.org/10.1521/psyc.2008.71.2.134

Wagner, A. W., Zatzick, D. F., Ghesquiere, A., & Jurkovich, G. J. (2007). Behavioral activation as an early intervention for posttraumatic stress disorder and depression among physically injured trauma survivors. *Cognitive and Behavioral Practice, 14*(4), 341-349.

저자 소개

Matthew Jakupcak, Ph. D

임상심리학자이자 연구자로서 군 참전용사, 응급 구조대원(소방관, 구급대원, 경찰관), 청년층의 심리적 외상, 외상 후 스트레스 장애(PTSD), 고위험 행동을 연구하고 치료해 왔다. University of Washington 의과대학의 부교수로, 50편 이상의 동료 심사 과학 논문과 저서 챕터를 발표했으며, 트라우마에 노출된 대상군의 PTSD, 우울증, 자살 행동, 대인관계, 행동활성화 치료 개입을 주제로 60회 이상의 전국 및 지역 콘퍼런스 및 워크숍에서 발표를 진행해 왔다. 현재 몬태나주 미소울라에 거주하고 있다.

Amy W. Wagner, Ph. D

VA 포틀랜드 의료 시스템의 PTSD팀의 임상심리학자이자 Oregon Health and Science University의 부교수인 Wagner는 PTSD에 대한 인지행동치료와 변증법적행동치료(DBT)를 전문으로 하며, PTSD 및 관련 장애 치료를 중점적으로 실시하고 있다. PTSD에 관한 수많은 논문을 발표했으며, Matthew Jakupcak과 함께 PTSD 치료를 위한 행동활성화에 대한 연구를 수행했다.

Christopher R. Martell, Ph. D, ABPP

심리학자로 임상, 행동 및 인지 심리학 분야의 공인 자격증을 취득한 뒤, 심리 서비스 센터의 진료소장이자 University of Massachusetts Amherst의 강사로 재직 중이다. 여덟 권의 책에 공동 저자로 참여했으며, 행동활성화에 관한 수많은 논문과 챕터를 저술하거나 공동 집필했다.

역자 소개

구훈정(Koo Hoon Jung)

고려대학교 심리학과(문학사)

고려대학교 대학원 심리학과 임상 및 상담심리 전공(문학석사)

고려대학교 대학원 심리학과 임상 및 상담심리 전공(문학박사)

서울대학교어린이병원 임상심리전문가

고려대학교 BK21Plus 융합심리학 사업단 연구교수

한국임상심리학회 공인 임상심리전문가

한국상담심리학회 공인 상담심리사 1급

한국인지행동치료학회 인지행동치료전문가

현) 한신대학교 심리・아동학부 부교수

최신형(Choi Shin Hyoung)

숙명여자대학교 교육학과 상담 및 생활지도 전공(문학석사)

서울시 송파 아이존 치료전문요원 과장

한국상담심리학회 공인 상담심리사 2급

보건복지부 사회복지사 1급

현) 한신대학교 일반대학원 심리학과 임상 및 상담심리 전공 박사과정

성남시정신건강복지센터 정신건강관리팀원

PTSD를 위한 행동활성화 치료 워크북

외상 후 스트레스 장애로부터 당신의 삶을 재건하는 데 도움이 되는 활동들

The PTSD Behavioral Activation Workbook:

Activities to Help You Rebuild Your Life from Post-Traumatic Stress Disorder

2025년 1월 5일 1판 1쇄 인쇄
2025년 1월 10일 1판 1쇄 발행

지은이 • Matthew Jakupcak · Amy W. Wagner · Christopher R. Martell
옮긴이 • 구훈정 · 최신형

펴낸이 • 김진환
펴낸곳 • (주) 학지사
04031 서울특별시 마포구 양화로 15길 20 마인드월드빌딩
대표전화 • 02-330-5114 팩스 • 02-324-2345
등록번호 • 제313-2006-000265호

홈페이지 • http://www.hakjisa.co.kr
인스타그램 • https://www.instagram.com/hakjisabook

ISBN 978-89-997-3181-5 93180

정가 19,000원